FRAMERS

A vantagem humana em uma era de tecnologia e instabilidade

Kenneth Cukier
Editor principal da *Economist*

Viktor Mayer-Schönberger
Professor na Universidade de Oxford e Harvard

Francis de Véricourt
Professor de ciência da gestão na ESMT Berlin

FRAMERS

A vantagem humana em uma era de tecnologia e instabilidade

ALTA BOOKS
GRUPO EDITORIAL
Rio de Janeiro, 2023

framers

Copyright © 2023 da Starlin Alta Editora e Consultoria Eireli.

ISBN: 978-65-5520-699-9

Translated from original framers. Copyright © 2021 by Kenneth Cukier, Viktor Mayer-Schönberger, and Francis de Véricourt. ISBN 9780593182598. This translation is published and sold by permission of imprint of Penguin Random House LLC, the owner of all rights to publish and sell the same. PORTUGUESE language edition published by Starlin Alta Editora e Consultoria Eireli, Copyright © 2023 by Starlin Alta Editora e Consultoria Eireli.

Impresso no Brasil — 1ª Edição, 2023 — Edição revisada conforme o Acordo Ortográfico da Língua Portuguesa de 2009.

Dados Internacionais de Catalogação na Publicação (CIP) de acordo com ISBD

C966e Cukier, Kenneth

framers: a vantagem humana em uma era de tecnologia e instabilidade / Kenneth Cukier, Viktor Mayer-Schönberger, Francis de Véricourt ; traduzido por Michaela Korytowski. – Rio de Janeiro : Alta Books, 2023.
272 p. ; 16cm x 23cm.

Tradução de: Framers
Inclui índice.
ISBN: 978-65-5520-699-9

1. Processos mentais. 2. Mapas cognitivos (Psicologia). 3. Raciocínio (Psicologia). I. Mayer-Schönberger, Viktor. II. Véricourt, Francis de. III. Korytowski, Michaela. IV. Título.

2022-592 CDD 153
CDU 159.953.3

Elaborado por Odilio Hilario Moreira Junior - CRB-8/9949

Índice para catálogo sistemático:
1. Processos mentais 153
2. Processos mentais 159.953.3

Produção Editorial
Grupo Editorial Alta Books

Diretor Editorial
Anderson Vieira
anderson.vieira@altabooks.com.br

Editor
José Ruggeri
j.ruggeri@altabooks.com.br

Gerência Comercial
Claudio Lima
claudio@altabooks.com.br

Gerência Marketing
Andréa Guatiello
andrea@altabooks.com.br

Coordenação Comercial
Thiago Biaggi

Coordenação de Eventos
Viviane Paiva
comercial@altabooks.com.br

Coordenação ADM/Finc.
Solange Souza

Coordenação Logística
Waldir Rodrigues

Gestão de Pessoas
Jairo Araújo

Direitos Autorais
Raquel Porto
rights@altabooks.com.br

Assistente Editorial
Mariana Portugal

Produtores Editoriais
Illysabelle Trajano
Maria de Lourdes Borges
Paulo Gomes
Thales Silva
Thiê Alves

Equipe Comercial
Adenir Gomes
Ana Carolina Marinho
Ana Claudia Lima
Daiana Costa
Everson Sete
Kaique Luiz
Luana Santos
Maira Conceição
Natasha Sales

Equipe Editorial
Ana Clara Tambasco
Andreza Moraes
Arthur Candreva
Beatriz de Assis
Beatriz Frohe
Betânia Santos
Brenda Rodrigues
Caroline David
Erick Brandão
Elton Manhães
Fernanda Teixeira
Gabriela Paiva
Henrique Waldez
Karolayne Alves
Kelry Oliveira
Lorrahn Candido
Luana Maura
Marcelli Ferreira
Matheus Mello
Milena Soares
Patricia Silvestre
Viviane Corrêa
Yasmin Sayonara

Marketing Editorial
Amanda Mucci
Guilherme Nunes
Livia Carvalho
Pedro Guimarães
Thiago Brito

Atuaram na edição desta obra:

Tradução
Michaela Kory

Copidesque
Marcelle Alves

Revisão Gramatical
Anna Carol Guimarães
Carolina Palha

Diagramação
Rita Motta

Capa
Rita Motta

Editora **afiliada à:** ABDR Associação Brasileira de Direitos Reprográficos — ASSOCIADO CBL Câmara Brasileira do Livro

ALTA BOOKS GRUPO EDITORIAL

Rua Viúva Cláudio, 291 — Bairro Industrial do Jacaré
CEP: 20.970-031 — Rio de Janeiro (RJ)
Tels.: (21) 3278-8069 / 3278-8419
www.altabooks.com.br — altabooks@altabooks.com.br
Ouvidoria: ouvidoria@altabooks.com.br

Para minha esposa, Heather
K.N.C.

Para Hans Kraus
V.M.S.

Em memória de Hervé Raynaud
F.d.V.

Há sempre uma luz,

apenas se formos corajosos o suficiente para vê-la,

apenas se formos corajosos o suficiente para sê-la.

— Amanda Gorman, 20 de janeiro de 2021.

sumário

1

decisões

a fonte do poder humano não está nos músculos nem na mente, e sim nos modelos

Algumas ameaças são repentinas e inesperadas. Outras, lentas e abrasadoras. Ambas representam pontos cegos cognitivos para os quais as sociedades não estão preparadas. Pandemias ou populismo, novas armas ou novas tecnologias, aquecimento global ou desigualdades, o modo como os seres humanos reagem marca a diferença entre sobrevivência e extinção. E como agimos depende do que enxergamos.

A cada ano, mais de 700 mil pessoas no mundo morrem de infecções que os antibióticos antes curavam, mas que não curam mais. As bactérias desenvolveram resistência. O número de mortes cresce rápido. A menos que uma solução seja encontrada, essa situação está a caminho de alcançar 10 milhões de pessoas por ano, ou uma pessoa a cada três segundos. Comparativamente, esses números parecem atenuar até mesmo a tragédia da Covid-19. E esse é um problema causado pela própria sociedade. Os antibióticos funcionam cada vez menos por causa do seu uso excessivo: aqueles medicamentos que antes combatiam as bactérias transformaram-nas em superbactérias.

Habituamo-nos aos antibióticos, mas, antes do descobrimento da penicilina, em 1928, e da sua produção em massa, mais de uma década depois, as pessoas morriam rotineiramente por causa de fraturas ou de simples arranhões. Em 1924, o filho de 16 anos do presidente norte-americano Calvin Coolidge fez uma bolha no dedo do pé enquanto jogava tênis na quadra da Casa Branca. Aquilo acabou infeccionando, e ele morreu em uma semana — nem o seu status ou a sua riqueza puderam salvá-lo. Hoje em dia, quase todos os aspectos da medicina, desde a cesariana até cirurgias plásticas e quimioterapia, dependem de antibióticos. Se o poder desses medicamentos diminuísse, esses tratamentos se tornariam muito mais arriscados.

Do seu escritório colorido cheio de plantas em Cambridge, Massachusetts, Regina Barzilay, professora de Inteligência Artificial do MIT, visualizou uma solução. O desenvolvimento de medicamentos convencionais foca achar substâncias com "impressões digitais" moleculares semelhantes às que funcionam. Isso dá certo, mas não com antibióticos. A maioria das substâncias com composições semelhantes já foram analisadas, e os novos antibióticos têm estruturas tão similares aos já existentes que as bactérias desenvolvem resistência a eles. Então Barzilay e uma equipe variada de biólogos e cientistas da computação, liderados por Jim Collins, professor de bioengenharia do MIT, adotaram outra abordagem. E se, em vez de procurar estruturas, focassem o efeito: matou as bactérias? Eles reformularam o problema não como biológico, mas como informativo. Carismática e confiante, Barzilay não parece nerd. Pelo contrário, está acostumada a desafiar conceitos. Ela cresceu sob o comunismo no que hoje é a Moldávia, falando russo. Mas foi educada em Israel, falando hebraico e fez pós-graduação nos EUA. Em 2014, recém-mãe aos 40 e poucos anos, foi diagnosticada com câncer de mama, ao qual sobreviveu após penosos tratamentos. Essa provação fez com que mudasse sua pesquisa e focasse IA na medicina. Conforme sua pesquisa chamava a atenção, ela ganhou uma "bolsa para gênios" MacArthur.

Barzilay e a equipe começaram a trabalhar. Eles aplicaram um algoritmo em mais de 2.300 compostos químicos com propriedades antimicrobianas, para analisar qualquer inibição do crescimento da *E. coli,* uma bactéria nociva. E, então, o modelo foi aplicado em aproximadamente 6 mil moléculas no Drug Repurposing Hub [centro de pesquisa do Broad Institute] e depois em mais de 100 milhões de moléculas em outro banco de dados para prognosticar quais funcionariam. No começo de 2020, eles tiraram a sorte grande. Uma molécula se sobressaiu. E eles a nomearam de "halicina" em homenagem a HAL, o computador rebelde do filme *2001: Uma Odisseia no Espaço.*

A descoberta de um antibiótico mais potente para matar superbactérias gerou manchetes pelo mundo, aclamada como a superioridade da máquina sobre o homem, de maneira análoga à transição entre o rádio e a TV. "IA Descobre Antibióticos para Tratar Doenças Resistentes", chamou atenção no *Financial Times.*

Mas eles deixaram escapar a história real. Não foi uma vitória da IA, mas da cognição humana. A capacidade de encarar um desafio decisivo entendendo-o de certa maneira, modificando seus aspectos, abrindo, assim, novos caminhos para uma solução. Os créditos não vão para uma nova tecnologia, e sim para a capacidade humana.

"Foram os seres humanos que selecionaram os compostos químicos corretos, que sabiam o que estavam fazendo ao submeterem o material para o modelo aprender", explicou Barzilay. Pessoas definiram o problema, desenvolveram a abordagem, escolheram as moléculas para aplicar o algoritmo, e então selecionaram o banco de dados de substâncias para ser analisado. E, uma vez que algum candidato se manifestava, eram os seres humanos que reexaminavam com suas lentes biológicas para entender por que tinha funcionado.

O processo de encontrar a halicina é mais do que um avanço revolucionário na ciência ou um passo importante na direção da aceleração e da diminuição dos custos do desenvolvimento dos medicamentos. Deu certo porque Barzilay e sua equipe tiveram liberdade cognitiva. Eles não pegaram essa ideia de um livro, de alguma tradição ou conectando pontos óbvios. Eles tiveram essa ideia adotando um poder cognitivo único, que todas as pessoas possuem.

Modelos Mentais e o Mundo

Os seres humanos pensam usando modelos mentais. Eles são representações da realidade que tornam o mundo compreensível. Eles nos permitem perceber padrões, prever como as coisas irão se desenrolar, e dar sentido às circunstâncias que encontramos. De outra forma, a realidade seria uma enxurrada de informações e um amontoado de experiências e sensações rudimentares. Os modelos mentais trazem ordem. Eles nos permitem focar as coisas essenciais e ignorar as demais — assim, como em uma reunião social, podemos nos concentrar na conversa em que estamos, enquanto desligamos o burburinho ao nosso redor. Nós criamos uma simulação da realidade em nossas mentes para antecipar como as situações acontecerão.

Usamos modelos mentais o tempo todo, mesmo não tendo consciência. Porém, há momentos em que estamos conscientes de como avaliamos uma situação, e podemos manter ou mudar nossa perspectiva. Isso acontece quando precisamos tomar decisões com grandes consequências, tais como mudar de emprego, tornar-se mãe ou pai, comprar uma casa, fechar uma fábrica ou construir um arranha-céu. Nesses exemplos, torna-se evidente que as nossas decisões não são simplesmente baseadas no raciocínio que aplicamos, mas em algo mais fundamental: as lentes específicas com as quais olhamos a situação — a nossa percepção de como o mundo funciona. E esse nível subjacente de cognição consiste em modelos mentais.

O fato de que precisamos interpretar o mundo para existir nele, e que a forma como percebemos a realidade afeta como agimos, é algo que as pessoas sabem há muito tempo, mas já se acostumaram. É o que faz da conquista de Barzilay algo tão impressionante. Ela concebeu o problema da forma correta. Aplicou um modelo mental, mudando o seu foco da estrutura da molécula (ou seja, o mecanismo pelo qual ela funcionava) para a sua função (ou seja, se ela funcionava). Ao enquadrar o problema de maneira diferente, ela e a equipe alcançaram uma descoberta que tinha escapado às outras pessoas.

Barzilay foi uma framer. Ao enquadrar corretamente a situação, ela pôde destravar novas soluções.

Os modelos mentais que escolhemos aplicar são chamados de molduras, ou framers: determinam como entendemos e agimos no mundo. Molduras nos permitem generalizar e fazer abstrações que se aplicam em outras situações. Com elas, podemos lidar com novas situações, em vez de sempre ter que reaprender do zero. Nossas molduras estão sempre agindo no segundo plano. Mas podemos parar e nos perguntar qual molde estamos aplicando, e se é o melhor para as circunstâncias. E, se não for, podemos escolher outro modelo que seja melhor. Ou podemos inventar uma moldura nova.

O framer é tão fundamental para cognição humana que até mesmo aqueles que estudam o funcionamento da mente raramente focavam-no até recentemente. Sua importância foi ofuscada por outras capacidades mentais, tais como sensoriamento e memória. Mas, conforme as pessoas se tornam mais conscientes da necessidade de melhorarem sua habilidade de tomada de decisões, o papel do framer, que é fundamental para se escolher e agir bem, saiu do segundo plano para o centro do palco. Nós sabemos agora que o framer certo aplicado da forma correta abre uma grande variedade de possibilidades, que por sua vez leva a melhores escolhas. Os framers que utilizamos afetam as opções que vemos, as decisões que tomamos e os resultados que alcançamos. Melhorando o framer, alcançaremos melhores resultados. Muitos dos problemas mais complicados da sociedade envolvem, no seu cerne, um atrito sobre a maneira como um problema é enquadrado. Os EUA deveriam construir um muro com outros países ou uma ponte? A Escócia deveria permanecer com o Reino Unido ou declarar independência? A política de "um país, dois sistemas" da China em relação a Hong Kong deveria enfatizar a primeira ou a última parte da expressão? As pessoas podem olhar para a mesma situação e enxergá-la de maneira diferente porque a enquadram diferentemente.

Quando o *quarterback* do San Francisco, Colin Kaepernick, ajoelhou-se durante o hino nacional em 2016, a fim de chamar atenção para o racismo e a violência policial, algumas pessoas viram um protesto pacífico e simbólico. Afinal, ele não virou as costas ou levantou o punho — ou um dedo. Outras pessoas viram o ato como um desrespeito absurdo com o país, um golpe publicitário encenado por um jogador mediano que levou as guerras culturais para uma das poucas áreas da vida norte-americana que ainda não havia sido contaminada por elas. A discussão não era sobre o que aconteceu, mas sobre o que aquilo significou. Foi como um teste de Rorschach: o que as pessoas viam dependia do framer que elas aplicavam.

Cada framer nos permite ver o mundo de um ponto de vista diferente. Eles ampliam certos elementos e minimizam outros. O framer capitalista nos mostra oportunidades comerciais em todos os lugares; o framer comunista reduz tudo à luta de classes. O industrial olha para uma floresta tropical e vê madeiras que são valiosas hoje em dia, enquanto o ambientalista vê os "pulmões do planeta", vitais para a sobrevivência a longo prazo. As pessoas deveriam ser obrigadas a usarem máscara por causa da pandemia? Nos Estados Unidos, aqueles que usam o framer da saúde declaram "sim, sem dúvida", enquanto aqueles que aplicam o da liberdade gritam "não, de jeito nenhum!" A mesma informação, framers diferentes, conclusões contrárias. Às vezes, nossos framers não se encaixam na realidade à qual os aplicamos. Não existe algo como um framer "ruim" por si só (salvo uma exceção que abordaremos mais tarde), mas existem alguns casos de erros de framer, em que um deles não se encaixa muito bem. Na verdade, o caminho do progresso humano está cheio de carcaças de framers mal utilizados. Pegue como exemplo o livro de anatomia do século quinze *Fasciculus Medicinae* [*Fascículos da Medicina*, em tradução livre]. Ele associava partes do corpo com os signos do zodíaco — uma agradável simetria entre os céus acima e os órgãos internos. Mas esse framer nunca curou ninguém, e foi deixado de lado conforme outros mais úteis surgiram depois.

Cometemos erros semelhantes hoje em dia. Em 2008, a Nokia liderava as vendas mundiais de celulares. Quando a Apple apresentou o iPhone, poucas pessoas acreditaram nele. A tendência era desenvolver celulares menores e mais baratos, mas os da Apple eram grandes, mais caros e sofisticados. O framer da Nokia vinha de um setor de telecomunicações conservador, que valorizava a praticidade e a segurança. Já o da Apple, de um inovador, que valoriza a facilidade de uso e a extensibilidade de novos recursos via software. E esse framer acabou se encaixando melhor nas necessidades e desejos dos consumidores — e a Apple dominou o mercado.

Usar incorretamente os framers pode ter consequências terríveis. Na década de 1930, a União Soviética adotou o Lysenkoismo, uma teoria da genética e da agricultura. Era baseada na ideologia Marxista-Leninista, não em botânica. Entre os seus preceitos estava que as plantações podiam ser cultivadas juntas, pois, de acordo com a teoria comunista, membros da mesma classe vivem em solidariedade e não competem por recursos.

Pegar um framer comunista da economia e aplicá-lo à lavoura foi loucura, mas os líderes do país a tornaram base de suas políticas agrícolas. Seu defensor, Trofim Lysenko, tinha a seu lado o próprio Stalin. Cientistas que questionaram suas conclusões foram demitidos, aprisionados, exilados ou executados. O grande biólogo russo Nikolai Vavilov criticou a ciência de Lysenko e foi condenado à morte. E qual foi o resultado? Embora o país tenha aumentado a terra para cultivo em cem vezes, a produção despencava conforme as colheitas morriam ou apodreciam. O framer mal aplicado contribuiu com ondas de fome que custaram a vida de milhões.

Se um framer não se encaixa, a boa notícia é que podemos usar outro ou inventar um. Alguns novos framers são responsáveis por avanços revolucionários. A teoria da evolução de Darwin apresentou uma explicação não religiosa para a origem da vida. Da mesma forma, a física newtoniana explicou, por séculos, o movimento de objetos físicos, mas, com o passar do tempo, houve fenômenos que não pôde explicar. Einstein reenquadrou a física mostrando que o tempo, então considerado constante, é relativo.

É mais fácil ver o valor dos framers nas ciências, onde eles são (ou, ao menos, deveriam ser) explícitos, e onde os pesquisadores documentam os *inputs* mentais que usam para chegar a suas conclusões. No entanto, quando se trata dos enormes desafios que a humanidade encara hoje, com frequência falhamos em perceber quais framers aplicamos. Entender o poder do framer em todos os campos é vital. Nós precisamos ver os problemas de maneira diferente para solucioná-los. O ponto central da nossa reação aos nossos dilemas mais difíceis — sejam no nível do indivíduo, da comunidade, do país, ou até mesmo da civilização — reside dentro de nós: em nossa capacidade humana única de enquadrar.

Mas nós precisamos melhorar nisso. E este livro explica como.

Ver o que Não Está Lá

Durante as últimas décadas, uma revolução na psicologia cognitiva e na teoria da decisão colocou os modelos mentais no centro de como as pessoas vivem e pensam. Os framers são inconscientes. Mas as pessoas que sempre tomam boas decisões, ou que estão em posições que precisam tomar decisões de alto risco, estão cientes do framer e de suas habilidades de reenquadrar. E isso influencia as opções que elas veem e as ações que tomam.

Quando um capitalista de risco analisa um investimento, um oficial das forças armadas pensa em uma operação ou um engenheiro aborda um problema técnico, precisa enquadrar a situação. Construir um parque eólico em um local ou outro, ou, em vez disso, optar por um parque solar? As informações que reunimos são apenas uma parte do processo de tomada de decisão. Em muitos aspectos, o mais importante é como avaliamos as situações: como a enquadramos.

No entanto, o framer não é somente para questões de alto risco. Também influência a nossa vida cotidiana. Somos continuamente confrontados com questões que requerem um modelo do mundo em nossa mente. Como posso me relacionar melhor com o meu parceiro? Como posso impressionar o meu chefe? Como posso reorganizar a minha vida para me tornar mais saudável? E mais rico? O framer também é essencial para esses tipos de perguntas. Ele reforça os nossos pensamentos, influenciando o que percebemos e como pensamos. Ao tornar os nossos framers evidentes e ao aprender como deliberadamente os escolhemos e os aplicamos, nós podemos melhorar as nossas vidas e o nosso mundo.

Em suma: podemos transformar o framer de uma característica básica da cognição humana em uma ferramenta prática que pode ser usada para tomarmos melhores decisões. A nossa mente usa os framers para capturar os aspectos mais evidentes do mundo, e filtrar os outros — caso contrário, não compreenderíamos a vida em toda a sua complexidade intrincada. Quando modelamos o mundo mentalmente, mantemo-no controlável e, dessa forma, acionável. Neste sentido, os framers simplificam a realidade. Mas eles não são uma versão simplificada do mundo. Eles concentram os nossos pensamentos nas partes fundamentais.

Os framers também nos ajudam a aprender com experiências individuais e a criar regras gerais aplicáveis a outras situações — inclusive às que ainda não ocorreram. Eles nos possibilitam saber algo sobre o inobservado e até sobre o inobservável; imaginar o que ainda nem existe. Os framers nos permitem ver o que não está lá. E podemos perguntar "E se?", e antever decisões diferentes. É esta habilidade de visualizar outras realidades que tornam possíveis as realizações individuais e o progresso social.

Por muito tempo os seres humanos olharam para o céu desejando voar. E agora nós voamos — mas não como os pássaros. No entanto, nenhuma quantidade de dados e poder de processamento poderia ter retirado uma infinidade de peças de bicicletas e concebido um avião, como os irmãos Wright fizeram em 1903. Foi preciso um modelo mental; um framer. Da mesma forma, os seres humanos sonhavam em ver dentro do corpo sem precisar cortar a pele. E hoje em dia nós vemos, mas com tecnologias como os raios-X, e não a olho nu. Para isso, também foi necessária uma nova conceitualização, um framer de como usar a radiação eletromagnética conhecida como raios Röntgen em 1895.

Algumas das coisas que usamos todos os dias são o resultado da mudança do jeito que elas foram inicialmente enquadradas — às vezes de maneira cômica. O telefone foi imaginado pela primeira vez como uma maneira de escutar música remotamente: as pessoas discariam para ouvir um concerto. O fonógrafo era para ser uma maneira de comunicar mensagens: um presidente de uma empresa poderia enviar um memorando de áudio em cilindros sulcados para gerentes que estão longe. Apenas quando eles foram usados de formas diferentes é que as tecnologias se popularizaram. Thomas Edison, no começo do século XX, acreditava que os filmes substituíram as salas de aula — uma visão que só foi concretizada um século mais tarde quando o Zoom se tornou a nova sala de aula.

O termo *framing* (framer) é consagrado nas ciências sociais. Os psicólogos Daniel Kahneman e Amos Tversky eloquentemente explicaram como diferentes caracterizações dos resultados influenciam as tomadas de decisões — que eles chamam de "efeito de framer", e o descrevem como um defeito no raciocínio humano. Embora compartilhemos do mesmo termo, o significado aqui é um tanto diferente: não é sobre como algo está posicionado, mas um ato calculado de utilizar os modelos mentais a fim de obter opções antes de tomar uma decisão. Embora o framer incorreto de uma situação possa levar a decisões erradas, o framer é uma capacidade humana valiosa e empoderadora. Ele nos permite dar sentido ao mundo e reformulá-lo. Nós não seriamos o que somos, como indivíduos ou uma espécie, sem ele.

É tentador compreender casos de reframer como uma mudança de paradigma; ou seja, uma mudança radical nos conceitos e práticas predominantes em um campo. Em 1962, Thomas Kuhn, um filósofo da ciência, afirmou que mudanças de paradigma impulsionam o progresso científico. Mas a comparação é inexata. Toda a mudança de paradigma é um reframer, como quando a visão heliocêntrica de Copérnico derrubou o modelo geocêntrico da Terra e do Sol de Ptolomeu. Mas nem todo reframer é uma mudança de paradigma — os reframers acontecem com relativa frequência. Às vezes, modificam o conceito de mundo da sociedade; e mais frequentemente, trazem alguma mudança pequena, mas significativa em nossas vidas individuais. Em cada caso, um ato bem-sucedido de reframer leva a melhores decisões.

Trabalhar com framers pode parecer complicado e difícil. Requer habilidade. No entanto, os seres humanos são surpreendentemente bons nisso. Estamos fazendo-o há dezenas de milhares de anos, mesmo que nem sempre a gente perceba.

Framers são mais do que a perspectiva individual de uma pessoa — são modelos cognitivos. Mas o conceito da perspectiva é uma metáfora útil. Antes de o arquiteto italiano Filippo Brunelleschi começar a desenhar utilizando perspectiva geométrica, por volta de 1420, os artistas pintavam o mundo como se fosse plano e posicionavam os objetos de acordo com sua relevância. Inspirando-se em Brunelleschi, artistas aprenderam a pintar retratando profundidade e a desenhar os cenários como eles realmente apareciam. Comparar as pinturas antes e depois dessa mudança é uma forma de perceber a potência de trocar para um novo framer.

Somos todos enquadradores, ou seja, framers. Fazemos previsões, das triviais até as espetaculares. Dessa maneira, realizamos um tipo de viagem mental no tempo. Alguns de nós são melhores nisso, e há maneiras pelas quais todos nós podemos melhorar. Na verdade, devemos.

Sonhar com Limitações

Os framers ajudam a realizar muito bem duas tarefas, que vamos descrever no Capítulo 2. A primeira diz respeito a situações inéditas ou quando as circunstâncias mudam, e nossa capacidade de escolher um framer nos proporciona novas opções. A segunda, e não menos importante, quando nos encontramos em situações familiares, os framers ajudam nossa mente a focar, dessa forma reduzindo a nossa carga cognitiva. É uma maneira incrivelmente eficaz para que cheguemos a uma decisão adequada. Para fazer isso com êxito, três elementos estão em jogo: pensamento causal, nossa aptidão para criar contrafactuais e capacidade de limitar e moldar a nossa imaginação em direção a um objetivo em particular. Examinaremos um elemento de cada vez.

O Capítulo 3 analisará a causalidade. Os seres humanos veem o mundo como causa e efeito. Isso o deixa compreensível. Podemos prever de antemão o que uma determinada ação provocará e repeti-la em nosso benefício. Raciocínio causal é a base da nossa cognição. As crianças aprendem a pensar de maneira causal conforme crescem, e pensar em causa e efeito permitiu que as sociedades humanas evoluíssem ao longo do tempo. Nós somos motores da inferência causal.

Nossas inferências causais geralmente estão erradas, porque o mundo é complexo. É difícil examinar todas as complexidades com um quilo de massa esponjosa e proteína em nossos crânios. Agora nós dependemos da metodologia científica para nos impedir de chegar em conclusões causais muito rapidamente — por exemplo, a de que realizar uma dança especial pode fazer chover. Mas a nossa tendência de ver causas em todos os lugares tem uma consequência valiosa: ela nos dá ferramentas para compreender o mundo e colocá-lo mais ou menos sob o nosso controle.

O segundo elemento dos nossos modelos mentais são os contrafactuais, que analisamos no Capítulo 4, alternativas imaginadas para a realidade. Hipóteses de um mundo no qual uma, ou muitas coisas são mudadas. Como acontece com a causalidade, pensamos em contrafactuais o tempo todo. Eles chegam a nós e nos deixam escapar do "aqui e agora" cognitivo: não estamos presos na realidade diante de nós — na nossa imaginação podemos inventar uma nova.

O pensamento contrafactual é decisivo para o progresso. As pessoas podem visualizar o que não existe para entender o mundo real e imaginar como pode ser diferente. Fazemos isso quando formulamos as perguntas "e se". Nossas fantasias não precisam ser devaneios sem sentido; elas são precursoras essenciais para a ação, um elemento da nossa preparação para tomar decisões. Geralmente quando imaginamos e visualizamos, estamos evocando e avaliando contrafactuais. Isto é o que as crianças fazem quando brincam de faz de conta, e o que os cientistas fazem quando estão criando experimentos.

Embora possamos melhorar o mundo através do pensamento contrafactual, é insensato perder-se no mundo irreal. O Capítulo 5 apresenta o terceiro elemento do framer, o papel da limitação. As limitações certas nos ajudam a ajustar nossa imaginação fazendo com que nossos contrafactuais permaneçam acionáveis, mostrando ações verdadeiramente possíveis. O framer não é um exercício de voo da imaginação, de seguir balões soltos sendo levados pelo vento para lugar nenhum. É sonhar dentro de limites. Nossos contrafactuais são úteis apenas quando têm limites.

Limitações agem como a cola que mantém os modelos mentais juntos, de modo que possamos pensar *E se?* de uma forma estruturada e deliberada. Se o pneu do carro furar e é a primeira vez que vamos trocá-lo, não vamos chamar a Frota Estelar para nos ajudar; verificamos as ferramentas que estão no porta-malas (o macaco e uma chave-inglesa) e visualizamos como essas peças podem nos ajudar.

Essas três dimensões da cognição — causalidade, contrafactuais, e limitações — juntas formam a base do framer. São as nossas ferramentas para vermos além do óbvio e pensarmos à frente.

Porém, às vezes, precisamos mudar os framers, se o contexto de um problema mudou. O Capítulo 6 observa nossa capacidade de examinar nossa coleção de framers para encontrar um mais compatível com dada situação. Ou também, podemos adaptar um framer já existente em um domínio e aplicá-lo em outro — deliberadamente ampliando a nossa gama de opções ao reformulá-lo para encaixá-lo em um novo contexto ou objetivo.

Conforme ganhamos experiência, desenvolvemos um repertório de framers e podemos selecionar um adequado quando necessário, como os bons pianistas têm um repertório de estilos. Músicos talentosos acham tom, tempo, ritmo e harmonia em uma variedade de peças que nunca ouviram antes. É a essência do improviso. Cada gênero musical é diferente, com seu conjunto de regras. É difícil para um pianista mudar do romântico Chopin para Lady Gaga. Mas reenquadrar é tão possível nas teclas do piano quanto é na vida.

No entanto, escolher entre diferentes framers tem seus limites. Em alguns casos, o framer certo talvez não exista. Então é necessário um ato de invenção, para criar um completamente novo. Nós louvamos aqueles que criam framers totalmente novos, pois, quando dão certo, acabam mudando o mundo.

Como nos tornar melhores framers é explicado no Capítulo 7. Isso demanda adotar uma diversidade de framers. Apresentaremos três estratégias: expandir o nosso repertório, desenvolver a nossa curiosidade através de um processo que chamamos de "forrageamento cognitivo", e se tudo isso der errado, ter a coragem de saltar para o cognitivo desconhecido.

O Capítulo 8 analisa a importância do framer na civilização em geral. O objetivo é o pluralismo: promover e celebrar as diferenças, em vez de aspirar por uma visão homogênea de mundo. Precisamos estimular o "colorido", não acreditar que alcançamos alguma forma de valor ao nos tornarmos "daltônicos".

O que não podemos permitir são framers que neguem a existência de outros (a única exceção à ideia de que não existem maus framers). A uniformidade de modelos mentais esmaga o progresso humano. Faz com que a inteligência das pessoas se pareça com a dos autômatos, que perpetuam o passado porque não enxergam além do presente. Se nossos framers não podem coexistir, nós podemos?

Os verdadeiros heróis do framer humano não vivem em palácios, nem administram grandes empresas ou ensinam em universidades chiques. Estão ao nosso redor — somos nós mesmos. Como indivíduos, nosso framer importa porque molda nossas vidas. Mas, para a humanidade, o que importa são os modelos mentais coletivos. Especialistas sugerem que as pessoas deveriam se unir e convergir em uma perspectiva para enfrentar os desafios. Mas é totalmente o contrário: o nosso poder está na diferença dos framers humanos e em nossa capacidade de ver o mundo a partir de uma infinidade de ângulos diferentes. Apenas se explorarmos a amplitude dos framers humanos é que poderemos criar as soluções originais de que precisamos para sobreviver como espécie.

A Máquina e a Multidão

A crença no valor e o poder do framer estão sob ameaça. Por todo o mundo, as pessoas perderam a confiança nas habilidades cognitivas da humanidade e se voltam para soluções que negam o papel dos modelos mentais. De um lado estão os que acreditam nas máquinas, e do outro os que aceitam a justiça bruta e as respostas fáceis das multidões. Os hiper-racionalistas, que adotam fatos e valorizam a razão, representam o primeiro lado. Acreditam que podemos confiar exclusivamente em dados e algoritmos para solucionar nossa miríade de problemas, e ignoram o framer humano, preferindo a IA. Eles não são apenas um punhado de *geeks* aguardando a "singularidade", o momento em que os computadores são mais espertos que as pessoas. Um grupo crescente espera que a tecnologia entregue exatamente o tipo de tomada de decisão imparcial, objetiva e super-racional de que as pessoas parecem incapazes. Para eles, não há dúvidas de que os seres humanos permanecerão no poder, mas os julgamentos do dia a dia serão conduzidos por máquinas.

Precisa dirigir em Nova Déli? Combater o crime em Berlim? Fazer entregas em Wuhan? Existe um algoritmo para isso. À medida que a tecnologia se desenvolve, muitas pessoas esperam que IA corrija as deficiências sociais que as pessoas não foram capazes de solucionar. Isso, eles esperam, levará a humanidade para longe das nossas atuais trevas irracionais e garantirá a vitória da razão. Os seus apoiadores louvam a IA por seu potencial de tirar as tomadas de decisões dos seres humanos e colocá-las nos computadores.

Igualmente ruidosos são os emocionalistas, que afirmam o contrário: que a humanidade tem sofrido por causa da excessiva racionalidade, dependência de dados e raciocínio analítico frio e implacável. Eles acreditam que o cerne do problema não é o excesso de paixão, mas sua falta; que sofremos porque não confiamos o bastante em nossos sentimentos e instintos. Eles anseiam por laços coletivos nas comunidades de pessoas com ideias semelhantes, e por distinções e limites bem estabelecidos com os "outros" que não pertencem. O apelo para as raízes emocionais é um chamado para a aceitação da irracionalidade como uma qualidade fundamental da humanidade.

Vemos esse fenômeno na direita e na esquerda, nas democracias industrializadas e nos países desenvolvidos. Associa-se à direita populista, que prefere ações decisivas a processos de longa data. A governança é um sentimento; a liderança, uma emoção; as decisões se baseiam na sensação inata da correção das crenças. Porém, também acontece na esfera social de esquerda, quando os ativistas querem silenciar detratores ou deslegitimar aqueles de quem discordam.

Embora o aumento do poder da IA seja novo, temos lidado com esse desafio básico por séculos. A tensão entre razão e emoção, artificial e natural, ponderação e instinto moldou como organizamos nossas vidas e governamos nossas sociedades. No século XVII, o filósofo francês e matemático René Descartes defendeu uma vida de racionalidade, ordem e evidências. Os parques parisienses que possuem uma simetria perfeita nos lembram da sua influência.

Um século depois, Jean-Jacques Rousseau preconizou outra abordagem, que confiava nos sentimentos e na intuição, e que buscava respostas no ser interior: "Todo o mal que já fiz na minha vida foi resultado da reflexão", escreveu. "E o pouco que fiz de bom foi resultado do impulso." É um mundo de intuições, paixões, e desejos — acessos de fúria selvagem perfeitamente desculpáveis como expressões da nossa humanidade. Quando os paisagistas norte-americanos e ingleses fazem parques urbanos que parecem natureza errante, é um reconhecimento inconsciente da perspectiva de Rousseau.

A mesma dicotomia ocorreu nos negócios no século XX. A teoria sobre administração científica de Frederick Taylor quantificava cada aspecto do funcionamento das empresas. Gerentes munidos de cronômetros e pranchetas desfilavam pelas fábricas para garantir a produtividade. Mas o século fechou com o sucesso do eloquente presidente da GE, Jack Welch, cuja tradução da autobiografia é *direto do instinto* [na edição brasileira, *Segredos do Executivo do Século*].

Há um certo sentimento de autenticidade na rejeição da racionalidade linear preenchida com fatos, a favor da adoção humana e alegre das emoções na tomada de decisão. Nem se reduz a números ou fórmulas. Mas esse etos não soluciona problemas — apenas os glorifica. Pode destruir, mas não construir. Nos últimos 50 anos, psicólogos e economistas comportamentais acumulam evidências experimentais mostrando a inferioridade das decisões por instinto. Confiar no instinto pode nos dar uma sensação de conforto de que estamos fazendo a coisa certa. Porém, fracassa em entregar uma estratégia viável para solucionar os desafios que encaramos.

Entretanto, a IA pode tomar melhores decisões do que as pessoas e roubar nossos trabalhos, mas computadores e algoritmos não fazem framers. A IA é brilhante em responder o que é perguntado; framers levantam questões nunca formuladas. Computadores só funcionam em mundos que já existem; os seres humanos vivem em mundos imaginados através do framer.

Considere as deficiências dos computadores na esfera onde são celebrados por sua excelência: jogos de tabuleiro. Mesmo as pessoas que estão familiarizadas com esse caso extraem a lição errada.

Em 2018, a DeepMind do Google divulgou o sistema AlphaZero, que aprendeu a ganhar no xadrez, *Go*, e *shogi* jogando contra si mesmo, com zero *input* humano além das regras. Depois de apenas 9 horas, nas quais ele jogou 44 milhões de partidas de xadrez, estava ganhando do melhor programa de xadrez do mundo, Stockfish. Quando os grandes mestres jogavam contra ele, ficavam surpresos por sua abordagem estranha. Por mais de um século os especialistas em xadrez estabeleceram um consenso sobre os conceitos básicos e estratégias, tais como valores das peças ou posição no tabuleiro. O AlphaZero fazia movimentos radicais, privilegiando a mobilidade em vez da posição, e não era relutante ema fazer sacrifícios. O AlphaZero parecia ter concebido uma estratégia totalmente nova para o jogo.

Só que não tinha.

Um sistema de IA não concebe nada. Não inventa modelos mentais. Nem generaliza ou explica. AlphaZero é uma caixa-preta — para ele e para nós. Foram as pessoas, não a IA, que levou em conta os movimentos e desenvolveu conceitos de "posição no tabuleiro" ou "sacrifício". Os seres humanos enquadraram as ações do AlphaZero, tornando-as explicáveis e aplicando-as em geral. Os seres humanos se tornam mais inteligentes porque abstraímos as realizações da IA. Reconhecer e aplicar as lições é algo que a IA não pode fazer sozinha.

Os racionalistas e os emocionalistas identificam algo único sobre a cognição humana. Mas ambos conduzem a becos sem saída. Nenhum deles oferece uma resposta adequada aos desafios da nossa civilização. Nem podemos esperar muito da síntese de duas abordagens construídas sobre bases falaciosas, o que, na melhor das hipóteses, só manteria uma tensão frágil sem esperança de progresso real. A ideia crucial é que nossa escolha não se limita a essas duas opções. Não temos que decidir entre a singularidade da desumanização ou o tsunami do terror populista — e nem combiná-los em uma mistura abaixo do ideal. Temos à nossa disposição uma outra estratégia, uma capacidade humana diferente que até agora passou despercebida: o framer. Nossa capacidade de aplicar, aprimorar e reinventar modelos mentais nos proporciona os meios para solucionarmos os nossos problemas sem acatar a máquina ou aceitar a multidão.

O que nos traz de volta a Regina Barzilay. Encontramo-nos em uma encruzilhada. Enormes desafios se aproximam. Assim como aconteceu com os antibióticos, muitas das nossas vulnerabilidades são cultivadas internamente, as consequências das decisões que tomamos, alternativas que não identificamos, ações que não tomamos. Colocamo-nos em nossos problemas atuais. A boa notícia é que podemos sair deles. Mas isso exige uma nova mentalidade.

O que Está Fora Começa por Dentro

O projeto "Our World in Data" [O Nosso Mundo em Dados], conduzido por uma equipe da Universidade de Oxford, engloba todos os aspectos da vida e como o próprio nome sugere, os analisa através das lentes da informação. Estatísticas da mortalidade infantil? Estão nele. PIB Global? Eles mantêm você informado. O material é amado por Bill Gates, que algumas vezes retuíta seus gráficos e cuja fundação apoia o trabalho. E a julgar pelas linhas com as cores do arco-íris e os gráficos de barra que eles exibem, nunca estivemos tão bem.

É verdade que, em quase todos indicadores, o mundo tem melhorado. Há menos guerras, menos doenças, mais alfabetização, água mais limpa, países mais ricos, pessoas mais felizes, expectativa de vida mais longa. A Covid-19 deixará uma marca, mas temporária — levantemos nossos olhos para um futuro mais distante, e a queda será atenuada com a marcha do tempo e do progresso. A evolução do pensamento humano tem um papel crucial nesses melhoramentos. Antes que haja uma mudança na base, há uma na mente. Tudo que está fora começa por dentro. Enquadramos e reenquadramos o mundo, e a civilização avança. Mas esse otimismo é inapropriado. Seus provedores extrapolam o desenvolvimento do futuro. Mas suas análises disfarçam os problemas. Há uma patologia do progresso humano: que os frutos da nossa criação correm o risco de serem as fontes da nossa destruição. Seja uma corrida armamentista de alta tecnologia, clima mais quente ou uma classe de destituídos crescente ao redor do mundo, precisamos melhorar o framer para reagir.

As prateleiras estão cheias de livros enaltecendo as virtudes do progresso humano. Mas o gênio afluente e imortal previsto no livro *Homo Deus*, de Yuval Noah Harari, será tão ridicularizado como o rico, seguro e feliz "último homem" do livro de Francis Fukuyama, *O Fim da História*. Um olhar mais perspicaz e responsável do mundo sugere que as coisas não ficam mais fáceis, mas mais difíceis. Os piores desafios enfrentados pela humanidade estão à nossa frente.

No passado, a maioria dos nossos desafios era questão de sobrevivência de indivíduos ou comunidades, mas não do planeta. E muitos tinham soluções óbvias. Contra a fome, caçávamos e coletávamos. Como abrigo, construíamos uma casa. Para as guerras, formávamos exércitos. Havia framers rapidamente aplicáveis.

Conforme o framer melhorava a tomada de decisões, esse sucesso criava a sua própria fraqueza: uma crença em um único framer da verdade. Em inúmeros casos, a humanidade criou e impôs framers, desde a inquisição espanhola até o coletivismo soviético. E aprendemos pouco com esses fracassos. Ainda estamos suscetíveis ao pensamento monolítico, convencendo-nos de que os fracassos do passado de framers únicos se deram por causa do framer, e não porque eram singulares.

O que torna o momento atual da história tão precário. O destino da humanidade depende de aprendermos a reformular nossos desafios. Crises da natureza (de mudanças climáticas a pandemias) e da humanidade (de novas formas de tribalismo a opressões) não exigem um salto cognitivo de fé, mas dobrar a aposta no que os seres humanos sempre fizeram bem: aplicar a imaginação sob limitações para criar novas soluções e examinar suas consequências a longo prazo.

Vivemos uma era de divisão e paradoxos: grandes caridades e tiranias do dia a dia, ciência e anticiência, fatos e *fake news*. A Estação Espacial Internacional visível da favela, foguetes para colonizar outros planetas e crianças imigrantes em gaiolas. O primitivo e o trans-humano; cães e deuses. As espécies se estinguem porque não se adaptam. Os seres humanos poderiam ser a primeira espécie que tem tudo para se adaptar, mas perece porque não usam — não por não termos escolha, mas porque não fazemos as escolhas certas.

O framer oferece uma saída. Os seres humanos podem se adaptar ao confiar na capacidade cognitiva de produzir modelos mentais, ao visualizar melhor as consequências e escolher alternativas. No entanto, isso requer um grau de liberdade cognitiva que está sendo removido. Precisamos perceber que temos o que precisamos para sobreviver e prosperar — desde que tenhamos responsabilidade, coragem e imaginação para aceitar nosso papel de framers.

2

framer

modelos mentais infundem tudo o que fazemos, mesmo sem termos consciência

No domingo, 15 de outubro de 2017, Alyssa Milano estava sentada na cama na sua casa em Los Angeles lendo as notícias. A internet estava bombando com as revelações sobre o produtor de cinema Harvey Weinstein. Como tinha sido uma estrela infantil na década de 1980, e agora era uma atriz de 40 e poucos anos, conhecia todos os nomes nos noticiários. O assédio sexual não é novidade em Hollywood. O proverbial "teste do sofá" é uma instituição repugnante. Mas isso era diferente. Estes não eram assédios que passavam despercebidos, mas agressões físicas, várias delas, que não foram meramente ignorados, mas ativamente encobertos, que remontam há décadas.

Uma mensagem de uma amiga apareceu em seu telefone sugerindo que, se as mulheres se pronunciassem no Twitter, o mundo veria a extensão do problema. Milano gostou da ideia. Ela sempre teve uma forte ética. Como celebridade aos 15 anos, ela beijou um rapaz portador de HIV em um programa de entrevistas na televisão, para chamar a atenção de que o contato com vítimas da AIDS é seguro.

Em 2013, ela "vazou" na internet o que parecia ser um vídeo de sexo dela com o marido, que, em vez de mostrar cenas quentes, focava a câmera em um segmento de notícias de dois minutos explicando o conflito na Síria — *clickbait* a serviço do humanitarismo.

Recorrer ao Twitter fazia sentido. "Teremos ideia da magnitude", Milano lembra ter pensado, e "tiraremos o foco desses homens horríveis, para as vítimas". A própria Milano fora assediada nos *sets* há 25 anos — mas nunca mencionou publicamente. Ela abriu o Twitter e escreveu: "Se alguma vez você foi assediada ou sofreu abuso escreva 'eu também' em resposta a este tuíte." Ela desligou o aparelho, olhou para sua filha de 3 anos que estava dormindo e voltou a dormir.

Quando acordou, ficou chocada ao ver que o tuíte tinha 35 mil respostas. Espalhou-se pelo mundo. No fim do dia, a *hashtag* #MeToo havia sido usada em mais de doze milhões de postagens. Os jornalistas começaram a telefonar. Tornou-se um fenômeno global.

O movimento MeToo (EuTambém) é muitas coisas, mas talvez o mais poderoso seja seu framer. Transformou a percepção do assédio sexual como algo que deve se tornar público. As declarações no Twitter se tornaram uma fonte de empoderamento e libertação. O MeToo reverteu o estigma: as mulheres não devem se sentir envergonhadas, e podem envergonhar os homens que as assediaram.

Antes do MeToo, uma mulher que falasse sobre assédio poderia não ser vista como vítima, mas como complacente, cúmplice ou culpada. (*Por que você foi no apartamento dele? Por que estava com aquela roupa provocante?*) Mas com o novo framer, as mulheres podiam prestar testemunho sabendo que elas tinham força em números, com um grupo de apoio global e preparado para ajudar.

O novo framer não só foi uma alternativa de pensar sobre o problema: abriu novas possibilidades para decisões e ações.

Mapeando o Mundo

Independentemente da forma como as mulheres reagem ao assédio sexual ou como os cientistas concebem as estruturas moleculares dos antibióticos, os framers explicam a complexidade do mundo. Nossas mentes estão repletas deles. É assim que pensamos. Eles podem ser simples ou sofisticados, exatos ou imprecisos, bonitos ou terríveis. Mas todos capturam algum aspecto da realidade. E ao fazer isso, eles nos ajudam a explicar, focar e tomar decisões.

A democracia é um framer, bem como a monarquia. Nos negócios, a produção enxuta é um framer bem como os OKR (objetivos e resultados-chave, o sistema popularizado pela Intel e pelo Google). A religião é um framer, bem como o humanismo secular (ou seja, moralidade sem um deus). O Estado de direito é um framer, bem como a noção da lei do mais forte. Igualdade racial é um framer, bem como o racismo.

O framer é fundamental para o raciocínio porque é versátil. Nas últimas décadas, pesquisadores de filosofia a neurociência o têm estudado (embora os termos que utilizem para descrevê-lo variem, incluindo *modelos*, *abstrações*, *representações* e *esquemas*).

Hoje em dia, a ideia de que os seres humanos pensam através de modelos mentais é aceita nas ciências exatas e sociais. Mas é um fenômeno recente. No início do século XX, refletir sobre o pensamento humano era relegado aos filósofos. Sigmund Freud, com seu interesse pelos mistérios da mente, era uma exceção. Entre as guerras, filósofos como Ernst Cassirer e Ludwig Wittgenstein entenderam que a mente se baseava em símbolos e nas palavras que manipulava. Era um passo rumo a uma visão mais racional da cognição, mas tudo era teoria, nada empírico. Após a Segunda Guerra, as ciências empíricas se voltaram para a mente humana. As pesquisas passaram dos filósofos para os psicólogos, especialmente quando estes começaram a refletir sobre os processos cognitivos dentro do cérebro. Inicialmente, eles compararam isso a operações lógicas rigorosas, mas estudos empíricos não respaldaram essa visão. Por volta da década de 1970, a ideia de "modelos mentais" ganhou popularidade — junto com o conceito de que o raciocínio humano não é uma operação da lógica formal, porém funciona mais como uma *simulação da realidade*: nós avaliamos opções de ação, imaginando o que poderia acontecer.

Essa visão agora está empiricamente confirmada em inúmeros experimentos. A neurociência também colaborou nos últimos anos, graças aos equipamentos de ressonância magnética que podem visualizar a atividade cerebral dos sujeitos do grupo-controle em tempo real. Estudos têm mostrado, por exemplo, que quando planejamos o futuro nós ativamos áreas cerebrais que estão associadas com a cognição espacial e nossa capacidade de pensar em três dimensões. Nós entramos em um tipo de sonho deliberado e proposital.

Esse trabalho conduziu a uma transformação silenciosa da compreensão de como as pessoas pensam. Ele aponta para os modelos mentais como bases da cognição. O que vemos e sabemos, sentimos e acreditamos, começa com a maneira como percebemos o universo. Podemos compreender o mundo em relação a como acreditamos que funciona: por que as coisas acontecem, como elas podem se desenrolar no futuro e o que acontecerá se agirmos. Os framers não são "imaginação" ou "criatividade", mas possibilitam isso.

A maioria das pessoas não pensa muito sobre seu estado mental quando toma uma decisão. Isso acontece porque a maioria das decisões que tomamos são de baixa importância, com poucas consequências: qual camiseta vestir, o que colocar na salada etc. Porém, quando as pessoas tomam decisões mais substanciais, esse trabalho é transformado pelo conceito de modelos mentais. Muitas tomam consciência dos framers que aplicam.

A importância fundamental dos framers não é o que eles são, mas o que facilitam. Eles nos *empoderam,* pois ajudam nossa mente a focar. Quando funcionam bem, destacam as coisas essenciais e nos permitem desconsiderar o resto. Isso é um recurso, não um *bug* (no linguajar dos programadores). Os framers funcionam como atalhos cognitivos gigantescos e eficazes, moldando o espaço mental onde decidimos. Eles tornam mais fácil e rápido a identificação de opções. Eles simplificam, enriquecem, e ampliam como concebemos o mundo para assim agirmos nele.

Os framers também nos *libertam,* porque podemos selecioná-los com base nos aspectos da realidade que queremos destacar. Ao pôr à prova framers alternativos, vamos além dos animais, que seguem instintos, e das máquinas, que seguem instruções. Conforme vemos o mundo de diferentes perspectivas, enriquecemos nosso entendimento e inventamos melhores soluções. Ao selecionar um framer, escolhemos o caminho para uma decisão. Para ver o que isso significa na prática, leve em consideração os mapas.

Mapas são uma representação física de um modelo mental. Delineiam espaços e localizações precisas. Assim como os framers, atendem a propósitos específicos. E da mesma maneira que os escolhemos — dependendo das demandas que temos e das decisões que enfrentamos — os mapas que selecionamos são uma escolha pensada, com consequências sobre como compreendemos o mundo e agimos nele. Mas também moldam o que percebemos através deles.

Estamos mais familiarizados com os mapas cartesianos, com duas dimensões perpendiculares. Sua vantagem é a sua aparente objetividade: todas as distâncias estão relativamente corretas entre si, e cada localização tem o seu lugar único. Com os mapas cartesianos, ganhamos uma noção de lugar e podemos nos projetar para qualquer local e imaginar como o mundo se parece daquela perspectiva. Mas, eles deixam de lado muitas outras características. Por exemplo, normalmente eles são planos e não podem representar as elevações (para isso precisamos de linhas de contorno ou cores diferentes).

Isso os torna importantes para vermos onde as coisas estão, mas não quanto tempo para chegarmos a elas. Os mapas, como os framers, são bons em circunstâncias específicas, não em todas.

Se você está na cidade de Londres ou em Tóquio e quiser ir de uma parte da cidade para outra, não vai usar um mapa cartesiano. Você vai se sair melhor com um mapa de transporte público. Esses mapas reduzem a complexidade dos territórios das cidades a um diagrama de linhas e estações, distinguidas por cores. Facilitam a identificação do lugar onde uma linha de ônibus e uma de trem se cruzam. São obras de arte pelo que deixam de fora. Eles são projetados para que as pessoas possam escolher a rota mais adequada. Mas mapas de trânsito não ajudam as pessoas a se localizarem pela cidade!

O mapa do metrô de Londres, por exemplo, ignora a distância em benefício da legibilidade: duas estações adjacentes podem estar a 1,5km de distância. E a maioria dos mapas de transporte público não mostram aos passageiros quanto tempo levarão para chegar em seus destinos. O tamanho das linhas entre as estações geralmente não representa escala. Os mapas de transporte público renunciaram a descrição de distâncias favorecendo a legibilidade.

Há muitos métodos de desenhar mesmo esses mapas, já que a superfície de uma esfera pode ser projetada em um plano bidimensional de maneiras diferentes. Cada um tem seus pontos fortes e fracos. Escolha um em que a longitude e a latitude sejam projetadas perpendicularmente — tal como os que usam a Projeção de Mercator — e as áreas tornam-se mais distorcidas ao se afastar do centro. Isso faz com que o Alasca pareça maior do que a Austrália, embora tenha um quarto do tamanho. Outros mapas mostram o tamanho correto das áreas, mas distorcem o formato. É sempre uma escolha.

Portanto, a pergunta "Qual é o melhor mapa?" não faz sentido teoricamente. A resposta depende do contexto de uso e do propósito. O mesmo é válido para os framers. Não há um certo em si. Depende da situação. Ao escolher um framer e o aplicar, revelam-se escolhas. Sem aplicar um deles, podemos debater infinitamente e nunca agir. Escolher e aplicar um framer — tornando-nos "framers" — é a base para tomar decisões e agir.

Os norte-americanos estão familiarizados com o *framer* das suas lições de história. Ele descreve os homens (na época, somente homens) que elaboraram a Constituição. Eram chamados de framers naquela época, porque planejavam o "modelo do governo". A palavra foi bem escolhida porque a Constituição dos EUA é um framer que define e demarca as instituições e os processos. Foi o resultado de debates entre dois lados sobre diferentes modelos de governo, que durou meses do verão de 1787.

Os federalistas defendiam um modelo de governo forte e centralizado, com um poderoso chefe-executivo, um Estado de Direito firme e limitação dos direitos dos estados. Esse framer focava a atenção em construir um estado nacional forte, uma grande potência. Era "federal" porque o poder era delegado de cima para baixo, e não uma "confederação". Em contrapartida, os antifederalistas queriam um governo central fraco e decentralizado, garantias para os direitos individuais e uma democracia mais direta. Este framer priorizava construir fortes democracias locais, que poderiam somar forças para defender uma à outra contra ameaças externas.

Assim como acontece com os mapas, nenhum desses framers é inferior em si; cada um tem seus prós e contras, e todos podem ser adequados a dadas circunstâncias. Até hoje, esses dois modelos mentais permaneceram centrais no debate sobre como governar repúblicas democráticas. Bem mais de dois séculos depois, do outro lado do Atlântico, as nações europeias continuam a usar framers semelhantes em seus debates sobre a idealização da União Europeia como *demos* (um povo unido com um centro forte), ou *demoi* (uma forma de governo mais descentralizada).

Vários framers concorrentes podem levar a debates úteis e despertar uma variedade de opções. Mas quando há mais de um framer possível que pode ser aplicado (e isso ocorre com frequência), torna-se difícil escolher o certo para a situação. Requer um entendimento cuidadoso dos objetivos e dos contextos em que o framer será aplicado. E muita coisa depende disso.

Os Riscos dos Erros de Framer

O framer errado é catastrófico. Podemos avaliar a importância de escolher bem observando como especialistas e responsáveis por importantes decisões lidaram com duas pandemias diferentes.

Quando o vírus Ebola irrompeu na África Ocidental, na primavera de 2014, especialistas foram chamados para estudá-lo e detê-lo. As duas principais organizações procurando uma solução foram a Organização Mundial de Saúde (OMS), um órgão da ONU, e os Médicos sem Fronteiras (MSF), uma organização internacional. Os especialistas de ambas sabiam que sua primeira arma na batalha era a informação. Mas, embora tivessem os mesmos dados, chegaram a conclusões diferentes. Não que suas análises fossem falhas, mas usaram framers diferentes para avaliar a situação, cada um com base em visões diferentes do surto e da possivel disseminação.

O modelo da OMS foi baseado no framer histórico. Observando os números relativamente baixos de casos de Ebola, ponderaram que o surto de 2014 era similar a anteriores na região, contidos localmente. A OMS previu um surto limitado e se opôs a medidas internacionais drásticas. Por sua vez, o MSF teve uma visão espacial. O vírus havia se proliferado em diferentes aldeias, todas distantes, e que ficavam nas fronteiras de três países. Por causa disso, o MSF concluiu que o vírus tinha se espalhado além do que os dados indicavam. O grupo exigiu ações imediatas e rigorosas.

Uma forma diferente de conceituar a crise — se o surto era concentrado ou havia se dispersado — foi o cerne da tensão. A peste ameaçava explodir em uma catástrofe global. Centenas de pessoas haviam morrido, e centenas de milhões de vidas corriam risco. De início, a OMS ganhou, e apenas medidas locais foram adotadas. Mas o Ebola se espalhou rapidamente, validando a visão alarmista do MSF. Um pânico global se instalou, apelidado de "*Fearbola*" [medo do Ebola]. (Donald Trump, na época um desenvolvedor imobiliário que se tornou estrela de *reality show*, chamou o Presidente Barack Obama de "psicótico" por não cancelar voos vindos da África Ocidental — embora voos direto não existissem — e tuitou: "MANTENHA-OS LONGE DAQUI!") Apenas ações extraordinárias dos governos foram capazes de controlar a situação, e no final, a crise declinou.

Avance para 2020. Quando o novo coronavírus apareceu no radar das autoridades de saúde pública, no início do ano, não era claro o tipo de doença com que o mundo lidava. Sete tipos de coronavírus eram então conhecidos por afetar seres humanos, com uma ampla variedade de taxas de infecção e letalidade. Alguns causam apenas uma gripe comum. Outros, como o SARS (na Ásia em 2002 até 2004) e MERS (no Oriente Médio em 2012), provaram ter sintomas mais fortes, períodos de incubação mais longos, e taxas de casos fatais de 10% e 35%, respectivamente. No entanto, o mundo já enfrentou surtos de coronavírus antes, e foram suprimidos, assim como o Ebola.

Talvez por esse motivo, não ficou claro para os países o quão séria foi a descoberta do SARS-CoV-2 e a doença que ele causa, Covid-19. A China fechou a cidade de Wuhan, uma atitude sem precedentes que parecia uma conduta de um regime autoritário. Na Itália, os casos se multiplicaram antes que soubessem o que estava acontecendo. Os hospitais da Lombardia estavam tão lotados que por um período, médicos aos prantos eram forçados a dar sedativos aos pacientes idosos para que morressem com menos sofrimento, a fim de poupar os recursos médicos limitados para os pacientes mais novos.

Todos os países tinham os mesmos dados, como a OMS e MSF haviam feito em 2014. E, como no caso do Ebola, a forma como enquadraram a Covid-19 afetou as opções que eles visualizaram, as ações que tomaram, e como eles se saíram no princípio da crise. As reações da Grã-Bretanha e Nova Zelândia em particular mostraram como framers diferentes levam a resultados diferentes.

A Nova Zelândia enquadrou a Covid como SARS, e adotou uma abordagem de "eliminação". Embora não tivesse sido atingido pela SARS, suas autoridades se encontravam com seus colegas de Taiwan e da Coreia do Sul, que sofreram com a doença e desenvolveram sistemas de monitoramento. Por isso, bem no começo do surto de Covid-19, autoridades da saúde na Nova Zelândia acionaram o modo desastre. A primeira-ministra Jacinda Ardern decidiu que era melhor exagerar na reação do que o contrário. "No momento, temos 102 casos — mas a Itália também começou assim", disse à nação, em março. O país entrou em lockdown, fechou suas fronteiras e se comprometeu a rastrear todos os casos.

Entretanto, a Grã-Bretanha enquadrou a Covid como mais uma gripe sazonal e adotou uma estratégia de "atenuação". Autoridades da saúde partiram do princípio de que o vírus se espalharia pela população, criando imunidade de rebanho. O governo parou de fazer testes e rastreamento de casos no começo da crise, e foi o último dos países europeus a tomar medidas como proibir grandes eventos públicos e fechar escolas. Os responsáveis optaram por um lockdown nacional apenas quando modelos epidemiológicos mostraram que o vírus sobrecarregaria o Serviço Nacional de Saúde. No começo de junho, a primeira-ministra Ardern declarou que seu país estava livre da Covid — enquanto a Grã-Bretanha batia um recorde de quase 50 mil mortes relacionadas à Covid, uma das maiores taxas do mundo.

Dois países. Os mesmos dados e objetivos — framers e ações diferentes. E resultados bastante diferentes.

Os framers nos ajudam a chegar aonde esperamos, mas precisamos escolher a direção. Isso é tranquilizador: significa que ainda estamos no comando. Mas também é intimidador. Por mais poderosos e versáteis que sejam, e por mais valiosos e indispensáveis que possam ser, somos nós que precisamos escolhê-los.

Visualizando Novos Mundos

Os framers nos permitem visualizar o que não está lá. Este é um superpoder que todo mundo possui. Talvez existam muitos motivos para que não possamos observar algo diretamente. Pode ser que não tivemos tempo para coletar informações, ou não conseguimos nos esforçar, ou não pudemos juntar os dados porque eles passaram despercebidos. Em todas essas situações, não vemos diretamente o que está lá, mas os nossos modelos mentais podem preencher as lacunas. Eles ampliam a nossa capacidade de tomar decisões utilizando a nossa imaginação, permitindo-nos transcender o imediato e adotar ideias que são mais gerais e abstratas. Isso nos empodera a usar nosso intelecto em situações que pareciam alcançáveis apenas em sonhos.

Para reconhecer como os framers podem preencher lacunas, considere as aterrissagens na Lua. Quando o módulo lunar da Apollo 11 pousou na superfície da Lua no verão de 1969, foi uma conquista notável. Mas não foram os motores superpotentes da Saturno V, nem os novos e rudimentares computadores digitais que levaram o homem à Lua. Em vez disso, de muitas maneiras, foi a capacidade de usar os framers para "ver" o que não estava lá.

Ninguém sabia como navegar nos mais de 322.000km de espaço vazio entre a Terra e a Lua. Especialistas da NASA tiveram que imaginar, criando um modelo mental de navegação espacial e as ferramentas que permitiriam que isso acontecesse. Não era algo que uma bússola pudesse resolver — a ideia de norte e sul não faz sentido no espaço. Igualmente, os engenheiros tinham pouca experiência em construir motores que funcionassem no vácuo gelado do espaço — e que pudessem ser ligados e desligados com um botão. Então, eles construíram o foguete com base em modelos mentais de como os motores funcionam, não apenas na atmosfera do nosso planeta, mas também no espaço. Claro que os testes ajudaram, sobretudo para validar o que os cientistas já tinham visualizado em suas mentes.

Quando Neil Armstrong deu seu "pequeno passo" na superfície lunar, ele ficou espantado com sua firmeza: ele esperava afundar alguns centímetros. "A superfície é fina e poeirenta", comunicou o capitão de 38 anos através do rádio à sua tripulação e ao comando terrestre. "Afundo apenas uma fração de centímetro na superfície, talvez um terço de centímetro." Mas aquela foi a extensão das surpresas da Apollo 11. O resto da humanidade na Terra, a centenas de milhares de quilômetros de distância, e meses e anos antes, aplicou com sucesso framers para entender o que seria necessário para levar os astronautas à Lua e trazê-los de volta.

Ser capaz de conceber o que nunca experimentamos não vem naturalmente o tempo todo. No dia seguinte ao lançamento da missão Apollo 11, o *New York Times* publicou o que pode ser considerado a melhor "correção" de todos os tempos — 49 anos depois da publicação do artigo original. O jornal explicou que em 13 de janeiro de

1920 havia publicado um artigo que "recusava a noção de que um foguete pudesse funcionar no vácuo". O artigo original debochava dos cientistas que "pareciam não ter os conhecimentos básicos do Ensino Médio". Agora o jornal debochava de si mesmo. "Novas investigações e experimentações confirmaram as descobertas de Isaac Newton no século XVII e agora está provado que um foguete pode funcionar no vácuo, como na atmosfera. O *Times* lamenta o erro."

Usar os framers para ver o que não está lá (ainda) é algo comum na ciência. Em 1846, estudiosos previram a existência de um oitavo planeta, Netuno, baseado no modelo do seu movimento planetário e dados reunidos através da observação de Urano, seu vizinho planetário. Quando os astrônomos apontaram seus telescópios para a posição presumida de Netuno, eles o encontraram — exatamente como previsto pelo modelo mental.

Ou considere o bóson de Higgs, uma partícula elementar minúscula. Na década de 1960, físicos usaram os framers da física quântica e de partículas, e previram sua existência. Mas foram necessários 50 anos e o Grande Colisor de Hádrons, que custou 10 bilhões de dólares para ser desenvolvido, para reunir dados suficientes e provar que estavam certos. Graças aos seus framers, eles previram o que viriam a descobrir. E, em 2020, cientistas foram capazes de aplicar o framer da relatividade de Einstein para prever a "dança" de um buraco negro em torno de outro, bilhões de anos-luz de distância, aquecendo matéria equivalente a um trilhão de sóis quase de hora em hora. É assim que framers precisos podem descrever o que não é observável.

Ver o que não está lá também funciona em outros domínios. Em gestão, a Estratégia do Oceano Azul identifica espaços de mercados inexplorados — o que equivale a estar sozinho no oceano — que as empresas devem explorar. As qualidades do framer humano são utilizadas para ajudar os gerentes a visualizarem lacunas comerciais e mostrarem opções e alternativas de mercados e produtos. Concebida por dois professores, W. Chan Kim e Renée Mauborgne, que ensinam na escola de negócios INSEAD, a Estratégia do Oceano Azul tem se mostrado útil. A empresa de videogame japonesa Nintendo a utilizou para identificar os espaços vazios de mercado, e os produtos que se tornariam os bem-sucedidos Nintendo DS e Wii.

Os framers são um canivete cognitivo, e o framer humano é um meio abrangente e versátil para alcançarmos as estrelas, literal e figurativamente, permitindo-nos compreender e explicar o mundo, perceber o que não está lá, suscitar opções, e influenciar nossas decisões. Mas como aplicar um framer a uma situação, e como um modelo mental se transforma em decisões?

Permanecer no Framer

Aplicar um framer não é fácil, mas também não é impossível. Fazê-lo bem requer combinar pensamento preciso e imaginação delimitada. Nos capítulos a seguir, observaremos como fazer um framer funcionar. Mas primeiro vamos considerar como os aspectos-chave dos framers funcionam juntos e reforçam uns aos outros. Analisaremos com um caso bem conhecido de inovação monumental: voar. Em uma manhã fria e ventosa em 17 de dezembro de 1903, Orville e Wilbur Wright revezaram-se para pilotar, deitados de bruços, um avião de duas asas, feito de madeira de abeto, musselina e peças de bicicleta na praia de Kitty Hawk, Carolina do Norte. Seus voos cobriram menos de 305 metros cada; o mais longo durou apenas 59 segundos. Mas deu início a uma revolução. No final da década, um avião voou os 34km do Canal da Mancha. Um século depois do voo dos irmãos Wright, antes da Covid-19 diminuir as viagens aéreas, 4,5 bilhões de passageiros voavam anualmente.

Orville e Wilbur Wright foram obcecados em voar por anos. Eles tinham uma loja de bicicletas em Dayton, Ohio, e não tinham educação formal em física. Mas eram metódicos e organizados. Liam todos os documentos técnicos que chegavam a suas mãos e estudavam como os pássaros voavam. Entendiam o modelo básico das correntes de ar ascendentes da aerodinâmica, e o aplicaram construindo voando planadores com sucesso. Eles anotavam detalhadamente como designs diferentes afetavam seus voos. Quando descobriram imprecisões nas medidas do pioneiro alemão da aviação Otto Lilienthal, eles construíram o seu próprio túnel de vento para refazer os testes de desempenho. Ater-se estritamente ao framer da aerodinâmica deu a eles duas percepções essências logo de início.

A primeira foi que a estabilidade não era importante, o controle era. Afinal, eles eram especialistas em bicicletas. Assim como a bicicleta é instável, mas pode ser equilibrada e controlada pelo ciclista em movimento, também era crucial que uma aeronave pudesse ser controlada e equilibrada pelo piloto no ar. A segunda percepção foi baseada no seguinte: aviadores aspirantes lançavam-se de rampas ou jogavam-se de penhascos para produzir elevação para voar. O rival dos irmãos, Samuel Langley, fez o "Grande Aerodrome" que precisava ser lançado por uma catapulta de casa flutuante. Mas era difícil conseguir velocidade suficiente. Então, os irmãos reverteram o problema e procuraram um lugar com vento forte para decolarem sua aeronave. Em 1900, consultaram o Serviço Nacional de Meteorologia sobre a velocidade dos ventos por localização e optaram por Kitty Hawk, com os ventos constantes de 24km a 32km por hora.

O framer da aerodinâmica os ajudou em cada etapa, desde o arqueamento das asas para gerar elevação, o design para virar, com base na observação de pássaros, o "wing-warping" (torção da asa, que mais tarde foi abandonado por técnicas melhores). Mas o momento decisivo foi uma terceira percepção: a hélice.

Os projetistas anteriores de aeronaves baseavam suas hélices nas utilizadas em navios. Mas a água tem um milhão de vezes a densidade do ar. As hélices dos barcos giram na água para produzir impulso. O ar é compressível, e os Wright viram que precisavam repensar a hélice. O framer da aerodinâmica os levou à resposta. Como Orville mais tarde descreveu: "Era evidente que uma hélice era apenas uma asa de avião percorrendo um percurso espiral." As pás precisam de um arqueamento para produzir elevação, como as asas.

Pesquisas modernas avaliam a eficácia das hélices dos Wright em mais de 80%, muitas vezes melhor do que a dos concorrentes. Os irmãos compreenderam que, para um voo motorizado, tinham que transformar a potência de motor em movimento propulsivo, garantido velocidade sobre as asas, que viraria elevação, e, portanto, voo. É uma cadeia de causa e efeito. Outros aviadores focavam projetar o motor mais poderoso ou eficaz. Os irmãos Wright entenderam que a cadeia causal era mais longa, o motor era apenas um elemento.

Eles também perceberam que se podia imaginar uma variedade de hélices, diferindo em comprimento, espessura, inclinação e forma. A hélice de uma aeronave não precisa parecer com a de barco. É importante libertar a mente de ideias preconcebidas e limitantes. Ao explorar a imaginação aumentamos consideravelmente as opções que podem ser consideradas, e isso por sua vez, pode aumentar a chance de encontrarmos uma solução que seja realmente boa.

No entanto, uma imaginação vívida, também tem seus inconvenientes. Com tantos projetos possíveis, os Wrights teriam que passar muito tempo testando todas as variantes. Além de aumentar o espaço de busca, é necessário encontrar uma forma de focar de maneira eficaz as opções mais relevantes. E foi exatamente isso que os irmãos fizeram, limitaram os seus voos iniciais extravagantes aos tipos mais promissores de hélices, que examinaram cuidadosamente e testaram.

Ao aplicar o framer, eles encontraram muitas opções que poderiam causar o efeito desejado e, em seguida, escolheram as relevantes. Foi um processo eficaz, que os conduziu à vitória na corrida do primeiro voo motorizado. Eles deram esse avanço revolucionário não porque apareceram com algo novo, mas porque aplicaram de maneira magistral o framer que identificaram ser o mais adequado. Eles não eram gênios — eles eram framers exemplares. Eles alcançaram o sucesso ao pensar claramente sobre causa e efeito, imaginar alternativas, e aplicar limitações derivadas das leis da física. Essas três características — causalidade, contrafactuais e limitações — são essências para aplicar os framers.

A história dos irmãos Wright também destaca que um framer em si não é uma solução, é apenas um caminho para encontrar a solução. Usar um framer não é simplesmente instintivo. É algo pensado. Não é instantâneo e automático, como apertar um botão. Leva tempo e exige determinação. Enquadrar é um *processo* — um método que guia a mente humana em direção ao entendimento, à imaginação e à avaliação de opções.

Valores e Visões de Mundo

Os framers também nos ajudam a operacionalizar os nossos valores. Ao nos fazer avaliar opções, eles são um caminho pelo qual podemos delinear entre boas e más escolhas. Limitar a nossa imaginação com base em objetivos é onde os valores entram na nossa avaliação. Claro, um framer não substitui valores; apenas adapta-se às nossas necessidades, como as vemos, e o que não precisamos. É o mecanismo através do qual julgamos diferentes opções. Sem framers não teríamos meios óbvios de conectar nossos objetivos e valores a possíveis rotas de ação.

Os framers não apenas nos guiam para os nossos objetivos, eles moldam a nossa visão de mundo mais ampla. Ver o mundo através de uma lente cognitiva em particular pode gradualmente se transformar em uma dimensão mais geral do nosso raciocínio. Em um experimento na Etiópia, em 2010, pesquisadores mudaram as perspectivas das pessoas para que pudessem ver que tinham controle sobre os seus futuros. O resultado foi que aquelas pessoas economizaram mais e investiram na educação de seus filhos, sugerindo benefícios tangíveis em alterar a maneira como as coisas são enquadradas. O experimento também destacou como modelos mentais podem ter um impacto poderoso no desenvolvimento econômico. Em contrapartida, se alguém aderir ao framer de que a Terra é plana, eles vão colidir frequentemente com os framers científicos. Com o tempo, isso pode convencê-los a abandonar o framer da Terra plana — ou torná-los céticos em relação às ciências.

Levando isso mais adiante: ao moldarmos nossa visão de mundo, os framers moldam o próprio mundo. A precificação de opções no mercado financeiro é um bom exemplo. A teoria Black-Scholes — um framer matemático para precificar opções — empurrou os preços das opções rumo aos previstos, levando instituições financeiras a promoverem a aplicação do framer, que, por sua vez, aproximou ainda mais os valores das previsões. Há uma dimensão autorrealizável nisso: quanto mais um framer é utilizado, mais ele valida seu uso (até certo ponto).

Não é só nos mercados financeiros. Quanto mais as pessoas aderem a dado framer, mais legitimidade ele ganha, seja bom, seja ruim. Por exemplo, o framer racista sugere que negros e brancos são diferentes, o que levou a segregação, leis do *apartheid* e a sistemas de IA tendenciosos que o reforçavam. O framer dos direitos humanos levou os países a estabelecer tribunais de direitos humanos e ensiná-los aos estudantes, reforçando-os. Da mesma forma, a consciência ambiental estimulou leis antipoluição e subsídios para energia renovável, que consolidou o pensamento verde. Por mais nocivos que alguns casos possam ser, eles mostram o poder do framer humano. Mas eles também enfatizam quão complicado é livrar o mundo dos framers uma vez que tenham se consolidado na sociedade.

Os framers fazem mais do que nos tornar melhores tomadores de decisões. Eles nos ajudam a injetar valores conforme fazemos nossas escolhas. Por sua vez, eles influenciam a nossa visão de mundo e até moldam a realidade. Mas, obviamente, muito depende do framer que escolhemos para uma situação em particular.

Escolhendo o Framer Certo

Aplicar um framer é um processo relativamente estruturado, guiado pela causalidade, contrafactuais e limitações. Porém escolher o framer correto é algo consideravelmente mais difícil.

Se uma pessoa tem um reportório rico de framers, é mais fácil achar um que melhor se encaixe em dada situação. Pense em um músico que só é bom em um gênero, como música *country*. Ele ficará tentado a cantá-la em todas as ocasiões, seja apropriado ou não. Músicos com um repertório rico estão mais propensos a encontrar uma música que se encaixe melhor no momento.

Mas um repertório rico não é suficiente. Também precisamos entender as qualidades de cada framer e estar cientes dos pontos fortes e fracos. Do contrário, não saberemos qual se encaixará melhor em nossos objetivos e no contexto em que estamos inseridos.

Considere um bom orador, que, além de expressar pensamentos e emoções de formas diferentes, tem um ótimo senso de qual forma é mais adequada às situações. As pessoas se lembram de famosos discursos: o de Abraham Lincoln no Discurso de Gettysburg, o de Winston Churchill: "Sangue, Trabalho, Lágrimas e Suor" para uma Grã-Bretanha assustada com a guerra, e o discurso de Martin Luther King Jr.: "Eu Tenho um Sonho", porque tiveram o tom certo. Palavras certas na hora certa. É semelhante aos framers: conheça-os bem e suas qualidades distintas, de modo que fará melhor uso deles.

O primeiro obstáculo para escolher o framer certo é que somos cognitivamente inclinados a nos ater aos que já usamos. Somos o faz-tudo proverbial, que, enquanto segura o martelo, só vê pregos. Ser fiel a um framer que já usamos e com o qual estamos familiarizados não é necessariamente ruim. Na verdade, ser fiel a um framer que já provou funcionar é uma estratégia inteligente. Reduz a quantidade de esforço mental que temos que fazer e ainda produz bons resultados. À medida que aplicamos os mesmos framers, vamos ficando melhor nisso, aprimorando nossas habilidades e produzindo resultados ainda melhores.

No entanto, conformar-se com um modelo mental familiar também restringe a capacidade de mudar a perspectiva, trocando-a por uma alternativa, como o famoso investidor de risco Eugene Kleiner certa vez disse: "É difícil ver a pintura quando você está dentro do quadro." As circunstâncias podem mudar, talvez os nossos objetivos tenham evoluído, ou a situação seja parecida com alguma que já encontramos antes, mas não é. Em cada um desses casos, o nosso framer já testado e aprovado já não se ajusta tão bem. E este é o momento certo de se comprometer com um exame mais amplo para identificar um framer melhor. Talvez o encontremos em nosso próprio repertório, se tivermos paciência, nos esforçarmos e olharmos cuidadosamente. Ou talvez precisemos olhar mais além.

Escolher um framer novo é um desafio, o processo é demorado, e devemos fazê-lo apenas quando for realmente necessário. E para deixar as coisas ainda mais difíceis, é também um processo em que não melhoramos muito, mesmo se praticarmos, porque a resposta não está em tentar várias vezes, mas em tentar de diferentes formas. Encontrar um framer melhor vale a pena: requer um investimento cognitivo substancial e ainda há um risco de fracasso, mas as recompensas podem ser significativas e duradouras.

Considere algo cotidiano e familiar: ler. Superficialmente, ler é extrair o que foi armazenado em palavras. Mas observe que o jeito que lemos molda as consequências da nossa leitura. Torna-se óbvio se comparamos a leitura silenciosa e a em voz alta — framers diferentes para o mesmo conteúdo, com objetivos diferentes.

Até por volta do ano 1000, a maioria das leituras na Europa eram feitas em mosteiros e igrejas, em voz alta e em grupo. O propósito era o envolvimento em uma atividade comunitária para louvar a Deus. No século XI, surgiu um framer diferente para a leitura: ler em silêncio. O que facilitava um objetivo diferente. Ler não era mais uma experiência comunitária: tornou-se uma experiência individual. Os leitores poderiam ter controle total da velocidade da leitura. Poderiam reler passagens ou pausar e refletir sobre uma ideia. Diferente da leitura comunitária, a leitura silenciosa individual leva os leitores a refletirem sobre o conteúdo. Estimula a mente e facilita o pensamento independente. Incentivando novas ideias.

A leitura silenciosa não substituiu a leitura em voz alta da noite para o dia. As duas coexistiram por séculos, em grande parte por causa da mecânica da leitura. Os textos dos primeiros livros e dos manuscritos não tinham pontuação nem espaço entre as palavras. Era uma sequência de letras sem fim. O que deixava a leitura bem difícil e quase impossível de fazê-la em silêncio. Ler esses textos em voz alta e em conjunto era mais fácil, porque alguém do grupo provavelmente já tinha lido o texto antes, e poderia lembrar como ler e entonar as palavras, guiando assim os seus colegas de leitura. A forma como os livros eram escritos criava o contexto no qual os leitores escolhiam o framer. E na maioria das vezes significar ler em voz alta.

Por volta do século XI, uma inovação surgiu. Os livros começaram a ser produzidos com espaços entre as palavras e pontuação básica. O que deixou a leitura mais fácil, especialmente a silenciosa — as pessoas podiam ler sozinhas, sem orientação. Isso fez os leitores mudarem o framer de leitura. O efeito final foi profundo.

No século XVI, quando Lutero traduziu a Bíblia do inacessível latim para o alemão cotidiano, e defendeu uma nova tradição Cristã de ler os textos sagrados individualmente e refletir sobre eles, também deu à leitura silenciosa um novo propósito: o meio de os fiéis acessarem as Escrituras Sagradas por conta própria. Impulsionada pela demanda crescente, a prensa de Gutenberg imprimiu milhões de Bíblias em línguas vernáculas com espaços e pontuação, para que uma nova geração de leitores silenciosos as aproveitassem. O contexto e o objetivo mudaram, bem como o framer. Adaptou-se melhor à sociedade europeia. A leitura silenciosa facilitou o pensamento individual e a originalidade, que remodelaram o mundo.

Nem toda mudança é monumental, mas mudar de framer é extraordinário. Não fazemos isso casualmente. Implica deixar para trás um território mental conhecido e confiável. Nosso impulso nos diz para resistir. Raramente mergulhamos de cabeça.

O Problema do Framer

Enquadrar é uma qualidade fundamental dos seres humanos, impossível de as máquinas copiarem. A ideia de que computadores e algoritmos não podem enquadrar não é nova. Em 1969, um dos pais da IA, John McCarthy, da Universidade de Stanford, escreveu colaborativamente um artigo modestamente intitulado de "Alguns Problemas Filosóficos do Ponto de Vista da IA". Dentre os problemas que a área relativamente nova da IA estava encontrando estava o que apelidaram de "o problema dos framers".

Os "framers" a que ele se referiu são diferentes dos que descrevemos neste livro, mas estão relacionados. McCarthy escreveu sobre a necessidade de representar um "estado de conhecimento" em dado momento na matemática, lógica e programação de computadores. Livros, conferências e teses de PhD foram dedicados a esse problema entre as décadas de 1970 e 1990. Uma década e meia depois de o artigo ser publicado, o filósofo e cientista cognitivo Daniel Dennett fascinou-se pela ideia dos framers cognitivos em um sentido mais amplo, como são usados na ciência da decisão e neste livro. No ensaio "Cognitive Wheels" [Rodas Cognitivas], ele desenvolveu a ideia através de três cenários imaginativos. Dennett pediu que se imaginasse um robô cuja única instrução é se defender. Ele aprende que uma bomba está programada para explodir em um quarto com a sua bateria extra. Ele localiza o quarto e vê a bateria em um carrinho de puxar. Então, ele formula um plano para recuperar a bateria tirando o carrinho do local. Ele faz isso, mas *BUUM!*

A bomba estava no carrinho. O robô sabia, mas não percebeu que tirar o carrinho com a bateria também acionaria a bomba. "De volta à prancheta", escreve Dennett.

"'A solução é óbvia', disseram os projetistas", no ensaio de Dennett. "O nosso próximo robô precisa ser feito para reconhecer não apenas as implicações pretendidas das suas ações, mas também as implicações sobre os efeitos colaterais, deduzindo essas implicações das descrições que ele usa ao formular seus planos." Então, no segundo cenário, quando o robô chega na bateria e no carrinho, ele pausa para ponderar as implicações de seus planos. E deduz que movimentar o carrinho não mudará a cor do quarto, que mover o carrinho significa que as rodas girarão, que mover o carrinho... *BUUM!*

"'Devemos lhe ensinar a diferença entre implicações relevantes e irrelevantes', disseram os projetistas, 'e ensiná-lo a ignorar as irrelevantes'", escreve Dennett. Dessa vez, o robô se encontrava sozinho fora do quarto com um olhar pensativo, como o de Hamlet. "'Faça algo!', gritaram. 'Estou fazendo', respondeu. 'Estou ocupado ignorando milhares de implicações que julguei irrelevantes. Assim que encontro uma, eu a coloco na lista das que devo ignorar e...' *BUUM!*"

Os três cenários de Dennett capturam os elementos-chave dos framers. No primeiro cenário, o robô não percebeu a causalidade básica. No segundo, não evocou os contrafactuais relevantes. No terceiro, ficou paralisado com limitações. A máquina, como Dennett sugeriu, pode fazer muitos cálculos com uma imensa quantidade de lógica e processar resmas de dados, mas não pode enquadrar.

Muito mudou na IA desde que Dennett escreveu os três cenários. A IA não depende mais de seres humanos alimentarem as máquinas com regras abstratas. Os métodos mais populares hoje, como aprendizado de máquina e aprendizado profundo, envolvem sistemas parcialmente auto-otimizadores de grandes quantidades de dados. Mas embora o processo seja diferente, a dificuldade existe. Mesmo com tantos treinamentos de dados, quando um robô encontra uma nova situação como uma bomba relógio, pode ficar totalmente perdido.

Enquadrar — capturar alguma essência da realidade através de um modelo mental a fim de criar um curso de ação eficaz — é algo que os seres humanos fazem, mas as máquinas não.

Sempre Dentro da Caixa

Livros de autoajuda costumam chamar a atenção dos seus leitores para "pensarem fora da caixa" quando querem defender o pensamento criativo, livres de limitações sufocantes. O que se tornou um clichê, especialmente no mundo dos negócios e gestão. A expressão vem de um experimento da psicologia dos negócios chamado de teste dos nove pontos. Foi popularizado na década de 1960 pelo pesquisador de administração britânico John Adair, embora suas origens sejam mais antigas. O teste foi incluído na "Cyclopedia of Puzzles" [*Enciclopédia de Quebra-cabeças*, em tradução livre], publicada em 1914 nos Estados Unidos, e foi usado em experimentos psicológicos de criatividade na década de 1930. Era parte de uma técnica interna de gestão da Walt Disney Company. Ainda hoje, são publicados artigos acadêmicos sobre o teste.

A tarefa do teste dos nove pontos é conectar três linhas de três pontos usando apenas quatro linhas retas, sem levantar a caneta. Nossa mente imagina os pontos formando um quadrado, mas o único jeito para resolver o teste é desenhar além da borda implícita, "pensando fora da caixa". A ideia é que as soluções se apresentarão mais facilmente se ignorarmos os modelos mentais existentes.

O teste dos nove pontos é útil para que as pessoas vejam opções que não percebiam, mas, como uma metáfora, "pensar fora da caixa" é mal concebido. Como seres humanos, não podemos *não* enquadrar. Não podemos desligar essa habilidade. Usamos framers o tempo todo. As únicas escolhas que temos são quais framers usamos e quão bem os usamos. Mesmo que pudéssemos pensar fora deles, seu valor seria questionável. Enquadrar impõe limites — sem estes, podemos ter fantasias vívidas que não conseguem trazer opções eficazes. Se encarássemos uma bomba relógio, como o robô de Dennett, poderíamos esperar por intervenção divina, o aparecimento súbito de um especialista em desarmamento de bombas, ou a capacidade de convencer a bomba a não explodir. Todas essas opções seriam "fora da caixa", mas dificilmente seriam eficazes.

O framer humano é útil por deixar a mente vagar de modo estruturado, propositado e limitado. A caixa é parte da magia.

O próprio teste dos nove pontos nos diz isso. Há, na verdade, várias soluções: enrole-o como um barril, dobre-o, ou corte-o em pedaços. Ou apenas imagine que foi resolvido em um espaço quadridimensional. Não é permitido? Quem disse? Qualquer imposição de restrição é outra caixa, de que deveríamos pensar além. Para cada teste, podemos imaginar uma solução maluca que seja completamente fora da caixa mental. Mas isso não *soluciona* o problema. Não nos oferece uma escolha viável, uma resposta efetiva.

Para isso, precisamos limitar a imaginação. O momento da surpresa que nos dá a solução para o teste dos nove pontos — conectar os pontos desenhando linhas além da caixa que imaginamos formada — requer que limitemos o pensamento a uma folha bidimensional, sem considerar dobraduras e cortes. O teste dos nove pontos *necessita* de limitações. Não é um exemplo de como "pensar fora da caixa", mas do framer. É um exemplo da necessidade de considerar o modelo mental, escolher as limitações, e com elas imaginarmos alternativas. O teste é um lembrete da importância de escolher o framer e imaginar com as limitações corretas.

Na vida real, sentimo-nos dentro da caixa. É por isso que usamos os framers para abrir possibilidades. Em um exemplo famoso, o framer afetou como os EUA reagiram no calor da crise financeira global de 2008. O país teve sorte de ter como estrategista econômico uma pessoa que se preparou para tal calamidade durante a maior parte da carreira. Mas, no momento decisivo, ele pensou dentro de uma caixa alternativa — sobrecarregado de dúvidas.

3 causalidade

somos motores de inferência causal e nos acostumamos a estarmos errados, mas isso é bom

"Ainda posso parar isso", Ben Bernanke se lembra de ter pensado. Na noite de terça-feira, 16 de setembro de 2008, ele andava de um lado para o outro em seu escritório no Federal Reserve e parou na janela. Olhou o trânsito iluminando a Constitution Avenue e as silhuetas escuras das árvores de olmo no National Mall. Os dias anteriores tinham sido intensos. Mas algo lhe dizia que o pior estava por vir.

Bernanke estava há dois anos no cargo de presidente do Fed, e estava no meio de uma crise. Um dia antes, o grande banco de investimentos Lehman Brothers declarara falência, derrubado por uma lama de hipotecas subprime. Sua falência lançou os mercados em queda livre. Mas, naquela noite, uma ameaça ainda maior emergia.

Uma seguradora que cobria os títulos lastreados em hipotecas de Wall Street, a AIG, também enfrentava o colapso. A lama da subprime escorria para todos os lados. Bernanke passou o dia inteiro com o presidente George W. Bush e o Congresso explicando por que era vital socorrer a AIG — não para salvar a empresa, mas a economia. Enquanto olhava pela janela, teve um momento contemplativo para repensar sua decisão de levar a máquina do Fed aos mercados.

As pessoas há muito compreendem a economia em termos de causalidade. Mas os framers eram inadequados. No final do século XVII, os princípios de inércia e gravidade de Isaac Newton foram adaptados à competição de mercado. Em meados do século XVIII, na França, economistas que estudaram medicina se autointitularam fisiocratas. Eles viam o fluxo de dinheiro na economia como o sangue no nosso sistema circulatório. Nenhum dos framers capturou a complexidade da situação, mas deram certo em partes.

No século XX, uma nova geração abordou a economia com a engenharia mecânica e modelos matemáticos. Um deles foi Ben Bernanke. Dedicou sua carreira ao estudo de crises financeiras e de pânico nos mercados, embora fosse uma área considerada irrelevante.

Uma das suas maiores descobertas foi que o crash de 1929 virou a Grande Depressão não pelo colapso em si, mas pela reação do banco central. Restringiu-se a base monetária, o que baixou preços, causou deflação e quebrou milhares de bancos pequenos, o que liquidou economias pessoais. O que seria uma recessão virou uma depressão de uma década. Bernanke percebeu que a ação oposta era necessária: inundar o mercado com capital. Ele usou uma metáfora em um discurso de 2002 — jogar dinheiro de um helicóptero. A imagem pegou, e ele ganhou o apelido de "Helicóptero Ben".

Ao olhar pela janela de seu escritório naquela noite de setembro, Bernanke compreendeu que suas preocupações eram diferentes das dos outros. Eles enquadravam o problema como incentivos para empresas individuais — salvar uma, eles se preocupavam, encorajaria mais comportamentos de risco. Bernanke não via dessa forma. O seu modelo mental estava focado no elo causal entre disponibilidade de capital, confiança no sistema e na saúde da economia. As perdas hipotecárias dos bancos eram uma bagatela em comparação aos mercados financeiros como um todo: uma queda de bilhões de dólares era apenas um dia ruim em Wall Street. Mas ele sabia que isso atrapalhava a confiança no sistema — e a falta de confiança impediria os bancos de prover crédito uns aos outros, o que levaria ao caos.

Era esse sistema delicado e misterioso de empréstimos entre bancos que assombrava Bernanke. Se a confiança dos bancos falhasse, o impacto chegaria às pessoas comuns e aos negócios. O que já estava acontecendo. Uma das maiores franquias do McDonald's nos EUA achou que não conseguiria fechar sua folha de pagamentos mensal porque os bancos não forneciam crédito. Havia uma séria questão sobre se o dinheiro dos caixas eletrônicos dos bancos iria acabar.

Ao lembrar da sua pesquisa, Helicóptero Ben estava focado em uma contração de crédito sistemática, não na falência de firmas. Esse framer lhe deu uma ideia. Ele compraria os recursos dos bancos, tirando-os de seus balanços. Então, eles poderiam usar seus dólares limpos para empréstimos — fazendo o capital circular. Entre 2008 e 2015, o balanço do Fed cresceu de US$900 bilhões de títulos de alta qualidade do Tesouro para US$4,5 trilhões de ativos de risco. E funcionou. A crise foi penosa, mas o sistema não colapsou. O framer de Bernanke lhe permitiu ver a economia de outra forma. Mesmo em meio à incerteza, o sistema foi compreendido pela razão humana, previsto com presciência humana e controlado pela mão humana. E, às vezes, essa mão joga dinheiro de helicópteros.

Modelos e Abstrações

Vemos o mundo pelas lentes de causa e efeito. Isso o torna previsível. Também nos dá confiança em como as coisas funcionam e no futuro.

Isso nos permite planejar — se vamos caçar, subir em uma árvore, jogar uma pedra, atravessar uma rua, construir uma ponte ou escrever uma constituição. Dentre as primeiras coisas que aprendemos quando somos bebês, está a causalidade. Ela nos permite sobreviver.

Percebemos relações causais em todo canto. Às vezes, elas não existem — alguém pode, em um erro de percepção, achar que o preço das ações está associado a tempestades solares ou que beber detergente cura a Covid-19. Mas, sem pesar possíveis relações entre ações e resultados, e as explicações dessas relações, não saberíamos viver neste mundo. A causalidade ajuda a entender a realidade e a prever consequências de decisões. É essencial para o framer.

Causa e efeito estão arraigados em todas as coisas vivas. Euglena, os organismos unicelulares microscópicos das lagoas, têm fotorreceptores. Os fótons, ao atingir os receptores, acionam um sinal que faz o organismo se mover para a luz. Para a Euglena, essa não é uma decisão consciente. É uma reação codificada em seu DNA que a faz seguir a luz. Mas não há dúvidas de que a Euglena, como outros organismos, reage aos estímulos do meio, vinculando-os à reação.

Os mamíferos em geral reagem inconscientemente aos estímulos. Macacos nascidos em laboratórios, que nunca viram um réptil, demonstram medo ao verem uma cobra de borracha. Eles reconhecem cobras em imagens mais rápido do que objetos não ameaçadores. Crianças pequenas fazem o mesmo. Nós, seres humanos, nascemos com vários desses modelos inatos e causais do mundo. Até bebês supõem que um objeto que deixar cair irá direto para o chão.

Em organismos complexos, reações a causas percebidas nem sempre são intrínsecas. Um cachorro pode aprender que se ele der a pata, vai receber um petisco. Então, ao prever um petisco, ele vai dar a pata. A ligação causal percebida entre a pata e o petisco influencia o comportamento do cachorro. Molda suas decisões de ação.

Os seres humanos também extraem conexões causais de experiências. Fazemos isso o tempo todo sem muito esforço. Ao reagir às estruturas causais percebidas ao redor — cada rugido de leão, brasa queimando, elogio do cônjuge —, aprimoramos nossas escolhas. É inteligente estar atento à causalidade. Ajuda os organismos a procurarem por comida, evitarem predadores e encontrarem parceiros.

É por isso que a causalidade é difundida em todos os seres vivos, desde a pequena Euglena em nossos pântanos, às gazelas no Serengueti até as crianças estudando para provas (ou desafiando a mão da causalidade e deixando de estudar). Seres vivos cujas ações são baseadas em um conhecimento superior de como alavancar estruturas causais em seu meio estão, com frequência, em melhor situação do que organismos que se preocupam menos com causa e efeito.

O raciocínio de Ben Bernanke foi igualmente causal. Porém, ha uma diferença fundamental entre o framer de Bernanke e o modo como os organismos reagem às estruturas causais. Grande parte dos animais, mesmo os mais intimamente relacionados aos seres humanos, como os chimpanzés, focam ligações causais observáveis. Eles têm grande dificuldade de imaginar causalidade que não seja óbvia ou imediata. Quando os cachorros entendem que dar a pata os leva a receber um petisco, eles não raciocinam que outro comportamento carinhoso, como rodar em círculos, também pode levá-los a receber um petisco. Eles têm que aprender tais ligações causais repetidamente através de experiências imediatas. Os cachorros, como os chimpanzés, não conseguem acionar o framer abstrato e entender que é a afabilidade, não a pata, que merece o petisco.

Por outro lado, os seres humanos adquiriram a capacidade de gerar abstrações e tornar suas inferências causais framers. Eles são moldes reutilizáveis para entender o mundo de modo causal.

Então, quando percebemos que tocar um carvão quente causa queimaduras dolorosas, generalizamos e aprendemos a não tocar em coisas muito quentes, estejam elas em brasas ou não.

A capacidade de abstrair para um modelo causal mais geral tem vantagens. Tais modelos são versáteis. Aplicá-los a novas circunstâncias os torna flexíveis e substituíveis. Os seres humanos podem inferir ligações causais que nunca observaram, digamos, entre manteiga derretida em um fogão quente e zinco derretido em uma fornalha.

Modelos causais são como pegar uma ferramenta e perceber seus modos de uso. Do contrário, sempre que o ambiente mudasse ou que enfrentássemos novas circunstâncias, teríamos que começar do zero a deduzir as causas e fazer previsões. Com os modelos causais, temos uma estrutura adaptável disponível. Eles podem não funcionar perfeitamente, mas certamente são melhores do que começar do zero.

Ao acelerar o aprendizado, os framers causais economizam tempo, especialmente em situações que exigem decisões ágeis. Sem eles, perderíamos um tempo precioso ao ter que explorar lentamente o espaço de busca das decisões em potencial — assim como o robô obcecado por bombas de Daniel Dennett, que conhecemos no capítulo anterior, ficava paralisado considerando cada relação causal possível, pois não podia generalizar seu conhecimento.

As vantagens de adaptabilidade e de velocidade de aprendizado propiciam versatilidade e eficiência. Mas o maior benefício é a abstração, que nos liberta de reagir à causalidade de ordem inferior, como as plantas e os animais, o que nos ateria ao presente. Em vez disso, vamos além. Nossas abstrações geram um salto cognitivo que liberta o pensamento causal do concreto, contextual e observável.

Com os framers, não precisamos mais "realizar o experimento", por assim dizer, e passar pela penosa tentativa e erro cada vez que enfrentamos uma nova situação.

Nossos ancestrais se beneficiaram em enquadrar utilizando modelos causais. Eles perceberam que o que funcionava ao caçar um tipo de animal também funcionava com outros. Como pensavam em modelos causais, eram melhores na caça e em evitar serem mortos. Quando alguns de nossos ancestrais desenvolveram essa habilidade, ela se espalhou por seleção natural e comunicação cultural. O raciocínio causal tornou-se um traço compartilhado por todos.

Os seres humanos não são únicos quando se trata disso. Pesquisas indicam que alguns animais, especialmente os corvos, têm uma capacidade limitada de raciocínio causal abstrato. Eles podem planejar e negociar. Como na fábula de Esopo, um estudo mostrou que podem jogar pedrinhas em uma jarra a fim de aumentar o nível da água para que possam bebê-la. Os corvos são especiais, é por isso que aparecem em capas de revistas acadêmicas, e outras aves terminam na mesa. Mas, a habilidade humana de ver a causalidade, generalizar e comunicar as abstrações não tem precedentes no reino animal. Os primeiros seres humanos construíram pequenas residências, os modernos constroem arranha-céus. Enquanto isso, os castores constroem diques de madeira e nunca construíram um único castelo — para não falar de monumentos a grandes castores de dias passados.

Tirar a capacidade de generalizar, de pensar em níveis cada vez mais altos de abstração, é tirar a ambição e a transcendência. Ficaríamos empacados, fazendo apenas o que já sabemos, sem empenho, sem experimentar e sem desenvolver novos planos de pensamentos. A vida seria estática. Não haveria história e nem visão de futuro.

O Cognitivo e o Cultural

Como essa vantagem evolutiva crucial surgiu? Afinal, nossos cérebros não são os maiores, nem os nossos neurônios são fundamentalmente diferentes daqueles de outros mamíferos. A resposta está na nossa cognição, nos processos de nossos pensamentos.

O cérebro humano é bom em reconhecer padrões, especialmente os visuais. O reconhecimento de padrões é uma generalização a partir do específico. O aforismo de que é essencial distinguir a floresta das árvores repercute, porque é o que o nosso cérebro faz com o ataque de estímulos visuais que recebe. Ele constrói uma realidade em nossas mentes que está além do que os nossos olhos podem ver.

Na história distante da humanidade, alguns dos nossos ancestrais devem ter se tornado capazes de adaptar essa capacidade de abstrair do domínio limitado, mas útil de nossos sentidos, para algo maior e mais conceitual. Isso resultou na habilidade de criar um conjunto de ferramentas maior e mais abrangente, e de se adaptar a uma variedade mais ampla de habitats. E ajudou na evolução da comunicação humana. Muitos animais se comunicam entre si, até onde sabemos, sobre assuntos puramente imediatos, como um ameaça iminente ou a presença de comida. Mas nossa capacidade de abstrair capacitou os seres humanos a desenvolverem uma linguagem gramatical, que, por sua vez, nos deu a habilidade de nos coordenar entre si, para além da afinidade imediata e através do espaço e do tempo.

Nos últimos anos, pesquisas inovadoras lançam uma luz poderosa nos fatores por trás do sucesso dos framers. O trabalho de dois professores enfatiza o papel que desempenham. Um é Steven Pinker, neurocientista e polímata de Harvard, cujas ideias são tão singulares quanto os cabelos grisalhos e esvoaçantes. O outro é Michael Tomasello, natural da Flórida que ensina na Universidade Duke (e cujo cabelo grisalho, só para constar, é arrumado e bem cortado).

Na concepção de Pinker, os fatores mais importantes incluem nossa capacidade de usar as habilidades cognitivas para pensamentos abstratos, o desenvolvimento da linguagem gramatical e as tendências sociais da humanidade que nos fazem compartilhar ideias. Ele dá ênfase ao papel das metáforas para compreender, lembrar e comunicar abstrações. As metáforas "refletem uma habilidade da mente humana de conectar imediatamente ideias abstratas com cenários concretos", escreveu no artigo de 2010 "The Cognitive Niche".

As metáforas são expressões dos framers humanos. Elas refletem relações causais que capturam uma situação concreta e, podem ser abstraídas para serem aplicadas em outros domínios. O fato de podermos pensar e nos comunicar através de metáforas aprimora nossas habilidades de framer e vice-versa.

Ao contrário de Pinker, Tomasello destaca a importância do "nicho cultural". Ele afirma que nosso pensamento causal sofisticado e de grau elevado originou-se de uma necessidade de colaborar. Há milênios, pressões ecológicas forçaram nossos ancestrais a cooperar de uma forma particular da nossa espécie. Essa cooperação exigiu a representação abstrata das interações sociais complexas, a fim de organizar as ações de cada membro do grupo para um objetivo comum.

Ou seja, precisamos entender as intenções uns dos outros — e o que os outros esperam de nós — para agirmos em conjunto e aprendermos uns com os outros. A partir disso, estabelecemos coisas como a linguagem e a escrita, e, mais tarde, talvez a vida escolar e o aprendizado. Uma vez desenvolvida, a aptidão de representar relações abstratas tornou-se fundamental para o nosso framer causal.

Tomasello estudou crianças pequenas, chimpanzés e grandes primatas para compreender os seres humanos. Em uma série de estudos, comparou chimpanzés com crianças pequenas de um a dois anos. Os chimpanzés podiam fazer coisas que as crianças faziam, mas não eram capazes de alcançar coordenação social.

Tomasello deu às crianças e aos chimpanzés um tubo contendo uma recompensa que só poderia ser retirada se suas duas pontas fossem puxadas simultaneamente. Crianças de dezoito meses entenderam que precisavam cooperar para liberar a recompensa, e foram capazes de chamar a atenção de um colaborador em potencial, que agia como se não entendesse o que deveria fazer. Os chimpanzés não conseguiram fazer isso. Talvez eles tivessem uma noção da causalidade, mas fracassaram nas representações causais abstratas — não conseguiram assumir a perspectiva de outro chimpanzé e perceber o seu papel em relação ao outro. Tomasello sugere que a capacidade humana de representações causais se desenvolveu em sociedade.

Novos estudos têm mostrado que a rápida mudança tecnológica que a humanidade vivenciou nos últimos dois séculos não pode ser explicada somente pela capacidade individual de conectar situações concretas a princípios abstratos (o "nicho cognitivo" de Pinker) ou por nossa habilidade social de compartilhar conhecimento (o "nicho cultural" de Tomasello). Eles sugerem que a humanidade se desenvolveu combinando as vantagens de ambos.

Em um experimento, pesquisadores mostraram que "gerações" consecutivas de indivíduos foram capazes de otimizar o formato da roda — um avanço tecnológico fundamental na história da humanidade. Cada participante tinha algumas chances de ver se conseguiria melhorar o desempenho de uma roda simples que descia uma rampa, ajustando a colocação de pesos em seus eixos. Depois das tentativas de cada pessoa, outro indivíduo assumia para continuar o processo. Ao longo de cinco gerações, o formato continuava melhorando, alcançando 71% do melhor desempenho possível, mesmo que os participantes não soubessem nada sobre os mecanismos básicos.

Essa descoberta apoia a noção de que a tecnologia humana é muito complexa para ser produto de talentos individuais, mas surge do acúmulo de aperfeiçoamentos no decorrer do tempo que são comunicados por outros. As sociedades primitivas de Tomasello, mesmo as pré-letradas, podem produzir ferramentas complexas. No entanto, o aprendizado cultural através de tentativa e erro é muito lento para explicar a velocidade impressionante das mudanças tecnológicas que a humanidade vivenciou nos últimos dois séculos. Para isso, também precisamos do nicho cognitivo de Pinker.

O raciocínio causal molda a forma como os seres humanos exploram alternativas, às vezes, tornando a busca mais eficiente. No estudo da roda, o raciocínio causal restringiu a atenção dos participantes aos testes mais promissores, o que acelerou o aprendizado cultural pelas gerações. A humanidade nunca teria saído do primeiro voo dos irmãos Wright para o Programa Apollo em 60 anos sem os framers e os modelos causais sobre o mundo físico.

Claro, não sabemos o que primeiro estimulou os seres humanos a combinarem as dimensões culturais e cognitivas. Mas nossos ancestrais já usavam raciocínio causal abstrato quando, cerca de 14 milênios atrás, começaram a se estabelecer e cultivar a terra. Eles separaram as sementes que coletaram em cada estação (por milhares de anos) em vez de comê-las, compreendendo que na próxima estação elas se transformariam em grãos e vegetais. Semear e colher não apenas marcou o começo da agricultura sistemática e o fim da vida nômade para muitas pessoas. Mas também mostrou que, a essa altura, os seres humanos haviam desenvolvido modelos causais. Eles não se tornaram apenas fazendeiros, mas também framers.

E estamos nisso desde então. A filosofia antiga, a ascensão da lógica, a era da razão e da exploração, o Iluminismo, a revolução científica e a expansão de conhecimento no século XX se fundamentam no fato de que os seres humanos se tornaram framers causais sofisticados. Para onde quer que olhemos, tudo o que fazemos e em que pensamos é realizado com a ajuda de modelos mentais causais.

A Necessidade da Explicabilidade

O maior benefício de ver o mundo através de modelos causais abstratos é que isso torna o mundo explicável — embora nem sempre encontremos a explicação certa.

No Hospital Geral de Viena, na Áustria, na década de 1840, o jovem obstetra Ignaz Semmelweis notou algo estranho nos partos. As mulheres cujo parto era feito por médicos morriam cinco vezes mais de febre puerperal do que aquelas cujo parto era feito por parteiras. As grávidas também sabiam dessa diferença. Elas imploravam para que a equipe do hospital designasse uma parteira em vez de um médico, embora, supostamente, os médicos devessem ser mais instruídos e profissionais. Semmelweis ignorou tudo isso. Focou os dados. Então, começou a isolar as diferenças para identificar a causa.

Ele percebeu que as mulheres davam à luz deitadas de lado com as parteiras, mas de costas com os médicos, então pediu que todas dessem à luz deitadas de lado — mas não houve diferença. Ele se questionou se os padres que ficavam andando nos corredores tocando um sino a cada morte estariam aterrorizando as outras mulheres da ala. Mas, quando a prática foi descontinuada, não alterou a taxa de mortes. Então, um dia, ele soube de um médico que morreu de febre puerperal após cortar o dedo durante uma necropsia. Foi um detalhe crucial para Semmelweis, pois sugeria que a doença poderia ser contagiosa. Os médicos faziam necropsias, parteiras, não. Essa era a diferença que ele estava procurando.

Semmelweis argumentou que as mortes eram causadas por "partículas cadavéricas" nas mãos dos médicos em contato com as novas mães. O pedido, portanto, era que os médicos lavassem as mãos antes de fazer os partos. Eles lavaram, em água com cal clorada, e a alta incidência de febre puerperal acabou. Semmelweis propôs um framer que possibilitou melhores decisões e salvou vidas.

O framer foi causal em vários níveis. Primeiro, Semmelweis entendeu que a doença que causava as mortes era contagiosa. Segundo, que lavar as mãos causou a queda da incidência de febre puerperal. Mas seu raciocínio sobre o que *causava* a febre puerperal — "partículas cadavéricas" — além de vago, também era falho. Não era uma partícula morta que a causava. Era a bactéria causadora da febre puerperal que ficava nas mãos dos médicos e contaminava mulheres saudáveis. O framer causal de Semmelweis era falho, mesmo que a solução proposta, lavar as mãos, estivesse correta.

O framer não foi compreendido, *mesmo que funcionasse*. Para Semmelweis, sua incapacidade de convencer seus colegas teve consequências trágicas. Quanto mais ele era ridicularizado, e quanto mais a sua técnica funcionava, mais irritado ele ficava. Em 1865, sofreu um colapso nervoso. Vários colegas o persuadiram a ir para um manicômio e, quando ele descobriu o que estava acontecendo, tentou escapar. Mas os guardas o trataram com o padrão de cuidados da época: bateram nele, o colocaram em uma camisa de força e o jogaram em uma cela. Ele morreu duas semanas depois, aos 47 anos, de uma infecção em um ferimento ocasionado na agressão. O seu sucessor na clínica de maternidade do hospital descontinuou o protocolo peculiar de lavar as mãos. E as mortes dispararam.

No mesmo ano em que Semmelweis foi trancado em manicômio, um biólogo francês chamado Louis Pasteur foi chamado para investigar a causa de uma doença misteriosa que afligia os bichos-da-seda e ameaçava a indústria da seda na França. E isso levaria à descoberta dos germes, e ao novo framer da "teoria dos germes". Quase na mesma época, um cientista inglês chamado Joseph Lister — barão, médico, membro da Royal Society, com amplas costeletas — estava fazendo experiências com a esterilização de ataduras para ferimentos a fim de reduzir infecções. Dois anos mais tarde, com base no framer de Pasteur, ele escreveu uma longa série de artigos na revista médica

The Lancet sobre o sucesso das esterilizações e instruiu todos os cirurgiões a lavarem suas mãos. Lister, como membro da comunidade médica, e oferecendo explicações detalhadas na literatura científica, obteve sucesso onde Semmelweis não conseguiu. Hoje, ele é considerado o "pai da cirurgia moderna", e o seu nome está imortalizado na marca de antisséptico bucal Listerine.

O caso de Ignaz Semmelweis destaca que um framer mental não basta para melhorar a tomada de decisão. Para um framer ser aderido, deve oferecer uma explicação causal convincente. E, nisso, Semmelweis falhou. Pode ter havido várias razões. Talvez sua explicação tenha parecido radical. Talvez ele não tivesse as evidências coletadas por Pasteur e Lister, que cumpriam as regras institucionais de publicação científica. Ou Semmelweis não era suficientemente respeitado, sendo húngaro em meio a uma elite de médicos da Áustria Imperial. Mas, independentemente das razões e dos méritos (e nós mesmos, como radicais institucionais, só podemos sentir pena de Semmelweis), o caso ressalta a importância de haver uma explicação persuasiva para que o framer seja aceito.

A explicabilidade é essencial para o sucesso de um framer causal. Ela dá sentido à existência e ao que vivenciamos. Entender um fenômeno — observando uma parte do mundo tornar-se compreensível — é satisfatório. Cabe observar que não apenas Pasteur e Lister, mas Semmelweis também sentia a necessidade de oferecer uma explicação para suas ideias. Nossa vontade de criar uma explicação causal é tão forte que, às vezes, inventamos uma quando precisamos. Isso é ressaltado pelos experimentos do neurocientista Michael Gazzaniga em pessoas que foram submetidas a uma cirurgia para cortar a conexão entre os hemisférios cerebrais, normalmente para aliviar epilepsia grave. Gazzaniga apresentou uma instrução para o lado direito do cérebro de um paciente, tal como "andar".

Quando o paciente era questionado por que havia se levantado, respondia: "Eu queria pegar uma Coca-Cola." Por causa do desligamento entre o lado direito e esquerdo do cérebro, o lado esquerdo (o lado do raciocínio) não fazia a mínima ideia do que o outro tinha visto. Mas sabia que fazemos as coisas por uma razão, então o "intérprete do lado esquerdo do cérebro" (nas palavras de Gazzaniga) preenchia o vazio. Inventou uma causa para infundir a ordem.

Aprendizado, Capacidade de Agir e Controle

A explicabilidade inerente aos framers causais faz mais do que generalizar. Ela nos ajuda a aprender. É um aspecto especial e uma descoberta nova. Aprendemos quando *recebemos* informações: um professor instrui, um livro descreve, um aprendiz experimenta. Mas, no caso das explicações causais, a pessoa que *transmite* informação, que dá a explicação, também aprende. Essa ideia é o trabalho de Tania Lombrozo, uma professora de psicologia de Princeton e estrela em ascensão na área, pioneira na nova ciência da explicação.

Como estudante de graduação, Lombrozo notou que a ideia das explicações surgia de todos os lugares imagináveis, desde a psicologia e a sociologia até a filosofia. Embora tudo isso possa parecer óbvio, descobriu-se que perguntas fundamentais sobre as próprias explicações não tinham recebido um tratamento acadêmico profundo nas ciências. Por exemplo, por que tentamos explicar certas coisas e outras não? Como as explicações nos permitem alcançar metas — e como elas desviam as pessoas do caminho certo? O trabalho de Lombrozo está preenchendo as lacunas em nosso conhecimento sobre as explicações, tanto em psicologia quanto em filosofia.

Sua pesquisa sobre "aprender explicando" é um bom exemplo. Lombrozo pediu que adultos olhassem ilustrações de duas categorias de robôs de um planeta alienígena, "glorps" e "drents". Os robôs diferiam na cor, e na forma do corpo e dos pés, mas os participantes do experimento não foram informados das variações. Metade das pessoas foram instruídas a *descrever*, e a outra metade a *explicar*, o que caracterizava os glorps ou drents. (Todos os robôs eram fofos, mas a cor e o formato do corpo não explicavam por que um robô pertencia a determinada categoria — o formato dos pés era a resposta.)

O resultado? Aqueles que deveriam *explicar* como eles classificariam os robôs tiveram um desempenho bem melhor do que aqueles que apenas descreveram os robôs sem fornecer uma explicação. Lombrozo realizou vários experimentos com resultados semelhantes. Ela até fez experimentos com crianças pequenas e, sim, as crianças também se saíram melhor em sua tarefa quando foram instruídas a pensar causalmente, quando foram instruídas a explicar.

Colocando no contexto do framer: conforme os seres humanos explicam o mundo usando os framers causais, eles estão, na verdade, aprendendo mais sobre o mundo que estão explicando, gerando percepções mais profundas e exatas. Explicar o mundo aos outros leva-nos a compreendê-lo melhor. Essa descoberta tem aplicação direta na educação e criação dos filhos: peça para as crianças explicarem seus raciocínios, e não apenas para que deem respostas. (Pode existir uma vantagem evolutiva também. Ao explicar, provavelmente aprendemos mais e mais rápido sobre o mundo do que aqueles que não se importam). As vantagens transcendem o mundo rarefeito dos glorps ou drents.

Desde os nossos primórdios, criamos conceitos de ordem, mapeando as formas dos deuses nas estrelas e estabelecendo a taxonomias das espécies. As crianças passam horas escolhendo e reorganizando seus carrinhos, bonecas, Legos e seus doces de Halloween (até que seus pais devorem alguns doces enquanto as crianças estão dormindo). Esse tipo de categorização e reclassificação está na nossa capacidade de abstrair e generalizar.

Se não tivéssemos meios de abstrair, então cada situação que experimentássemos se apresentaria como algo completamente novo, e nos deixaria sem regras gerais para guiar o nosso comportamento.

Porém, a explicabilidade baseada em framers causais tem consequências maiores do que apenas oferecer ordem ao mundo. É a base do agir humano, a responsabilidade e o controle.

A ideia da capacidade de agir argumenta que os seres humanos têm escolhas e podem exercê-las. Somos sujeitos no mundo, e não objetos. Temos a capacidade de agir, que depende da nossa capacidade de enquadrar causalmente. Isso não quer dizer que o "livre-arbítrio" exista objetivamente, nem que as escolhas humanas não sejam influenciadas por estruturas sociais. No entanto, apenas se nossas ações tiverem consequências — e somente se pudermos prevê-las — poderemos realmente fazer escolhas.

Experimentos mostraram que as noções de causalidade e capacidade de agir estão intimamente relacionadas. Na década de 1980, Koichi Ono, professor de psicologia na Universidade Komazawa em Tóquio, apresentou às pessoas uma máquina com alavancas que podiam ser puxadas de modos diferentes. As pessoas poderiam ganhar uma recompensa — mas não perceberam que ela era dada aleatoriamente. Em vez disso, evocaram explicações complexas sobre como suas ações "causaram" a recompensa e, em seguida, mantiveram esse comportamento na esperança de serem recompensadas de novo. O estudo nos mostra que as pessoas não apenas têm uma forte necessidade de explicar usando a causalidade, mas que seu entendimento causal está ligado às suas ações e à sua capacidade de agir.

À medida que os framers nos dão essa capacidade, também nos designam responsabilidade. Já que podemos escolher nossas ações e decidir, também podemos ser culpados. A responsabilidade vem com a escolha. Estar na mira de um revólver e ser forçado a entregar o dinheiro não nos torna culpados, mas roubar um banco, sim. Atravessar uma rua durante o sonambulismo não resultará em nenhuma punição, mas atropelar um pedestre, sim. Responsabilidade é o outro lado da ação. É parte integrante de fazer escolhas.

No entanto, capacidade de agir e responsabilidade não acontecem por si só. Se uma pessoa pode influenciar a decisão de outra, pode exercer controle além de si mesma. Embora a princípio possa parecer absurdo, a afirmação de que os seres humanos têm capacidade de agir (e, portanto, responsabilidade) é a precondição-chave para pensar e exercer controle sobre eles. Por exemplo, alguns governos possuem "unidades de ajuste" para influenciar as ações das pessoas, como para economizar eletricidade, mostrando-lhes seu gasto comparado com o de seus vizinhos. Já que as pessoas têm capacidade de agir e responsabilidade, outras podem exercer alguma influência sobre elas. Se os seres humanos não tivessem capacidade de agir, realmente não faria sentido tentar moldar as opiniões de alguém.

As estruturas sociais moldam a capacidade de agir individual, mas as estruturas sociais (que são feitas pelos seres humanos) também são moldadas por essa capacidade. Portanto, nossos framers influenciam os tipos de estruturas sociais que habitamos. Isso explica por que os framers são fundamentais para entendermos não apenas o mundo, mas a nós mesmos.

Ceticismo e Sabedoria

O pensamento causal é um requisito para o progresso. Ele nos permite adaptar a realidade de acordo com nossa vontade. Mas o valor dele é surpreendente quando consideramos a frequência com que nossas inferências causais estão erradas. Quando éramos crianças, nossos pais insistiam para que usássemos gorros e luvas nos dias de inverno, com medo de que pegássemos um resfriado. Mas o vírus da gripe sazonal é dissuadido por roupas de frio? Semmelweis e os participantes do experimento de Ono com a máquina de recompensas também foram vítimas de conexões causais equivocadas. E isso é frequente. Talvez pensemos que descobrimos uma causa quando, na verdade, só percebemos uma coincidência. Ou talvez algum outro mecanismo subjacente seja responsável pelo que vemos como efeito e causa. Será que a flecha da causalidade voa na direção contrária?

Notamos todas as manhãs que, quando um galo canta, o Sol nasce. Ao longo do tempo, podemos pegar o incidente específico (o cantar do galo) e fazer uma conexão causal para estabelecer uma regra geral (causa do nascer do Sol). Como associação, não está errado. Na verdade, a conexão nunca falhou desde que vivemos na fazenda. Mas chega o triste fim, quando o espírito do galo deixa esse mundo e vai para o grande galinheiro do céu. E, na manhã seguinte, o Sol nasce sem o canto do galo. Claramente, algo mais estava acontecendo.

Não deveríamos ficar surpresos por alguns de nossos framers causais serem falhos. Para começar, não sabemos tudo o que há para saber. De que modo as causas e efeitos estão realmente ligados. Antes de os primeiros trens a vapor começarem a operar, na década de 1820, especialistas temiam que os passageiros sufocassem quando viajassem em altas velocidades, como 24km por hora, e que os olhos das pessoas seriam prejudicados pelo borrão da velocidade.

Os passageiros, como sabemos agora, passam bem. O modelo causal que estimulou essas previsões era muito primitivo, faltavam elementos importantes da ciência e uma compreensão de como o corpo humano se ajustaria. Mas conforme a realidade evidenciava as falhas dos modelos, aprendíamos mais sobre o ar e a visão, e substituímos o modelo por um mais apropriado na avaliação do impacto da velocidade, assim como substituímos o nosso modelo do canto do galo que causava o nascer do Sol por outro em que o Sol nasce todos os dias conforme a Terra gira. A necessidade dos seres humanos de aprender sobre o mundo, e, assim, ajustar seus modelos mentais, não é uma acusação, apenas um incentivo para melhorar a sua prática.

Grande parte da vida é revisar o que pensávamos saber, mas que na realidade não sabemos. Todo o método científico presume que não há um ponto-final no conhecimento, e que devemos trocar um conjunto de entendimentos por outros melhores. Ou seja, nossos framers causais estão sempre se mostrando imperfeitos. Isso é um pouco deprimente: framers nunca podem estourar um champanhe depois de alcançar um ponto final vitorioso, assim como fazem os atletas depois de ganharem um campeonato.

As falhas repetidas e frequentes do framer causal levaram muitas pessoas a sugerir que o raciocínio causal é fútil. Eles têm David Hume a seu lado. Essas falhas foram explicadas pelo filósofo escocês no século XVIII. Empirista, Hume acreditava que todo o conhecimento deriva apenas da experiência. Afirmava que a causalidade não se justifica racionalmente e que o raciocínio indutivo nos engana: não é porque o Sol sempre nasce que nascerá amanhã.

Nesse mesmo espírito, estatísticos tradicionais, movidos por um senso de cuidado bem-intencionado, fizeram muito ao prevenir que as pessoas extraíssem inferências causais de dados. Eles insistiram por um longo tempo que só podemos considerar os acontecimentos como correlatos ou coincidentes. "Correlação não é causalidade" era seu grito de guerra — e o dogma que ensinavam aos estudantes no primeiro dia de aula. Sobre a causalidade, ficavam mudos. "Eles declaravam essas questões como zona proibida", explica Judea Pearl, o pai moderno da "revolução causal" na ciência da computação.

O ceticismo causal atribuído a Hume repousa, pelo menos em parte, em um equívoco. Ele não era contra, de forma alguma, ao que chamamos de framer. É possível que ele o tivesse aprovado por razões pragmáticas óbvias: o framer melhorou a nossa condição, as pessoas são boas nisso, então faz sentido continuar enquadrando. Hume simplesmente observou que o raciocínio causal é humano e, como tal, não podemos provar a causalidade de maneira objetiva, fora de nossa mente. E uma nova geração de estatísticos e cientistas sociais quantitativos está atenuando sua postura, aceitando a "revolução causal" de Pearl em seus trabalhos.

Mas há outro tipo de crítica contra a empreitada da causalidade, vindo não de uma rejeição da mesma, mas de um repudio dos framers humanos como a fonte primária de explicação causal. Isso vem de duas posições extremas que descrevemos no Capítulo 1, dos ultraemocionalistas e dos superracionalistas.

Os emocionalistas rejeitam o framer causal, vendo-o não apenas como difícil de avaliar, mas também como desnecessário: as coisas são mais fáceis de conhecer do que parece para os intelectuais. As decisões podem ser tomadas sem uma introspecção excessiva e pesquisas inúteis. A correção dos nossos pontos de vista é a sua fonte de energia. Certeza é solidez. A intuição fala a verdade enquanto o cérebro é nebuloso.

Há verdade nisso. As decisões intuitivas combinam sentimentos e intuição e, nas circunstâncias certas, são úteis. Mas em termos de resultados, a abordagem emocionalista só serve até certo ponto. Confiar na intuição e nas emoções nos impede de explorar nossa habilidade de framer causal. É como ter um carro de corrida aerodinâmico sem motor. Desprezar os framers causais e, por sua vez, adotar as emoções pode parecer bom, mas isso ocasiona a amputação das capacidades cognitivas humanas mais poderosas.

Por outro lado, os superracionalistas abandonam o pensamento causal pelo ponto de partida oposto: o pensamento causal é importante demais para ser deixado para os seres humanos, que não são muito bons nisso. A resposta é entregar tudo as máquinas. Então, as forças policiais usam algoritmos para organizar patrulhas, os tribunais, para fixar uma fiança, as prisões, para determinar a liberdade condicional, as escolas, para fazer os boletins, os negociantes, para detectar fraudes. A promessa é que a IA pode identificar a causalidade melhor do que os seres humanos e, além disso, eliminar distorções.

Existem, aparentemente, bons indícios de que a IA pode "captar" conexões causais e trabalhar com modelos causais. Para entender melhor, observe os jogos — mas não os jogos clássicos de tabuleiro, como xadrez ou Go, onde a IA ficou famosa por derrotar os melhores jogadores humanos do mundo. Em vez disso, preste atenção no ambiente mais complexo dos esportes eletrônicos.

Defense of the Ancients, ou *Dota*, é um jogo online *multiplayer*, em que equipes de cinco tentam destruir uma grande estrutura na base da outra equipe (e exterminar os inimigos em uma batalha violenta).

O jogo requer decisões estratégicas complexas, planejamentos de longo prazo e cooperação entre os jogadores. É um fenômeno global, com campeonatos internacionais e planos de transformá-lo em um esporte olímpico oficial. O prêmio anual em dinheiro para as melhores equipes alcança impressionantes US$40 milhões.

Em 2019, OpenAI, uma organização de pesquisa de IA em São Francisco, Califórnia, desenvolveu um sistema que impressionou o universo de *Dota* ao derrotar os melhores jogadores humanos do *Dota 2*. À primeira vista, parecia que o sistema podia adivinhar a causalidade, generalizar a experiência, e, com essas abstrações, aplicar modelos causais para novas circunstâncias. Porém um olhar mais atento revela que tem um ser humano por trás de tudo, assim como o Mágico de Oz era um homem atrás da cortina.

O sistema usa "aprendizado por reforço profundo". Jogando contra si mesmo milhões de vezes, através de tentativa e erro, ele identifica os melhores conjuntos de ações e se dá uma "recompensa" estatística para reforçar o comportamento. No entanto, em suas áreas mais críticas, o que constitui uma recompensa não é aprendido pelo próprio sistema: precisa ser codificado manualmente.

Por exemplo, quando os desenvolvedores do OpenAI aprenderam com os geeks do *Dota 2* que os jogadores imaginavam as batalhas em três fases, o conceito foi codificado. Isso possibilitava que a recompensa ajudasse a priorizar estratégias diferentes dependendo dos estágios no jogo. Em seguida, os desenvolvedores precisaram criar "espírito de equipe" entre os *bots* (robôs), do contrário, lutariam de modo egoísta. Ao ajustar manualmente esse "hiperparâmetro", como eles chamavam, os robôs aprenderam a jogar como uma unidade. O sistema de IA tinha um bom desempenho, por assim dizer: os robôs arrasaram os seres humanos. Mas eram pessoas que tinham que digitar os framers causais para que os robôs funcionem.

O framer causal não pode ser rejeitado pelas pessoas que se gabam de serem racionais. Mesmo quando se desenvolvem sistemas para superar os seres humanos, a tecnologia só funciona por causa do elemento humano dos framers causais que foi inserido. Da mesma forma, quem defende o retorno de uma forma mais emotiva de ver o mundo se prejudica ao restringir as várias opções de decisões. Uma forma diferente é não desistir de desenvolver modelos mentais com framers causais, mas abraçá-los.

Ordem e Decisão

Conforme explicamos o mundo através dos framers causais, aceitamos que existe uma força maior do que nós que governa tudo o que está sob o Sol, e, se não for uma entidade divina, então, pelo menos é algo que obedece às leis da física.

O oposto seria um universo sem padrão e significado, em que cada momento implicaria acontecimentos aleatórios: um mundo como o do poema épico de T. S. Eliot, *A Terra Devastada*, onde ninguém "consegue associar nada com nada". Mas não é assim que o universo funciona. Causa, compreensão e coesão existem. Os primeiros astrônomos olharam os corpos celestes movendo-se no céu e viram regularidade: *kosmos* significa "ordem" no grego antigo.

Então, como melhorar o pensamento com modelos causais? Parte da resposta é estar ciente deles e usá-los ao pensar nos problemas. Parar e nos perguntar: "Por que isso está acontecendo? Qual é a suposição que estou fazendo, que pode ou não ser verdadeira"?

Foi isso que Ben Bernanke fez na noite de 16 de setembro de 2008, quando tomou a decisão de inundar o mercado com capital. E foi o que permitiu que os cientistas da NASA aplicassem os princípios de empuxo ao vazio do espaço, chegando aonde nenhum homem havia ido, usando um modelo causal com bases na física da Terra.

Às vezes, nosso pensamento causal está errado, terrivelmente errado, mas, ao longo dos milênios, o framer tem sido um meio superior de compreender e decidir. Suprimindo-o, profanaríamos um mecanismo cognitivo poderoso que nos torna humanos. Mas, para realizar seu potencial, outra característica cognitiva humana é necessária: nossa capacidade de imaginar uma realidade alternativa. E o lugar improvável onde isso é mais necessário, é nos modelos que usamos para tentar compreender o aquecimento global.

4

contrafactuais

a capacidade de visualizar mundos que não existem nos torna seres notáveis neste

Na manhã de 23 de agosto de 1856, em Albany, Nova York, cientistas ilustres se reuniram para o oitavo encontro anual da Associação Americana para o Avanço da Ciência. Os corredores estavam agitados com as últimas descobertas dos 31 estados membros da união. A novidade era a inauguração do Observatório Dudley, cujo propósito era "divulgar horas exatas" para bancos, empresas e estradas de ferro, para os quais era essencial saber a hora, minuto e segundo corretos.

Mas um artigo exposto na conferência — apresentado por um cientista homem, em vez de sua autora, uma mulher — tornou o evento um momento histórico. "A ciência", começou Joseph Henry do Smithsonian Institution, "não tem país nem sexo. O mundo feminino não adota apenas o que é belo e útil, mas também o que é verdadeiro". Quando o seu curto preâmbulo terminou — que ele considerou como respeitoso, embora atualmente soe comicamente sexista — ele começou a descrever os experimentos realizados por Eunice Foote, em um artigo curto sobre "Circunstâncias que Afetam o Calor dos Raios Solares".

Foote comparou a temperatura de diferentes tipos de ar, úmido e seco, quando aquecidos pelo Sol ou colocados à sombra. O ar úmido esquentou mais rápido, como esperado. Mas, quando comparou o "ar comum" com o "ácido carbônico", viu que o último, similar ao dióxido de carbono, aqueceu mais e demorou mais para esfriar. O artigo concluiu: "Uma atmosfera desse gás daria ao nosso planeta uma temperatura mais alta." Em meio à Revolução Industrial, conforme as cidades dos EUA e da Europa sufocavam com a fumaça cinzenta das fábricas, Foote alertava sobre o aquecimento global.

O estudo de Foote é o exemplo de ciência do século XIX e da busca pela causalidade. (E ela descobriu anos antes do cientista John Tyndall da Britain's Royal Society, que foi creditado por associar o dióxido de carbono à mudança climática.) Desde então, os estudos sobre o clima se consolidaram, e os dados se ampliaram. Então, por que ainda há negacionistas do aquecimento global no século XXI?

O motivo é que simplesmente apontar a ligação causal entre o carbono na atmosfera e o aquecimento das temperaturas não basta. A pergunta crucial é se os seres humanos são responsáveis. E, na verdade, os dados fornecem respostas limitadas. O gráfico do taco de hóquei não responde à pergunta. Para isso, precisamos de algo mais. Precisamos de um modelo mental imbuído de um contrafactual.

Isso nos permite comparar o que existe com o que não existe: o planeta com os seres humanos e sem eles. Mas, como só existe uma Terra, não podemos realizar esse experimento, só imaginá-lo. Ao utilizar um modelo do clima, desenvolvemos um cenário contrafactual e calculamos as temperaturas para o mundo imaginado. Assim, podemos comparar esses dados com as informações que possuímos.

E o momento célebre da modelagem climática aconteceu em um verão, 132 anos depois que Eunice Foote *não* apresentou seu artigo. Dessa vez, o cenário foi uma reunião da Comissão de Energia e

Recursos Naturais do Senado dos EUA. Em 23 de junho de 1988 — com a temperatura em Washington, DC, ultrapassando 38ºC —, James Hansen, um cientista da NASA, expôs três cenários: se os gases de efeito estufa permanecessem nivelados, se aumentassem pouco ou se aumentassem muito. Todos os três eram desesperadores.

"O aquecimento global agora é grande o suficiente para podermos atribuir com um alto grau de confiança, uma relação de causa e efeito ao efeito estufa", disse Hansen ao público embasbacado de senadores suando. "Nossas simulações de clima feitas em computadores indicam que o efeito estufa já é amplo o bastante para começar a afetar a probabilidade de eventos extremos." Já existiam modelos climáticos antes, mas nada com esse rigor ou impacto. Isso foi notícia no mundo inteiro. "O Aquecimento Global já começou", clamava a manchete do normalmente taciturno *New York Times*.

O grupo de Hansen incluía alguns dos melhores cientistas climáticos e matemáticos do mundo. Entre eles, estava o gênio da matemática responsável pela modelagem crítica, e segunda autora dos textos, Inez Fung. Talvez, a sucessora espiritual de Eunice Foote.

Como Foote, Fung era, de certa forma, uma "estranha" na área. Sua especialidade era matemática, não meteorologia. Ela era a única mulher na equipe do modelo climático de 1988. Ela era de Hong Kong e falava com um ligeiro sotaque cantonês. Fung entrou no MIT depois de deixar escapar que a escola era um tédio, quando perguntaram durante a entrevista por que suas notas não eram melhores.

Como membro do grupo de Hansen, em 1979, para analisar as mudanças climáticas, ela sabia que só os dados não seriam suficientes. Eram necessários modelos que dependessem de contrafactuais — não do mundo como ele é, mas como poderia ser.

"Temperatura e dióxido de carbono não explicam causa e efeito", explicou Fung em uma entrevista, agora como professora de ciência climática em Berkeley. "Tanto as vendas de sorvetes quanto as taxas de homicídio em Nova York aumentam no verão", brinca ela, sugerindo uma correlação sem causalidade. "Os modelos representam a nossa melhor aproximação do sistema real. Eles nos permitem identificar os processos que são responsáveis, e os que não são", explica ela. "Modelos são a única maneira de projetar o que aconteceria se a trajetória das emissões de dióxido de carbono mudasse."

Ao elaborar um modelo, Fung e seus colegas criaram um mundo imaginário como o nosso, mas sem o dióxido de carbono extra atribuído aos seres humanos. Nenhum dado ou tecnologia sozinhos podem nos fazer "ver" esse mundo. Somente a nossa imaginação cautelosa pode. Mas esse processo de visualização é uma ferramenta poderosa: ele nos permite calcular o clima e comparar. E foi essa comparação que Hansen revelou naquele dia quente de junho de 1988, usando os modelos contrafactuais de Fung, que mostraram que a atividade humana era responsável pelo aquecimento global.

Fung teve um destaque maior, com pesquisas pioneiras sobre os ciclos do carbono e o conceito dos "sumidouros de carbono" — onde massas de terra e oceanos o absorveriam do ar. E, novamente, foram necessários contrafactuais, não só dados, para isso se tornar visível.

Imaginar Realidades Alternativas

Em nossos pensamentos, muitas vezes percorremos uma miríade de possibilidades de como o mundo poderia ser diferente, jogando o jogo da vida vários passos à frente. Os contrafactuais são uma maneira de ver além da realidade que nos cerca. Sem essa capacidade de imaginar "o que poderia ter sido", "o que foi" e "o que poderia ser", ficaríamos para sempre presos no "o que é" do *aqui e agora*.

O pensamento contrafactual é o segundo elemento do framer. É diferente de fantasiar livremente. Não é presunção intelectual. Diferentemente dos pensamentos aleatórios de fluxo de consciência e das associações livres, os contrafactuais são focados e possuem metas. Nós os usamos para entender o mundo e saber agir. Os contrafactuais dependem da compreensão de causa e efeito integrada em nossos framers. E isso nos permite projetar o tempo em nossa imaginação, avançando ou retrocedendo, ou visualizar algo que aconteceu em um contexto e imaginá-lo em outro.

Pensar nos contrafactuais é natural para nós, mesmo que seja um processo complexo. Permite-nos "preencher as lacunas" sobre como o mundo poderia ser — imaginando as informações que não temos, enquanto compreendemos as que temos. Vejamos as frases: "John queria se tornar rei. Ele foi buscar um pouco de arsênico." Por um momento, parecem desconectadas. Então, conectamos os pontos com o pensamento contrafactual — e, conforme formulamos nossa simulação mental, talvez um sorriso irônico apareça em nosso rosto.

Os contrafactuais nos possibilitam imaginar como as situações poderiam se desenrolar em circunstâncias diversas. Quando a seleção francesa de futebol marcou gol contra a Croácia aos 18 minutos da final da Copa do Mundo em 2018, o juiz não atribuiu o gol ao atacante francês Antoine Griezmann, apesar de ele ter efetuado a cobrança de falta de 27m e acertado o gol. Foi oficialmente registrado como "gol contra" do jogador da defesa da Croácia, Mario Mandžukić. A bola passou raspando na cabeça dele e mudou de trajetória, voando para fora do alcance do goleiro e caindo na rede.

Para tomar essa decisão, o árbitro teve que imaginar o que teria acontecido se a cabeça de Mandžukić não tivesse tocado a bola. Ele precisou construir mentalmente uma trajetória ficcional e confiar no seu conhecimento causal geral de como a velocidade e a rotação afetam o movimento da bola. Essa trajetória imaginária lhe permitiu prever que o goleiro da Croácia teria alcançado a bola — uma defesa fácil. Se, em vez disso, o árbitro tivesse concluído que a bola estava em trajetória que escaparia do goleiro, teria atribuído o gol a Griezmann. O nome da pessoa que foi para o placar dependeu do pensamento contrafactual do juiz — para o azar do coitado do Mandžukić.

Usar contrafactuais para direcionar o raciocínio causal é comum. Em uma série de experimentos em 2017, pesquisadores do MIT e de outros lugares mostraram bolas ricocheteando em uma mesa de bilhar. Uma bola batendo na outra fazia com que ela passasse, ou não, por uma passagem estreita. Os pesquisadores monitoraram o movimento dos olhos das pessoas, enquanto observavam a ação. E descobriram que as pessoas mudavam rapidamente o foco para imaginar visualmente as possíveis trajetórias da bola, ou seja, elas aplicaram um raciocínio contrafactual para antecipar o que poderia acontecer.

Lembremos dos engenheiros da NASA que foram capazes de prever (quase) tudo que aconteceria durante a aterrissagem da Apollo 11 na Lua, embora nunca tivessem ido à Lua. Eles estavam seguindo os passos das gerações de cientistas anteriores. Diz-se que Galileu deixou cair dois objetos da Torre de Pisa para refutar uma teoria apresentada pelos gregos antigos, de que coisas mais pesadas caem mais rápido do que as leves. No entanto, os estudiosos atuais acreditam que, na verdade, Galileu nunca jogou os objetos, mas, se o fez, foi mentalmente, aplicando o raciocínio contrafactual.

A maçã de Newton, os relógios de Einstein, o gato de Schrödinger: a história da ciência está cheia de realidades alternativas imaginadas, que permitiram que seus criadores chegassem a ideias que moldaram nossa visão de mundo, da gravidade, à relatividade até à teoria quântica. E isso não se limita à ciência.

Em *A República*, Platão inventou uma cidade-Estado que chamou de Calípole, para visualizar e avaliar como a forma ideal de justiça poderia funcionar. Os olhos da mente podem imaginar possibilidades onde os olhos físicos só podem ver o presente. O gênero de "história contrafactual" tenta aprofundar nosso entendimento do efeito das ações humanas, sondando o que poderia ter acontecido se um acontecimento histórico tivesse tomado um caminho diferente: o Japão não atacou Pearl Harbor, os norte-americanos não jogaram uma bomba atômica. Os historiadores estão divididos quanto a seu valor, se é uma ideia séria ou apenas entretenimento. No entanto, exames mentais de alternativas abrem a nossa imaginação, permitindo-nos conceber uma realidade diferente daquela que existe.

Quando sonhamos com realidades alternativas, na verdade estamos fazendo um trabalho cognitivo sério, que requer um grande espectro de habilidades. O pensamento contrafactual exige que a nossa mente esteja completamente engajada. Sabemos disso, porque seres humanos com distúrbios no cérebro, como a doença de Parkinson, têm mais dificuldade de pensar contrafactualmente do que em outras tarefas cognitivas. Pode ser que eles não tenham nenhuma dificuldade para falar e raciocinar, mas encontram dificuldades em visualizar alternativas para o que existe.

Imaginar realidades alternativas aciona o raciocínio causal. Podemos testar causas potenciais para seus efeitos. Porém, os dois elementos, pensamento contrafactual e raciocínio causal, reforçam um ao outro. Sem causalidade, nos afogaríamos em um oceano de acontecimentos desprovidos de significado. Sem contrafactuais seríamos prisioneiros do que já existe, desprovidos de escolhas.

Em seu livro *Sapiens*, Yuval Noah Harari explicou a importância da capacidade única dos seres humanos de cooperar e trocar ideias "intersubjetivas", como a religião. Em suas palavras memoráveis:

"Você nunca convenceria um macaco a lhe dar uma banana prometendo-lhe bananas à vontade após a morte no paraíso dos macacos."

E isso é verdade: a capacidade de comunicar valores é uma característica humana. Mas existe um fator maior, que é mais fundamental: apenas os seres humanos podem imaginar cenários que nunca aconteceram — sejam bananas que realmente não existem ou a reação dos macacos. Este é o poder dos contrafactuais.

O Mundo do Faz de Conta

Imaginar realidades alternativas é algo que as pessoas fazem desde crianças. Na verdade, o longo período da infância, conhecido como "imaturidade protegida" na psicologia, pode ter especificamente essa intenção. Mas é normalmente conhecido pelo termo pouco técnico de *brincar.* Bebês e crianças passam a maior parte do tempo explorando o mundo e tentando descobrir como ele funciona.

Embora animais jovens também brinquem, suas brincadeiras envolvem imitar atividades que desempenharão como espécie adulta — é um ambiente de baixo risco para praticar caça, luta e coisas semelhantes. Os jovens seres humanos também usam a brincadeira para imitar as habilidades que utilizarão quando adultos, mas vai muito além do mundo real para a imaginação. "Fazer de conta" aprimora a nossa capacidade de imaginar realidades alternativas.

As capacidades mentais de crianças muito pequenas nem sempre foram celebradas. Rousseau, em meados do século XVIII, chamou um bebê de "um perfeito idiota". No final do século XIX, o psicólogo norte-americano William James caracterizou a mentalidade do bebê como "uma grande confusão barulhenta e florescente". Sigmund Freud acreditava que crianças pequenas eram amorais, egoístas e incapazes de distinguir a diferença entre realidade e fantasia, e o psicólogo Jean Piaget as descreviam como "pré-causais". Em 2009, o jornal satírico *The Onion* resumiu o pensamento de pais exasperados com a manchete: "Novos Estudos Revelam que a Maioria das Crianças são Sociopatas Impertinentes."

Nas últimas décadas, o entendimento sobre a capacidade cognitiva das crianças passou por uma mudança significativa. Como sabemos, as crianças possuem um senso aguçado de causalidade e contrafactuais. Um dos maiores especialistas no tema é Alison Gopnik, professora de psicologia da Universidade da Califórnia, em Berkeley.

Em muitos aspectos, Gopnik nunca deixou o mundo da infância. A mais velha de seis filhos, cresceu em uma "atmosfera polímata", como descreve, e era sempre quem ficava de olho nos irmãos (que agora são escritores e intelectuais famosos). A vida domiciliar, em uma cohab na Filadélfia com pais acadêmicos, era pobre em renda, mas rica em literatura, música e arte. Na pré-escola, ela e o irmão Adam brincavam no Halloween fantasiados de Hamlet e Ofélia. Aos 15 anos, ela começou a frequentar cursos de pós-graduação. Aos 22, estava esperando um filho enquanto obtinha um doutorado em Oxford. Ela se especializou em psicologia do desenvolvimento e mantinha um cercadinho de bebê em seu escritório.

Hoje em dia, Gopnik é líder na área da psicologia da "teoria da teoria". A ideia é de que crianças muito pequenas usam a mesma forma de raciocínio causal e contrafactual, e desenvolvem modelos mentais, que os cientistas utilizam quando realizam experimentos (isto é, a teoria de que bebês pensam de maneira teórica). Quando os cientistas raciocinam dessa maneira, chamamos isso de "pesquisa", e quando são os bebês, dizemos que "mexem em tudo", explica.

Gopnik saúda as crianças como "O Cientista no Berço" e "O Bebê Filosofo" (títulos de seus *best-sellers*) pelo uso de modelos causais e contrafactuais. Seu laboratório de pesquisa desenvolveu diversos experimentos que mostram que crianças pequenas, a partir dos 3 anos, têm uma compreensão de mecanismos causais e realidades alternativas. Um deles é o "teste *zando*". (Um *zando* é um objeto colorido e com formato engraçado, inventado para o experimento.)

Na primeira fase do teste, as crianças aprendem de forma lúdica uma associação causal: colocar um *zando* no topo de uma máquina faz tocar uma música para surpreender a boneca Monkey, que está comemorando o seu aniversário. Na fase crucial do experimento, o foco está em "fingir", ou fazer de conta. Uma colega entra na sala e explica que precisa pegar emprestado a máquina e o *zando*, e os leva embora. A pesquisadora demonstra desapontamento, porque ainda não tinham feito a surpresa para Monkey — mas tem uma ideia.

Ela traz uma caixa e dois cubos de cores diferentes e diz: "Eu acho que a gente pode *fazer de conta* que essa caixa é minha máquina. E que este cubo *é* um zando, e aquele outro cubo *não é* um zando. Então, ainda podemos fazer uma surpresa para a Monkey!"

Então, ela pergunta: "Qual destes podemos usar para fazer de conta que a máquina toca a música?" Depois disso, ela inverte o papel dos cubos e faz a pergunta novamente.

Nesse momento, a fraseologia pode parecer tão complicada que um adulto precisaria analisá-la cuidadosamente para descobrir o seu significado — mas para uma criança pequena estimulada a imaginar realidades alternativas, é algo simples. As crianças usam essa capacidade para melhor interagir e moldar o mundo ao seu redor. E a Monkey ganhou uma música de "Feliz Aniversário".

Essa brincadeira de faz de conta prepara os seres humanos para pensar nos contrafactuais. Na verdade, Gopnik descobriu que "crianças que eram melhores em *fazer de conta* conseguiam raciocinar melhor sobre os contrafactuais", disse ao descrever o estudo. É parcialmente irônico apelidar bebês e crianças pequenas de departamento de "pesquisa e desenvolvimento" da espécie humana, enquanto os adultos são relegados à "produção e marketing" mais trivial.

Ensaios Mentais

Essa imaginação não para na infância. Praticamos nossa capacidade de construir realidades contrafactuais ao longo de toda nossa vida. Consideremos a literatura e a arte. Ficamos atônitos com histórias de façanhas ousadas, ameaças perigosas e provações desesperadoras. Elas podem ser longas ou curtas, cômicas ou trágicas, extraordinárias ou artisticamente banais. Mas adoramos contar histórias e ouvi-las.

Histórias são úteis, porque nos ajudam a aperfeiçoar o raciocínio contrafactual. São como trampolins para pensarmos vívida e imaginativamente. Aventuras épicas são aspectos de muitas culturas e épocas, desde as histórias que compõem os textos sagrados das tradições religiosas até a série do Harry Potter, que encanta trouxas de todos os lugares. O sal e o açúcar aguçam o apetite humano de uma maneira primitiva. As histórias fazem o mesmo com nossas mentes. Elas são plataformas para contemplarmos cenários de realidades alternativas e percebermos como os seres humanos agem dentro delas. As histórias nos ajudam a avaliar opções e preparar decisões. Dessa maneira, elas expandem e melhoram nossas habilidades de enquadrar.

Conforme criamos e ouvimos histórias de mundos alternativos, usamos nossa imaginação para reproduzi-las em nossas mentes. Pensamos sobre o que pode acontecer depois de uma situação em particular, sobre o que fazer ou não fazer. Quando dizemos que uma história "nos atrai", realmente é verdade: nossa mente é absorvida pelo imaginário de um mundo alternativo, sentindo-o quase como se fosse real. Apenas algumas frases podem evocar uma imagem mental rica. Considere alguns fragmentos da literatura.

A abertura do romance de Patrick Süskind, *Perfume,* descreve a França do século XVIII:

> *Na época de que falamos, reinava nas cidades um fedor dificilmente concebido hoje por nós. As ruas fediam a estrume, os pátios, a urina, as escadarias, a madeira podre e cocô de ratos, as cozinhas, a repolho estragado e gordura de carneiro. As pessoas fediam a suor e a roupa sujas e suas bocas, a dentes estragados.*

O romance antiguerra de Erich Maria Remarque, *Nada de Novo no Front,* sobre a Primeira Guerra Mundial:

> *Vemos homens ainda vivos que não têm mais a cabeça; vemos soldados que tiveram os dois pés arrancados andarem, tropeçando nos cotos lascados até o próximo buraco; um cabo arrasta-se dois quilômetros de quatro, levando atrás de si os joelhos esmagados; Outro chega ao Posto de Primeiros Socorros e, sobre as mãos que os seguram, saltam seus intestinos. Vemos homens sem boca, sem queixo, sem rosto; encontramos um que, durante duas horas, aperta com os dentes a artéria de um braço, para não sangrar até a morte.*

Uma cena quente do romance de Chimamanda Ngozi Adichie, *Americanah:*

> *Ela se aproximou e o beijou, ele foi lento em sua resposta, mas então tirou sua blusa, abaixando o sutiã para libertar seus seios. Ela recordava claramente a fir-*

> *meza do abraço dele, mas também havia algo de novo em sua união; seus corpos se lembravam e não se lembravam. Deitando ao lado dele depois, ambos sorrindo, às vezes rindo, seu corpo transbordando paz, pensou em como era apropriada a expressão "fazer amor".*

As imagens são vívidas. No apelo ao olfato, na agonia da guerra ou na sensualidade do sexo, tornamo-nos cativos no universo da criação do autor. E uma vez naquele mundo, começamos a imaginar a situação e imbuir possibilidades do que pode acontecer.

O que funciona para histórias contadas ou lidas, funciona ainda melhor para as histórias que encenamos. O teatro existe em sociedades muito diferentes, em grande parte porque encenar um contrafactual, experimentar outras vidas, pode nos absorver e estimular a refletir sobre opções. O coro do drama grego sabia como a peça terminaria e implorava para o público pensar em como poderia agir diferentemente para evitar o destino trágico do herói. Na *Poética*, Aristóteles declara que o papel da tragédia é purgar as emoções, produzir "catarse". Nós nos colocamos na pele do personagem e imaginamos o que faríamos de diferente. Lutamos com as alternativas.

Desde os primórdios do cinema, os filmes apresentam outros mundos. Os primeiros curtas capturavam "realidades" — cenas do cotidiano; foram os primeiros documentários. Mas logo os produtores começaram a experimentar truques técnicos. Fizeram as pessoas aparecerem e desaparecem, alongaram as extremidades humanas e criaram outras situações "irreais". Após o enorme sucesso inicial, a novidade se desgastou e foi substituída por filmes que, mais parecidos com o teatro e literatura, contavam histórias. Eles ofereciam uma realidade alternativa mais ampla, entremeada e sustentável.

Literatura, pinturas, esculturas, teatro, filmes, rádio e televisão, todos nos permitem experimentar realidades alternativas, mas não interagir com elas. Podemos encená-las em nossas mentes — ou com outras pessoas, através de jogos de RPG ou cosplay de animes — mas não podemos manipulá-las diretamente. Mas uma mídia relativamente nova está mudando isso.

No seu livro clássico de 1993, *Computers as Theatre* [*Computadores como Teatros*, em tradução livre], a designer de videogames, Brenda Laurel, sugeriu que a qualidade essencial dos jogos é que permitem que seus usuários influenciem realidades alternativas. Progredimos muito desde então, desde Mario pulando em cogumelos mágicos até *World of Warcraft, Fortnite, Among Us* e, claro, os jogadores do *Dota* matando seus amigos. Esses jogos pegam emprestados alguns elementos do mundo que conhecemos, mas apresentam alguns novos e diferentes. É a combinação do familiar e do novo, e a habilidade de manipular esses elementos, que fazem desses jogos irresistíveis.

O jogo *Monument Valley* é um bom exemplo disso. A princípio, o jogo é sobre como guiar uma pequena figura chamada Ida através de um mundo Escheriano de paisagens geométricas tridimensionais para chegar a um lugar específico. Mas como chegar lá é um mistério: Qual parte do ambiente pode ser manipulada? E como?

Qualquer pessoa que já viu ou jogou esse jogo ficou fascinado com a elegância suntuosa do mundo imaginário, que é ao mesmo tempo minimalista, intrincado e elaborado. Quando alguém começa a interagir com escadas, pedras, botões, mostradores e outros itens gráficos, eles se transformam em formas que não podem existir em um espaço real, mas que podem ser usados no mundo virtual. A dissonância cognitiva entre a realidade que conhecemos e o mundo virtual que navegamos é o que torna *Monument Valley* tão atraente. Os seres humanos ficam hipnotizados pelos contrafactuais.

Seja ao ler um livro, jogar videogame, ou se perder em devaneios, essas atividades mentais não são indolências cognitivas. Até um viciado em assistir televisão faz mais do que ficar apenas sentado no sofá. À medida que experimentamos e manipulamos realidades alternativas — avaliando o universo de contrafactuais que construímos mentalmente — refletimos sobre as opções e talvez melhoremos nossos julgamentos. Estamos treinando nossa mente e aprimorando nossas habilidades como pessoas que enquadram.

Pensar nos contrafactuais também é um marco da educação profissional. Isso é exemplificado pelo Método do Caso. É mais intimamente associado com as escolas de negócios — e suas origens, que assim como tantas coisas ambíguas, iniciaram em Harvard. Mas, como o nome já sugere, tudo começou com advogados, não com gestores. Em 1870, o reitor recém-nomeado da Escola de Direito de Harvard, Christopher Columbus Langdell, ficou frustrado com o estado da educação jurídica. Por um lado, os alunos eram obrigados a estudar o código jurídico, e por outro, ideias altamente abstratas. Isso prejudicou os alunos e, sem dúvida, a sociedade também.

Langdell propôs uma solução nova: encontrar uma situação jurídica representativa e examiná-la a fundo, fazendo com que os alunos que debatessem os diversos argumentos. Foi um convite aberto para pensar através dos contrafactuais. Um dia, em vez de dar uma aula tradicional, ele surpreendeu os estudantes insistindo que eles "formulassem o caso!" e, em seguida, os desafiou com hipóteses — cuidadosamente compondo realidades alternativas para envolver os estudantes em discussões complexas de "e se".

Era uma maneira radical de ensinar: em vez de transmitir regras, o método do caso ajudou advogados iniciantes a reconsiderarem situações de maneiras alternativas. E funcionou. As salas de aula de Harvard tornaram-se um burburinho com discussões inteligentes, conforme os alunos avaliavam argumentos jurídicos e consideravam a lei através de contrafactuais, e não mais ingerindo passivamente o que os seus professores falavam. Em quase todos os lugares, o ensino jurídico mudou para sempre ao adotar o método.

Cinco décadas depois, em 1919, Wallace Donham foi nomeado segundo reitor da Escola de Negócios de Harvard, fundada 11 anos antes. Graduado pela Faculdade de Direito, Donham conhecia bem o método do caso. E queria aplicá-lo ao ensino de negócios. Mas não havia "casos" no mundo dos negócios como havia causas legais. Então, ele contratou um professor para produzir um livro com pequenos artigos descrevendo decisões clássicas de negócios, com dados para os estudantes refletirem. Dois anos mais tarde, o primeiro caso — chamado "The General Shoe Company" e rotulado como "Confidencial" no canto superior esquerdo — foi entregue aos estudantes.

O formato coloca os alunos no papel de um executivo tendo que encarar um problema com muitas resmas de informações (algumas irrelevantes e incompletas, como acontece na vida real). Isso os força a propor novas opções, avaliá-las, tomar decisões e justificá-las. Será que a empresa deveria investir em um produto radicalmente novo ainda em desenvolvimento, ou incrementar os produtos já existentes reforçando o marketing? E se apresentássemos uma oferta para adquirir o maior concorrente do mercado, em vez de competir contra ele? Será que deveríamos agrupar alguns de nossos produtos em vez de vendê-los separadamente? Dentro das inúmeras limitações de uma situação simulando o mundo real, o professor guia as discussões enquanto os estudantes propõem contrafactuais e desafiam uns aos outros (e competem para se destacar sem parecerem óbvios).

O método do estudo de caso, que ajudou os estudantes a pensarem nos contrafactuais, agora é usado em muitas áreas. Na escola de medicina, médicos aspirantes são encorajados a pensar através do "diagnóstico diferencial", a ideia de coletar e então eliminar explicações alternativas — variações distintas da realidade. Atletas profissionais têm "estudos de filmes": sessões para revisar situações do jogo e levantar todas as possibilidades do que poderia ter sido feito diferentemente, na esperança de que isso lhes dê uma vantagem. O famoso quarterback da Liga NFL, Peyton Manning, era um adepto.

Dedicar um tempo para se envolver nesses mundos alternativos é uma característica humana. Águias não vão à ópera, nem macacos ao cinema. Quando um estudante de medicina relaxa jogando *Dota* após um dia difícil na faculdade, essas atividades parecem diferentes, mas as duas envolvem o ensaio mental por meio de um fluxo contínuo de situações hipotéticas, aperfeiçoando a habilidade humana que nos permite manter e expandir nossa capacidade de enquadrar.

Das Abstrações às Alternativas

Os contrafactuais fazem mais do que nos ajudar a imaginar o que não está lá. Eles oferecem benefícios adicionais poderosos.

Primeiro, eles atuam como um contrapeso para o "determinismo causal", a ideia de que existe apenas um caminho determinado para seguir. O raciocínio causal, que é parte do framer, nos faz focar uma dinâmica causal específica. E isso é bom, pois nos ajuda a entender rapidamente uma situação. Se guardamos um último biscoito de chocolate, e depois encontrarmos o pote vazio, nosso mecanismo de inferência causal fica acelerado e logo podemos culpar nossos filhos. Mas e se estivermos errados? E se foi o nosso parceiro que, em um desejo súbito, saqueou o pote de biscoitos?

É aí que os contrafactuais se destacam. Conforme sonhamos com realidades alternativas, também imaginamos causas diferentes. Elas são o antídoto para se chegar a uma conclusão causal específica rapidamente (e poupar o nosso filhinho de uma bronca desnecessária). Elas nos lembram que as coisas podem ser diferentes do que pensamos inicialmente, e nos deixam mais receptivos para ver um mundo além de nossa primeira hipótese causal.

Durante a crise dos mísseis cubanos, o presidente John F. Kennedy colocou os contrafactuais para funcionar: na manhã do dia 16 de outubro de 1962, o presidente e os seus assessores receberam fotografias aéreas que mostravam que a União Soviética estava instalando mísseis nucleares em Cuba, a apenas 144km da Flórida. As forças armadas de imediato solicitaram um ataque massivo para destruir as instalações. Mas Kennedy resistiu. Ele já havia se precipitado antes.

Um ano e meio antes — e apenas há três meses na presidência — ele havia concordado com um plano secreto de uma invasão feita por exilados na Baía dos Porcos em Cuba para instalar um novo governo. Mas fracassou desastrosamente. A falta de pontos de vista diversos e pensamentos alternativos ao avaliar o plano popularizou um novo termo na tomada de decisões: pensamento de grupo. O jovem presidente não deixaria aquilo acontecer novamente.

Dessa vez, confrontado com um desafio ainda mais sério, encorajou seus assessores a lhe apresentarem uma ampla variedade de maneiras alternativas de ver a situação, levando a uma série de soluções potenciais que eram muito melhores do que a campanha de bombardeio que os generais apresentaram instintivamente. Ou seja, JFK ativamente solicitou a imaginação para resistir à tentação do pensamento unilateral.

E funcionou. A equipe que estava com ele limitou as opções a dois planos sobre os quais discutiram aberta e honestamente, independentemente do escalão ou da parte do governo que representavam. No final, escolheram fazer um bloqueio econômico em vez de um bombardeio, e propuseram retirar os mísseis norte-americanos da Turquia. Isso deu uma chance aos soviéticos de desistirem, e retirarem suas armas de Cuba. A União Soviética recuou — e uma potencial guerra nuclear foi evitada. JFK evitou o pensamento de grupo que causou a catástrofe da Baía dos Porcos 18 meses antes, e impediu o determinismo causal ao introduzir o pensamento contrafactual.

Isso leva ao segundo benefício, os contrafactuais nos tornam melhores pensadores causais. Em experimentos, as pessoas melhoram o raciocínio causal depois de se envolverem no pensamento contrafactual, e não vice-versa. Cientistas cognitivos, com destaque para Ruth Byrne, da Trinity College Dublin, sugerem que os contrafactuais são tão úteis porque nos lembram de opções, ao ampliar nosso foco, em vez de aprofundá-lo. À medida que pensamos nas opções, refletimos sobre causa e efeito, em contrapartida, quando focamos uma causa não estimulamos nossa imaginação. É por isso que imaginar realidades alternativas é crucial para um bom framer.

Uma terceira vantagem dos contrafactuais é que interagimos com eles de maneiras que os tornam úteis para serem aplicados. Quando imaginamos uma situação e a reproduzimos em nossas mentes, podemos experimentá-la quase como um observador assistindo uma realidade alternativa enquanto ela se desenrola. Em vez de ter que conceituar cuidadosamente como uma situação poderia se desenrolar, podemos simplesmente assistir nossos sonhos. Isso é menos elaborado e mais visual. É mais fácil para nós imaginarmos algo que não existe, do que pensar nisso através de termos puramente conceituais. Como Daniel Kahneman, psicólogo renomado, pontuou: "O aspecto mais importante... da simulação mental é que ela é experimentada como um ato de observação, e não de construção." É "a sensação de que o resultado é observado, não planejado".

O quarto benefício dos contrafactuais é que eles se conectam com nosso conhecimento implícito. Ao imaginar maneiras alternativas de uma situação se desenrolar, ativamos muito do nosso conhecimento sobre como o mundo funciona, incluindo percepções causais que de outra forma encontraríamos dificuldades para explicar.

A maneira como os contrafactuais alcançam nosso conhecimento implícito era o tema principal da série norte-americana MacGyver, que foi ao ar entre as décadas de 1980 e 1990. O personagem principal era meio *geek*, meio atleta que trabalhava em um *think tank* secreto [laboratório de ideias, em tradução livre], que não tinha armas e não usava a violência. Para se livrar de situações difíceis, ele tinha que confiar na sua sagacidade — e em quaisquer itens do dia a dia que estivessem por perto. Deste modo, dois castiçais, um fio de microfone e um tapete de borracha viravam um desfibrilador. Quando estava amarrado por uma corda, ele usou seus pés para moldar uma catapulta e lançar um frasco de ácido sulfúrico na viga mais próxima — para queimar as cordas que o prendiam. E para desativar um míssil, ele precisava reprogramar um circuito: então ele dobrou um clipe de papel — sua ferramenta especial — para esse propósito.

As soluções criativas tinham base nos contrafactuais que aproveitavam as propriedades dos itens além de suas utilidades óbvias. MacGyver confiava em abstrações de como as coisas funcionam, e não no que elas *eram* — da mesma forma como Regina Barzilay, do MIT, se importava com a função dos compostos antibacterianos, e não com sua estrutura molecular.

O quinto e último benefício é que os contrafactuais dão às pessoas um senso de propósito. Eles evidenciam e expressam a nossa noção de ação e capacidade de agir. Observar uma conexão causal em específico nos ajuda a entender por que as coisas acontecem, mas imaginar uma realidade alternativa nos ajuda a agir porque cria uma escolha. Conforme imaginamos, através de realidades alternativas, como diferentes escolhas poderiam se desenrolar, obtemos um senso de controle e previsibilidade. A capacidade humana de agir é o valor-

-chave fundamental que o framer causal possibilita. Nossas decisões humanas importam porque, através dos contrafactuais, podemos ver opções e ter escolhas. Eles mudam o nosso foco do entendimento para a ação, da compreensão para a decisão.

E isso é realmente um fenômeno humano — não são apenas águias e macacos que não dominam os contrafactuais. As máquinas gastam muito tempo e esforço processando dados do mundo real para melhorarem seus resultados, mas ainda não estão seguindo os passos da humanidade.

Veículos Autônomos

Ao que tudo indica, era uma estrada comum que virava para a esquerda, e tudo o que era necessário fazer era dobrar suavemente para a esquerda. Mas algo estava terrivelmente errado. O carro estava muito à direita e se aproximava perigosamente do meio-fio. Ele não estava virando para esquerda. Uma colisão era iminente. O carro freou de forma brusca e desacelerou rapidamente — mas não antes de bater na barreira e quase sair da estrada. No final, sossegou... em uma fina linha roxa de pixels na tela. O pequeno acidente foi uma simulação digital. Aconteceu apenas nos servidores de computador da Waymo, a empresa de tecnologia de carros autônomos da Google. A simulação é planejada para superar deficiências graves de todos os veículos autônomos: a falta de dados sobre eventos raros porque são bem raros. Por mais de uma década, o setor tem coletado dados de estradas do mundo real para treinar modelos de IA que acionam os sistemas de veículos autônomos. Frotas de carros com sensores sofisticados e câmeras de vídeo cruzam as ruas coletando zilhões de pontos de dados a cada segundo. As empresas têm explorado a realidade para capturar a essência de dirigir.

E deu certo. Ao menos um pouco. Os carros certamente podem dirigir sem um ser humano na direção. Mas o que eles não podem fazer é lidar com situações incomuns, já que não existem o suficiente nos dados para treinar os algoritmos de aprendizado de máquinas nos bastidores. Por exemplo, uma sacola plástica balançando ao vento quando um carro atinge uma camada de gelo fina e imperceptível, ou um colchão largado no meio da estrada. Waymo atingiu um obstáculo (metaforicamente falando). Descobriu que adicionar mais dados do mundo real não melhoraria muito o sistema, porque era uma predominância de condições normais de direção.

Então a empresa inventou uma realidade alternativa, cheia de situações raras. O sistema para gerar dados simulados é chamado de *Carcraft*, uma alusão ao jogo *World of Warcraft*. Ele oferece vinte mil cenários básicos, incluindo situações extremamente raras, mas dinâmicas, imaginadas por seres humanos e "apimentadas", nas palavras dos entusiastas da Waymo. Todos os dias, 25 mil veículos virtuais da Waymo percorrem 16.000km, o que equivale a ir à Lua e voltar quinze vezes. Bem como a Waymo publicou em um artigo acadêmico, o propósito é "simular o imperfeito em vez de imitar o perfeito".

Esses cenários básicos são contrafactuais que variam ligeiramente por meio de um processo chamado "distorção": mudar a velocidade ou distância de outro carro; simulando a noite ou a chuva, adicionando alguém correndo no meio da rua. É um universo hipotético. Para cada cenário, o *Carcraft* produz uma infinidade de respostas diferentes, que são usadas para treinar o sistema. Em 2020, a Waymo havia melhorado seu desempenho, com intervenções humanas, para bem mais de 48.000km, bem melhor do que os seus concorrentes.

Assim como a IA não possui framers causais para vencer no *Dota 2* e precisa que pessoas os codifiquem, os computadores também não podem gerar contrafactuais por conta própria, mas exigem que pessoas os forneçam. Os cenários raros de *Carcraft* não são o resultado de mundos alternativos sonhados pela máquina, ou situações extremas aleatoriamente criadas. Em vez disso, os seres humanos os criaram. Os ultrarracionalistas do Vale do Silício e de todos os lugares gostariam de entregar às máquinas a função de dirigir, e muitas outras. Mas isso é uma simplificação excessiva do que realmente acontece. As pessoas mexem os fios da IA nos bastidores, como em um teatro de marionetes.

Os contrafactuais representam a nossa capacidade cognitiva de compreender situações que ainda não encontramos, e usá-las para melhorar o nosso entendimento e influenciar nossas decisões. Nós evoluímos fisicamente através das gerações por meio da exploração de nossas características externas, mas melhoramos mentalmente como espécie por causa do nosso framer, do qual o pensamento contrafactual é um elemento central.

Também podemos melhorar nisso. Existem maneiras pelas quais as pessoas podem melhorar a idealização de realidades alternativas. Por exemplo, podemos olhar para os problemas não em termos do que precisa ser mudado, mas do que deve permanecer constante. E como JFK, podemos deliberadamente empoderar pessoas e instituições para promover novas e diversas visões, para aumentar as chances de uma maneira alternativa de pensar aparecer. Por outro lado, existe a abordagem de muitos atletas de alta performance e executivos que praticam "visualizações": desenvolvendo uma imagem mental realista de uma situação (seja uma rampa de esqui ou a reunião da diretoria) e simulando dentro desse mundo as várias possibilidades de ação e respostas que talvez funcionem, bem parecido com o que o *Carcraft* faz com veículos autônomos.

Imaginar realidades alternativas faz dos framers causais acionáveis. Porém isso requer mais do que a imaginação. O truque, como as crianças rapidamente aprendem, não é conceber qualquer realidade alternativa, mas construir cuidadosamente uma que possa nos ajudar a alcançar o nosso objetivo. Os contrafactuais são funcionais; sua eficácia depende de quão bem eles são moldados, de acordo com os objetivos que temos e o contexto em que pretendemos usá-los. Eles não podem ser ideias arbitrárias e desordenadas. Para serem verdadeiramente valiosos, os contrafactuais exigem limites.

Os contrafactuais são uma forma de sonhar, mas sabiamente canalizados e deliberadamente focalizados. Quando Kennedy pediu que sua equipe que sugerisse soluções variadas, claro que elas tinham que ser militares ou diplomáticas, e não pensamentos fantasmagóricos que pudessem ocorrer em um sonho real, como mandar uma trupe musical para entreter os líderes de Moscou. Quando Inez Fung desenvolveu o seu modelo climático, baseou-se nas leis aceitas da física, mas acatou o modelo que representava a Terra sem os seres humanos. Até mesmo o deslumbrante MacGyver operava com limitações do que ele podia fazer acontecer. Visualizar alternativas para a realidade nos possibilita moldar o futuro e controlar as situações, em vez de sermos controlados por elas. E foi exatamente esse traço da cognição humana que foi decisivo para uma das maiores operações de resgate mais surpreendentes de todos os tempos. Em meio ao tiroteio, o sucesso da operação não se deveu tanto aos soldados e planejadores pensando com os contrafactuais — mas ao grau que eles escolheram afrouxar ou aumentar limitações dos contrafactuais.

5
limites

a nossa visão precisa ser limitada para ser eficaz

Na tarde de 30 de junho de 1976, o general de Brigada Dan Shomron foi convocado para um encontro com o chefe de operações do exército no quartel-general das Forças de Defesa de Israel em Tel Aviv. Um resgate audacioso era necessário. A situação parecia grave.

Três dias antes, um voo da Air France entre Tel Aviv e Paris havia sido sequestrado por terroristas e levado para o aeroporto de Entebbe, em Uganda, no coração da África Oriental. Os reféns foram colocados em um velho terminal abandonado onde, segundo os terroristas, estava lotado de explosivos. Depois de libertarem os passageiros não israelenses, os terroristas ameaçaram matar 106 reféns, um por um, a menos que dezenas de prisioneiros palestinos fossem libertados.

Israel tinha uma política de não negociar com terroristas, temendo que isso incitasse mais terror. Porém, correu contra o tempo para avaliar as opções. Uma operação de resgate parecia loucura. Uganda estava a mais de 4.000km. Como uma tropa chegaria lá sem ser detectada? Como libertar os reféns — com o local prestes a explodir?

O ditador de Uganda, Idi Amin, poderia ter se aliado com os sequestradores: Será que os israelenses também precisariam lutar com as tropas de Uganda? Mesmo que tudo desse certo, como todo mundo voltaria? Isso desafiava os limites do "pensamento contrafactual".

Shomron, aos 39 anos, comandava o Corpo da Infantaria e a Brigada de Paraquedistas. Ele ouviu o esboço dos planos sendo propostos e viu suas falhas. Um deles era transportar mil soldados de avião para Entebbe. Isso seria inútil: os terroristas os veriam e matariam os reféns. Outro plano era fingir que estava mandando os prisioneiros palestinos em um avião. O que parecia não funcionar: os sequestradores logo perceberiam a farsa e explodiriam o terminal.

Uma ideia mais promissora era enviar várias unidades de paraquedistas com botes infláveis para saltarem no Lago Vitória à noite, remarem até a margem e atacarem o terminal. Isso mantinha o elemento surpresa. Mas o lago era cheio de crocodilos gigantes do Nilo: os soldados seriam devorados vivos antes de alcançarem a margem. Ademais, o plano deixara passar um detalhe essencial. Depois de eliminar os terroristas, como os soldados e passageiros retornariam?

É um fracasso, pensou Shomron.

No planejamento de uma operação militar, como em tudo, há limites que não podem ser alterados. O tamanho da força de combate não era o que mais importava, nem se pousaria durante o dia ou à noite. Isso era ajustável. Mas um requisito difícil era o elemento da surpresa. Usando isso como base, Shomron e vários oficiais traçaram um plano: uma equipe de comando pousaria furtivamente à noite em um avião de carga carregado com veículos típicos do aeroporto, iriam até o terminal sem ser detectados, eliminariam os terroristas, libertariam os reféns e voariam de volta para casa.

Porém, faltavam muitos detalhes. Como era a estrutura do terminal e onde mantinham os reféns? Havia quantos terroristas e como estavam armados? Eles precisavam construir um modelo mental de como o resgate se desenrolaria. Isso significava obter informações, assim poderiam empregar seus pensamentos contrafactuais. Os agentes do Mossad foram até Paris entrevistar os reféns libertados. Informações sobre o terminal eram decisivas. Por sorte, ele havia sido construído por uma empresa israelense. As plantas foram entregues.

Uma maquete em escala do terminal foi feita, utilizando estacas e lonas, na base aérea onde os soldados treinavam. Os homens praticavam o que fariam a cada momento, tomavam notas, discutiam e repetiam suas ações.

"O primeiro ensaio não deu certo. Foi muito bagunçado — o fluxo não estava bom o suficiente", lembra Noam Tamir, um soldado da equipe. Cada detalhe da operação — cada ação e cada segundo — foi coreografado, analisado, reconsiderado, ajustado e otimizado.

O requisito da surpresa limitava certos aspectos da operação — mas também incitava a criatividade. Para estar de acordo com o cenário, a equipe levaria no avião um Mercedes-Benz preto com bandeiras da Uganda no capô e Land Rovers — os veículos favoritos dos generais ugandenses. Mandaram fazer uniformes do exército ugandense, para se parecerem com eles. Depois de considerar todas as possibilidades, a operação teve início.

Pouco antes da meia-noite de 3 de julho, as nuvens sobre o Lago Vitória se dissiparam, revelando a pista de pouso de Entebbe. O primeiro dos quatro aviões de transporte Hércules pousou silenciosamente. Uma unidade de ataque com 29 soldados desceu a rampa do avião em direção ao velho terminal, a 1600m, como no ensaio. Mas algumas coisas não poderiam ser previstas: um guarda na entrada levantou seu rifle. Ele acenava para o comboio passar ou ordenava que parassem? Diante da incerteza, os israelenses atiraram, rompendo o silêncio da noite. As lâmpadas do prédio começaram a acender. O grupo acelerou em direção ao terminal ainda mais rápido.

Quando o primeiro soldado chegou, uma chuva de balas estilhaçou a janela. Ele não foi atingido, e localizou o atirador e disparou uma série de tiros, acertando-o. Logo o tiroteio ecoava pelo terminal. Vários soldados israelenses atacaram para encontrar mais terroristas, como planejado. Shomron supervisionava tudo dos aviões via rádio.

A Operação Thunderbolt durou apenas 90 minutos: 10 para eliminar os terroristas e o resto para levar os reféns aos aviões, contá-los — recontá-los quando os números não batessem — e partir. Quando chegaram a Israel, na manhã seguinte, 102 reféns haviam sido resgatados, 3, mortos no conflito, 5 soldados estavam feridos e um havia morrido, o comandante Jonathan "Yoni" Netanyahu (cujo irmão mais novo, Benjamin, mais tarde se tornaria primeiro-ministro).

Hoje, ao recordar, Tamir credita o sucesso aos planejadores. "Eles foram os heróis", disse. "Estávamos em solo; somos treinados para esse tipo de coisa." Mas Shomron e os planejadores foram as pessoas que ajustaram todos os elementos da missão para garantir que ela desse certo — não um processo de execução, mas um ato de criação.

"É como xadrez", disse Tamir. "É a diferença entre apenas mover as peças e planejar os movimentos."

Mas os mestres de xadrez não apenas imaginam suas ações. Eles aplicam limites para restringir o número de movimentos. De maneira semelhante, para os planejadores do ataque surpresa de Entebbe, não importava só a vasta gama de ideias, mas a maneira como as limitaram ao identificar os requisitos mais essenciais. A solução não foi apenas o pensamento contrafactual aplicado, mas também a maneira como restringiram e relaxaram uma mescla de limites.

Limitando o Ilimitado

Os limites são o terceiro ingrediente, depois da causalidade e dos contrafactuais, para o framer funcionar. Sem limites, podemos imaginar uma enorme variedade de realidades alternativas que estão tão dissociadas do modelo mental causal que falham ao influenciar as nossas ações. Precisamos dos limites certos para a nossa imaginação despertar as escolhas que temos.

Limites são regras e restrições que moldam o pensamento contrafactual. Podemos brincar com eles — relaxando-os ou restringindo-os, adicionando novos ou removendo os antigos. Com limites, o framer vai do alcance da cognição para as bases das ações *que importam*. Isto é percebido no modo como os militares israelenses se esforçaram para construir um modelo do velho terminal de Entebbe para os soldados treinarem. Ou os esforços de Ben Bernanke, do Federal Reserve dos EUA, em setembro de 2008. Ao relaxar o limite ideológico de que o governo não se envolve nos mercados, isso lhe permitiu evocar o contrafactual do helicóptero de dinheiro e o colocá-lo em ação. Limites não apenas nos ajudam a explicar o que está acontecendo, também nos aponta para a direção certa.

Pessoas excepcionais em enquadrar entendem que suas imaginações precisam de limites — controles cognitivos, restrições mentais — não para interditar suas visões, mas para guiá-las. Os limites podem libertar a criatividade em vez de restringi-la, oferecendo uma zona permissível para assumir riscos mentais.

Alguns pioneiros acolhem ativamente os limites para ajudar a moldar sua criatividade. Foi isso que Theodor Seuss Geisel (conhecido como Dr. Seuss), um dos escritores infantis mais populares, fez quando ele escreveu a sua magistral e surreal história rimada *Green Eggs and Ham* [*Ovos Verdes e Presunto*, em tradução livre] em 1960. O amigo e editor de Seuss, Bennett Cerf, apostou US$50 que o escritor não conseguiria escrever um livro com apenas cinquenta palavras diferentes de uma sílaba cada. Em livros que ajudam as crianças a aprender a ler, é ponto de venda ter um vocabulário limitado — mas esse limite artificial era extremo. Mesmo assim, com seu orgulho em jogo, Seuss não resistiu em provar que era possível. (Ele ganhou a aposta usando quarenta e nove palavras de uma sílaba e uma quinquagésima: *anywhere [em qualquer lugar].*) *Green Eggs and Ham* tornou-se um dos livros infantis mais vendidos de todos os tempos.

A coreógrafa norte-americana Martha Graham desenvolveu a dança moderna ao retirar alguns limites e impor outros, embora de modo que não pareça óbvio para o público hipnotizado por seus trabalhos. Quando começou a coreografar, na década de 1920, as danças femininas consistiam, principalmente, em clássicos como o balé. As mulheres usavam espartilhos que restringiam seus movimentos e sua respiração. Ao remover essa peça apertada dos troncos de suas dançarinas, Graham liberou a habilidade delas de se movimentarem e permitiu que tivessem mais vigor e estilo. A liberdade também tinha um valor simbólico — um sopro de ar fresco nas restrições sociais sufocantes impostas às mulheres naquela época.

No entanto, para prevenir um vale-tudo, teve que reintroduzir um novo conjunto de limites. A técnica Graham é o fundamento da dança moderna. Ela se baseia em um ciclo respiratório de "oposição" entre contração e liberação. Também impôs outros tipos de limites, de maneira mais literal em sua obra mais famosa, *Lamentation*, em 1930, na qual a dançarina está contida em um rolo de tecido. E a técnica de Graham impôs limites de formas que outras companhias de dança não poderiam prever: tornou-se uma marca registrada.

Assim como nos casos do Dr. Seuss e da Martha Graham, limites não precisam ser restritivos, mas servir como uma oportunidade. O arquiteto Frank Gehry acredita que o segredo de seu sucesso criativo está nas limitações com as quais tem que trabalhar. "Como um artista, eu tenho limites. A gravidade é um deles", acrescenta, rindo. "Mas, dentre todos esses limites, tenho 15% de liberdade para fazer a minha arte." Gehry disse que o seu trabalho mais difícil foi quando lhe pediram que construísse uma casa para um cliente rico *e não havia limites*. Ele se sentiu paralisado. Não ter limites era o vazio.

Nesse sentido, limites — ao restringir as telas vazias dos sonhos —, são mais libertadores do que limitadores. Mas os limites em si não são o mais importante. É o que fazemos com eles. Ao mudá-los, estamos moldando as realidades alternativas que criamos. O que importa é o *ato de limitar* a nossa imaginação. Afrouxar ou restringir os limites é como operar válvulas em uma máquina complexa: precisamos ajustar a combinação certa para produzir resultados importantes.

Pense em fotografia. Ao fazer uma foto, a maioria das pessoas deseja que fique nítida. Mas, na verdade, existem vários fatores que limitam que tipo de imagem será capturada, como foco, tempo de exposição, abertura do diafragma, sensibilidade do filme. As câmeras modernas podem ser alternadas para o modo automático, de forma que todos esses fatores sejam selecionados pela câmera. Porém, os profissionais preferem escolher quais fatores manter e quais ignorar — digamos, o que colocar em foco nítido e o que intencionalmente desfocar — para deliberadamente moldar o resultado final.

A mágica está em modificar os limites para produzir os contrafactuais adequados. Mas quais são os limites certos para flexibilizar? Afinal, nem todos importam. Martha Graham libertou os troncos de suas bailarinas, mas não removeu seus tutus. Da mesma forma, Dr. Seuss aceitou as limitações dos números de palavras, mas não tentou escreveu um livro sem usar a letra *e* (como o romancista francês Georges Perec fez na década de 1960). Quando focamos os limites errados, não capturamos o necessário. Mas focar todos também não ajuda. Ao selecionar poucos limites, perdemos o foco no que importa. Ao escolher muitos, podemos deixar passar algo importante.

Como primeiro passo, precisamos reconhecer que, para cada framer, alguns limites são brandos e outros, rígidos. Os brandos são maleáveis ou adaptáveis, podem ser ajustados ou distorcidos, mesmo que com esforço. Os mais rígidos são fixos, impermeáveis, invioláveis. Os limites rígidos capturam o princípio central de um modelo mental. Desprezá-los significa desistir do próprio modelo. Então, quando o framer é a contabilidade financeira, não aceitar o limite da aritmética básica — que dois mais dois são quatro — é jogar fora um limite rígido. Ao excluí-lo, descarta-se essencialmente o próprio framer. Da mesma forma, quando os teólogos cristãos usam contrafactuais para buscar interpretações alternativas da Bíblia, um limite rígido é sua crença em Deus. Descartar isso é abandonar o framer mental em que se encontram.

Conforme escolhemos os limites para idealizar os contrafactuais, precisamos garantir que seguimos os essenciais, os rígidos, então adicionamos outros, os brandos, e vemos aonde isso nos leva, conforme os repetimos. Escolher entre esses limites brandos é mais arte do que ciência. Mas três princípios guiam a seleção: mutabilidade, mudança mínima e consistência. Mutabilidade significa selecionar limites abertos à modificação. Mudança mínima, que os limites se ajustam, não de maneira radical. Consistência, que modificar um limite não pode contradizer outro. Vejamos cada um na prática.

O Princípio da Mutabilidade

Ao evocar uma realidade alternativa, as pessoas focam os aspectos que acreditam poder alterar. Se nos atrasarmos para um compromisso na cidade, podemos imaginar várias maneiras alternativas para chegar onde precisamos: pegamos o metrô e nos arriscamos a esperar na plataforma, mas depois chegamos rápido ao Centro? Ou entramos em um táxi imediatamente, mas corremos o risco de ficar presos no trânsito próximo ao nosso destino? Ou deixamos para lá os meios de transporte — não vamos entregar nosso destino a algo fora do nosso controle — e andamos rapidamente para o ponto de chegada?

Decidir envolve várias probabilidades e dilemas. Isso nos força a viajar mentalmente pelo tempo à medida que avaliamos as opções e escolhemos o que acreditamos ser o caminho mais rápido. No entanto, não contamos com o teletransporte e nem com todos os sinais de trânsito ficando verdes. Em vez disso, percebemos o mundo como é (embora tenhamos esperanças): o meio de transporte que é mutável.

Uma empresa que aplicou bem o princípio da mutabilidade foi a SpaceX, fundada pelo empreendedor Elon Musk. Foi pioneira no desenvolvimento de foguetes reutilizáveis. A ideia era um sonho de longa data dos engenheiros aeronáuticos, e um elemento básico da ficção científica. Mas, quando os cientistas da NASA contemplaram a reutilização, nas décadas de 1960 e 1970, imaginaram um foguete com asas que pousaria como um avião após retornar à Terra. O limite considerado por eles era de que a recuperação do foguete de retorno baseava-se na elevação aerodinâmica. Isso deu origem ao ônibus espacial semelhante ao avião (também criou a asa-delta, inventada por volta de 1960 por um engenheiro da NASA, Francis Rogallo, como forma de trazer cápsulas espaciais de volta à Terra).

Mas asas são pesadas e volumosas, e a quantidade de elevação aerodinâmica que elas geram é uma função de seu tamanho. Asas maiores significam mais elevação, porém também mais peso, volume e arrasto no lançamento. Considerando todos esses limites, o sistema final do ônibus espacial era um ajuste problemático. Isso incluía um tanque externo gigante que iria queimar a cada vez e um corpo principal que possuía péssimas capacidades de planar. Ao limitar a elevação aerodinâmica, a NASA podia apenas imaginar asas e paraquedas, com todas as desvantagens que envolviam essas opções.

Por outro lado, graças a avanços inovadores, especialmente em sensores e poder de computação, a SpaceX foi capaz de afrouxar os limites para a elevação aerodinâmica. Assim como a NASA, tinha o propósito de retardar a queda do foguete, mas agora poderia focar maneiras para reativar os motores para pousar na vertical. O pensamento era: vamos deixar de lado a elevação aerodinâmica e confiar no poder do foguete. Foi audacioso, porque exigiu reacender o motor, mantendo combustível suficiente para desacelerar a queda do foguete (mas não muito, já que o combustível é pesado), e ter um sistema de controle de estabilização do foguete para pousá-lo. Enquanto o ônibus espacial exigia uma estrutura física complexa, o primeiro estágio do Falcon da SpaceX tinha uma estrutura física bem simples, porém um sistema de controle muito mais complexo. Mas, devido aos avanços tecnológicos, só agora esse controle era possível.

A mágica está em entender quais limites são mutáveis. A SpaceX aceitou que um foguete caindo de volta à Terra precisava ser desacelerado, mas escolheu usar o motor interno do foguete, em vez de uma asa. Porque os engenheiros da SpaceX foram capazes de afrouxar um conjunto de limites agora mutáveis, foram capazes de ver novas possibilidades e desenvolver os foguetes reutilizáveis Falcon.

A mudança tecnológica, como a do sistema de controle de foguetes da SpaceX, transforma quais limites são mutáveis e quais não são (embora a própria tecnologia seja um resultado do framer). Quando estamos escolhendo quais limites modificar, o princípio da mutabilidade sugere que devemos escolher elementos que podemos influenciar. Não devemos afrouxar aqueles limites, que, apesar dos nossos sonhos, temos que seguir — como um orçamento, se você for um gerente, ou o tempo de cozimento, se for um chef — se quisermos um contrafactual eficaz. Devemos procurar alterar os limites que refletem o comportamento humano ou as escolhas humanas, pois é muito mais provável que isso propicie um sonho útil.

O princípio da mutabilidade não é perfeito. Podemos acreditar que certas coisas são mutáveis quando na verdade não são, e vice-versa. Mas usar a mutabilidade tem uma grande vantagem: nos ajuda a direcionar nosso raciocínio a coisas que podemos influenciar, mudar ou moldar. Nos ajuda a visualizar escolhas e agir com base nelas. No contexto de estar atrasado para um compromisso do outro lado da cidade, focamos nossa atenção em uma escolha entre metrô e táxi, em vez de uma levitação de ficção científica. No contexto da SpaceX, a empresa se concentrou em soluções alternativas de engenharia para desacelerar a queda. No ataque de Entebbe, o general de Brigada Shomron se preparou para lutar com tropas ugandenses, e não tentar mudar suas alianças no calor do momento.

Com frequência, consideramos as ações humanas como mutáveis, porque a nossa lente cognitiva causal nos capacita a acreditar na ação humana, vinculando essa ação a capacidade humana de controle. Por esse motivo, também acreditamos que o comportamento humano pode mudar e que podemos moldar o comportamento e as ações dos outros. Essa atenção às ações humanas não é uma desvantagem, mas um benefício do framer humano. Da mesma forma, focar os limites sobre os quais as pessoas têm algum controle (como sugere o princípio da mutabilidade) nos ajuda a identificar os limites mais úteis para alterar e interagir.

Em experimentos, pesquisadores identificaram uma interessante peculiaridade. Podemos acreditar que a ação humana é completamente mutável, mas em nossos contrafactuais, preferimos imaginar mudanças comportamentais que se enquadram em normas sociais amplamente aceitas. Enquanto esperamos na fila do táxi, atrasados para um compromisso, podemos pensar em pegar o celular e chamar um Uber. Mas pensamos com menos frequência em furar a fila.

Claro que as normas sociais são mutáveis, pelo menos a princípio, e elas evoluem com o tempo. Mas no nosso laboratório mental de limitar os contrafactuais, tendemos a ver as normas como fixas e imutáveis. Isso pode ser o resultado do fato de os seres humanos serem sociais: nós entendemos que, para nos encaixar, precisamos limitar nossa imaginação a um comportamento que não nos condene ao ostracismo. Portanto, continuamos na fila do táxi.

O Princípio da Mudança Mínima

Ao selecionar quais limites afrouxar ou restringir, devemos ter como meta efetuar o mínimo, e não o máximo, de modificações. Devemos aspirar a mudanças mínimas. Com realidades alternativas em nossas mentes, nossa imaginação precisa ficar mais perto, e não mais longe, da realidade que habitamos. Dessa forma, reduzimos o risco de simplesmente evocar possibilidades impraticáveis. A realidade precisa brilhar através do que imaginamos.

Esse princípio está de acordo com a ideia da navalha de Occam, uma regra básica na resolução de problemas, que recomenda a simplicidade. Ao escolher entre explicações ou soluções alternativas para um problema, fique com a menos complicada: provavelmente será mais precisa do que uma resposta intrincada ou elaborada com muitas partes. A ideia foi apresentada (de uma maneira um tanto quanto diferente) pelo frade inglês Guilherme de Ockham no século XIV. A "navalha" é para cortar o desnecessário e focar o essencial.

Para ver como o princípio da mudança mínima funciona, considere um escândalo na Europa na década de 1980, quando comerciantes de vinho foram acusados de colocarem "anticongelante" nas garrafas. Por décadas, os vinhedos ao longo do Rio Danúbio, na Baixa Áustria, produziram grandes volumes de vinho de qualidade relativamente baixa. De forma a parecer mais encorpado, e, assim, vender mais caro, alguns vendedores começaram a adicionar dietilenoglicol para adoçar os vinhos. (Embora seja tóxico em grandes quantidades, não é o principal elemento químico no anticongelante, sendo este o etilenoglicol — mas a mídia não resistiu ao termo dramático.)

Quando a prática foi descoberta, autoridades da Europa e dos Estados Unidos imediatamente baniram a venda de vinhos austríacos. A espantosa quantia de 36 milhões de garrafas foram despejadas, somente na Alemanha Ocidental. Um vinicultor de renome que estava envolvido no escândalo tirou a própria vida. A exportação de vinho austríaco despencou 90%. Até mesmo o seriado *Os Simpsons* produziu um episódio baseado no caso.

Dois meses depois das revelações, novas leis foram decretadas na Áustria. Elas impuseram controles rígidos, rótulos transparentes, e multas rigorosas. Cada garrafa precisava ser numerada. Diante dessa nova realidade, o comércio tradicional de grande volume e baixa qualidade não era mais viável economicamente. Alguns vinicultores não conseguiram reimaginar um caminho para sair da crise e desistiram. Mas outros, particularmente a geração mais jovem de vinicultores, identificaram uma saída.

A solução não foi desistir da produção de vinho e cultivar maçãs e damascos. Por sua vez, fizeram um pequeno, mas decisivo ajuste no seu modelo de negócios. Eles continuaram a cultivar uvas e fazer vinho, mas transformaram o produto para enfatizar a qualidade em vez da quantidade. Isso acarretou o rompimento de atividades tradicionais, como a utilização apenas das melhores uvas em vez de toda a safra, investindo pesado em marcas, e construindo centros de degustação de vinhos arquitetonicamente espetaculares ao longo dos campos para encorajar um novo negócio de enoturismo.

Foi uma transição penosa, mas bem-sucedida. Os volumes eram bem menores, mas, por causa da melhor qualidade, os preços também eram maiores. Duas décadas depois, os vinhos da região alcançaram as melhores notas do degustador internacional de vinhos Robert Parker. A mudança valeu a pena: em 2019, as exportações quase dobraram de volume em comparação com antes do escândalo, mas o valor disparou para seis vezes mais. Aplicar apenas uma mudança relativamente mínima — tornar o vinho um produto de luxo, em vez de mudar o produto cultivado — viabilizou o sucesso. Como Erich Polz, um dos vinicultores da nova geração admitiu: "Francamente, foi uma das melhores coisas que aconteceu ao vinho austríaco."

O princípio da mudança mínima nos impulsiona para uma direção em particular ao selecionar contrafactuais: tendemos a omitir em vez de adicionar. É mais fácil para nós imaginar um mundo sem algumas características da realidade do que apresentar outras que ainda não existem. Se você for solicitado a imaginar uma cor que nunca viu antes, provavelmente não conseguirá.

Combinar o princípio da mudança mínima com o da mutabilidade ajuda a explicar o porquê de as pessoas serem mais capazes de imaginar um contrafactual no qual uma atividade está ausente do que se ela ocorrer: um assassinato que *não* foi cometido, um motorista que *não* bateu o carro, um relacionamento que *não* acabou. Ruth Byrne da Trinity College em Dublin acredita que o "esforço cognitivo" é o responsável. Experimentos têm mostrado que omitir uma ação humana mutável de um contrafactual requer menos trabalho cognitivo do que adicionar uma ação dentre as inúmeras possibilidades. Como ela disse sucintamente: "Há mais coisas para se ter em mente quando alguém faz algo, do que quando não faz nada."

Quando aplicamos um framer, preferimos o que podemos processar de maneira eficiente ao que consome mais energia e tempo. Embora, às vezes, isso possa nos induzir ao erro, privilegiar a *inércia* humana tem a vantagem não apenas da baixa carga cognitiva para imaginar, mas também de algo que provavelmente é mais fácil de se alcançar. Costuma ser mais simples impedir as pessoas de agirem do que motivá-las a agir quando não se têm intenção de fazê-lo.

O Princípio da Consistência

O terceiro princípio para escolher limites é talvez o mais óbvio: consistência. Os limites não devem ser colocados em contradição direta uns com os outros. À medida que imaginamos realidades alternativas, um limite não pode ser opor ao outro. Caso contrário, os nossos contrafactuais estariam sempre em contradição. Desse modo, se o mundo contrafactual sem os seres humanos tem que obedecer às leis da física, ele também não pode ter um limite que dependa da intervenção divina. Isso violaria o princípio da consistência — como o desafortunado advogado de defesa que alega que o seu cliente não estava na cena do crime, mas o cometeu em legítima defesa.

Se mutabilidade e mudança mínima dizem respeito à maneira como alteramos e repetimos através dos limites individuais, a consistência considera as relações entre os dois. Isto é particularmente desafiador se existem muitos limites a serem considerados. Quanto maior for o número de limites, será mais difícil imaginar realidades alternativas consistentes.

Uma lição sobre o cuidado necessário acerca de limites consistentes vem a partir da forma que Steven Spielberg inventou o mundo imaginário no seu filme *Minority Report,* em 2002. O filme é baseado em uma história escrita por Philip K. Dick em 1956, que é tão curta que não há um cenário, nem descrição de tempo e lugar. Spielberg precisou de um. Então ele procurou um conhecido de infância, Peter Schwartz, um dos principais pensadores em tecnologia e previsão.

Schwartz gerenciou a famosa divisão de "planejamento de cenários" da Shell, na década de 1980, ajudando a companhia de petróleo a se preparar para tendências de longo prazo, como o aquecimento global. Sua equipe, de forma memorável, previu um colapso nos preços do petróleo e a queda da União Soviética, anos antes de acontecer. Governos em todo o mundo solicitaram seus serviços assim que se espalhou a notícia de que os líderes sul-africanos tinham usado planejamento de cenário para imaginar um futuro estável pós-apartheid, o que levou à desarticulação do sistema. Agora, Schwartz foi convidado a reunir as pessoas mais inteligentes em tecnologia para descrever o mundo em 2050 com o mesmo rigor intelectual. "Steven queria pessoas que pudessem prever além, 'Assim como em *Minority Report*'", relatou Schwartz.

A equipe de produção de Hollywood há tempos incluiu a função de "editor de continuidade", para garantir que cada aspecto do filme, desde as tomadas até as subtramas, estejam perfeitamente consistentes. Mas Spielberg levou isso a um outro nível. Em 1999, alguns especialistas se reuniram por três dias para uma "cúpula de ideias", em uma sala de conferências no elegante hotel Shutters, próximo à praia em Santa Mônica, Califórnia. O pioneiro da realidade virtual, Jaron Lanier, estava lá descrevendo um protótipo de uma luva para permitir gestos como uma interface para computadores — vista no começo do filme, quando Tom Cruise faz movimentos e gestos com suas mãos em uma tela virtual como um maestro. O escritor da obra *Geração X,* Douglas Coupland, estava lá anotando as ideias em um caderno para o diretor de produção usar, que, mais tarde, foi chamado de "a bíblia". Os roteiristas e designers estavam na sala escutando e ocasionalmente opinando.

"Steven determinaria vários requisitos que teríamos que inventar", explicou Schwartz. "Por exemplo, ele disse: 'Eu não quero nenhum tipo de engarrafamento no meu futuro — esse é um futuro em que já resolvemos o problema do transporte.' Então, tivemos que dar um jeito e dizer: 'Bem, não poderemos mais explorar espaços e direções horizontais, só nos resta olhar para cima.' E, se você assistiu ao filme, saberá que os prédios e os sistemas de trânsito estão integrados e que você sobe para o seu apartamento pelo lado de fora do prédio."

Tornar o veículo uma forma estendida do quarto do apartamento de Tom Cruise foi ideia do músico Peter Gabriel (ele não estava na reunião, mas Schwartz saiu com ele uns dias antes e falou sobre o projeto. Assim é a vida de um planejador de cenários).

No entanto, o que tornou o processo bem-sucedido não foram as imagens futurísticas que eles planejaram, mas os limites que impuseram. Por exemplo, os cenógrafos do estúdio fizeram desenhos elaborados de Washington, D.C., onde a história acontece, com prédios de sessenta andares de granito preto intimidador e monolítico. Os *geeks* foram à loucura.

"Limites de planejamento!", ridicularizou o reitor da escola de arquitetura do MIT.

"Por que isso importaria? É o futuro", os designers inocentemente questionaram.

"Os códigos da construção nunca mudam" e "As capitais nacionais são preservadas, não modernizadas", disparou o coro de nerds.

"Uma cidade tem 'profundidade de tempo'", explicou Schwartz, pacientemente. "Ela não surge de uma vez só — algumas partes vão ter cem anos e outras dois anos. Estruturas de épocas diferente coexistem."

Mesmo assim, alguns roteiristas se queixaram.

"Pode parecer menos dramático, porém é mais realista. Steven sempre opta pelo realismo", lembra Schwartz. Mas existem duas exceções notáveis.

A primeira foi o elegante carro aéreo de Tom Cruise.

Precisa de um painel, declarou Spielberg.

O grupo respondeu: O carro é ativado por voz e dirige sozinho. Mas Spielberg foi inflexível: o personagem precisa olhar para algum lugar, e a câmera precisa focar — estamos fazendo um filme.

A segunda exceção foi resolvida rapidamente, e era sobre os propulsores a jato.

"Eu disse: 'Steven, a física não lhe dará propulsores a jato.' E ele me respondeu: 'Meus policiais terão propulsores a jato'. E se você é Steven Spielberg, seus policiais terão propulsores a jato", Schwartz conta com um sorriso largo.

O trabalho de criação do cenário de *Minority Report* enfatiza os extremos a que o grupo chegou para garantir que aquele fosse um mundo alternativo consistente. Quando o filme estreou em 2002, causou um grande furor, em grande parte porque o cenário era futurista, porém familiar. Uma vez que os dispositivos, prédios, painel do carro e anúncios personalizados via escâner de retina foram imaginados, a bíblia de oitenta páginas foi regularmente consultada por escritores, editores e cenógrafos para manter a continuidade.

O mundo contrafactual funcionou, não apenas porque era limitado, mas porque essas limitações eram coerentes. Atualmente, o designer de produção de *Minority Report*, Alex McDowell, administra uma empresa em LA que aplica o processo que ele chama de "construção de mundo", para dar às empresas um vislumbre de futuros cenários plausíveis. Seus clientes incluem Nike, Ford, Boeing, dentre outros. A consistência está no coração dos limites.

Simplicidade e Simulações

Mutabilidade, mudança mínima e consistência são princípios a serem aplicados quando repetimos os limites que colocamos nos contrafactuais. É tentador pensar nisso como um gigantesco processo de tentativa e erro: relaxe um limite, idealize um contrafactual adequado e o avalie, então, relaxe um limite diferente, imagine um contrafactual diferente e o avalie. Dessa forma, várias realidades alternativas são criadas, o que leva a muitas outras opções — e, se possível, uma pode ser boa. No entanto, essa não é a questão.

Aplicar restrições *não* é sobre maximizar o número de contrafactuais que criamos. É sobre identificar rapidamente um número controlável das opções mais efetivas: o objetivo é reduzir o espaço de busca. O robô de Dennett no Capítulo 2 não conseguiu fazer isso, com consequências explosivas.

No cerne de qualquer framer, há um dilema. Quanto menos limites, mais contrafactuais um framer gera. Isso dá aos tomadores de decisão mais opções, porém significa que muitas decisões impraticáveis precisarão ser eliminadas. Quanto mais limites, menos opções um framer gera. Isso ajuda os tomadores de decisão a focar, mas corre-se o risco de perder escolhas melhores.

Descobrir quais limites ajustar significa escolher certos aspectos de nossos mundos alternativos imaginados, enquanto descartamos outros. É uma espécie de atalho, porém útil e eficaz. Os limites são os filtros das nossas escolhas. Nós os utilizamos porque o nosso cérebro, que é extremamente capaz em muitas coisas, não pode, de maneira eficaz, avaliar todas as opções que idealizamos. É algo que consome muito tempo e é cansativo.

Os limites são os "códigos de construção", por assim dizer, pois moldam eficazmente os contrafactuais. Às vezes, a construção não está apenas em nossas mentes, mas em um espaço físico. Para apoiar os nossos modelos mentais, construímos modelos reais. Assim como aconteceu com o modelo de treinamento do aeroporto de Entebbe, as limitações físicas do modelo simulam os limites cognitivos que precisamos seguir. Pense, por exemplo, em modelos arquitetônicos e parques infantis de trânsito ou em paredes de escalada. Eles "materializam" os limites que são deliberadamente escolhidos para colocar os usuários em uma realidade alternativa particular.

O benefício dos modelos é que eles nos deixam mental e fisicamente praticar, preparar e investigar as possibilidades com poucas consequências. Assim como as crianças costumam fazer de conta para descobrir a causalidade e ganhar experiência no raciocínio contrafactual, os modelos e simulações capacitam os adultos a aprimorarem seus pensamentos para tarefas específicas. Externalizamos elementos do modelo mental quando eles se tornam muito complexos ou quanto queremos ter certeza de que vamos segui-lo.

Quando um limite é mental, podemos rompê-lo (embora não seja fácil). Mas, em um simulador, os limites estão integrados e são menos flexíveis. Os simuladores de voo são o exemplo perfeito. Eles variam entre as versões lúdicas em computadores e celulares até as máquinas sofisticadas para treinamento profissional. Todos incorporam as leis da aerodinâmica e os controles de voo funcionam como os de um avião real. Em vez de recriar qualquer ação, os simuladores são realistas justamente porque eles possuem limites. E isso centra a nossa atenção em um número limitado de estímulos e potenciais reações. Ajuda a ensinar habilidades de voo e a melhorar as decisões dos pilotos, ao focar a mente no que parecer mais importante.

A ênfase está em "o que *parece* mais importante". Tal foco também possui desvantagens. O simulador de voo é uma representação, não a realidade, assim como um mapa não é um território. Ele foca certos aspectos de voo, e ao fazer isso, ignora outros. Por exemplo, simuladores de voo rudimentares não incluem outras aeronaves, então fracassam ao preparar os pilotos para voar nos céus movimentados da cidade de Nova York. Para tal, são necessários sistemas mais sofisticados que incluam os limites do tráfego aéreo. Ainda mais restritivos do que os simuladores de voo são os modelos materiais. Eles são menos modificáveis do que aqueles desenvolvidos em software, mas por serem físicos, enfatizam os limites invioláveis e rígidos. Como todos os modelos, o propósito é facilitar para que as nossas mentes foquem apenas o essencial. O valor de um modelo está tanto nas informações que são ignoradas, quanto nas que são incluídas.

Um exemplo é um fragmento memorável da história que é pouco conhecido. Em 1952, um reator nuclear em Ontário, Canadá, teve uma sobrecarga de energia, as barras de combustível superaqueceram e derreteram parcialmente. O reator estava a apenas algumas horas de carro da fronteira com o estado de Nova York, e era usado para enriquecer plutônio para as armas norte-americanas. Então, uma equipe do programa de submarinos nucleares da Marinha dos Estados Unidos foi chamada para resolver o problema rapidamente e sem alardes — conduzida pelo tenente, de 28 anos, chamado Jimmy Carter, que mais tarde tornou-se o trigésimo nono presidente dos EUA.

Eles precisavam ir a fundo no reator para estabilizá-lo. Mas a radiação era tão intensa que a equipe apenas conseguia passar noventa segundos de cada vez no núcleo. Então, eles começaram construindo um modelo físico do reator em uma quadra de tênis próxima, usando-o para treinamento. "Quando chegou a nossa hora de entrar em ação, uma equipe de três membros praticou várias vezes na maquete, para ter certeza de que tínhamos as ferramentas corretas e sabíamos exatamente como usá-las", escreveu Carter sobre a missão.

"Finalmente equipados com roupas brancas de proteção, descemos até o reator e trabalhamos freneticamente com o nosso tempo disponível", explicou ele. "Cada vez que os homens removiam um parafuso ou uma conexão do núcleo, a peça equivalente era removida da maquete." O modelo físico não era uma réplica exata — tudo do que precisavam eram das características essenciais, assim poderiam praticar e construir uma representação mental do que fazer.

Similarmente, mas com um tratamento muito mais delicado, a área de saúde está adotando modelos. No Programa Simulador Pediátrico do Boston Children's Hospital e na Escola de Medicina de Harvard, o Dr. Peter Weinstock quer trazer o conceito de simulação para a cirurgia, particularmente para operações raras ou complicadas. Então, Weinstock e sua equipe de médicos, enfermeiras, projetistas de computador, e até de artistas de efeitos especiais de Hollywood produziram manequins bioanatomicamente precisos.

Isso permite que os cirurgiões consigam praticar operações em condições realistas, quantas vezes for preciso, antes de realizarem cirurgias com pacientes reais, em que há apenas uma chance de acertar. "Operar duas vezes, cortar apenas uma", é o lema não oficial do programa de Weinstock. O que torna o modelo e o simulador de cirurgia úteis são os limites. Eles não recriam o corpo inteiro ou todas as condições e reações biológicas ou fisiológicas — apenas aquelas que são essenciais para a equipe de cirurgia ter em mente antes de executarem a cirurgia real. A genialidade do sistema é tanto o que ele deixa de fora, quanto o que ele mantém. Sua força está no foco.

Empoderar, Não Aprisionar

Com limites adequados, as pessoas podem identificar opções viáveis para as decisões. Isso nos ajuda como indivíduos, mas também possui um benefício social mais amplo. Conforme nos tornamos mais eficazes em moldar nossas escolhas, alcançamos nossos objetivos e temos um impacto no mundo, mudando a realidade para outras pessoas. Thomas Edison, por exemplo, não encontrou um bom filamento para a lâmpada, apenas em benefício próprio: todos nós fomos beneficiados quando ele obteve sucesso. Quanto mais as pessoas impõem limites sábios para melhorar seus framers, melhor o mundo se torna para todos.

Nossos framers nos dão a capacidade de entender (graças ao raciocínio causal) e agir (através dos contrafactuais), mas também garantem que essas ações na verdade importem (graças aos limites). Ao sonhar com limites, garantimos que temos uma tendência para o impacto e uma tendência para eficácia. O que realizamos em nossas vidas deixam pegadas para que outros possam seguir — framers que outros podem adotar, adaptar e aplicar.

Isso não se aplica a decisões tomadas por máquinas. Temos visto que os computadores não podem considerar a causalidade e conceber os contrafactuais. Eles também não podem evocar limites. Os algoritmos sozinhos são incapazes de impor limites e restrições. Isso na verdade é uma surpresa. Afinal de contas, com a enorme quantidade de recursos de computação disponíveis, as máquinas podem avaliar um espaço de decisão muito maior, com mais eficiência e rapidez do que as pessoas no tempo disponível.

Mas o problema não é a falta de poder de processamento, ou a habilidade da IA de mecanicamente criar opções. É que um número bem maior de opções ainda exigirá condições limitadoras, escolhas que a máquina não deveria avaliar em benefício do tempo. Sem os limitadores, as máquinas enfrentam um espaço de decisão ilimitado e não conseguem oferecer as melhores soluções a tempo. O fato de que o framer humano pode lidar com esses desafios enfatiza o predomínio das pessoas na era das máquinas.

Vejamos a música. Pesquisadores vêm tentando há décadas fazer com que os computadores componham músicas, e as músicas geradas pela IA têm se tornado tão melhores nos últimos anos que muitas vezes é indistinguível das melodias humanas. Porém, uma inspeção mais minuciosa revela que esses sistemas são dependentes dos framers humanos e dos limites que eles impõem. Por exemplo, o Coconet, um popular gerador de músicas da IA, desenvolvido por Cheng-Zhi Anna Huang e outros pesquisadores do Google, foi treinado por um conjunto de dados de 306 harmonias de coral de quatro vozes de Johann Sebastian Bach.

A Coconet produz música bonita para os ouvidos. Mas não agradeça a IA, agradeça a Bach. A estrutura concisa de suas linhas melódicas e harmonias ricas eram dados de treinamentos ideais. O sistema funciona ao remover aleatoriamente notas para que o modelo possa prever quais tons encaixam melhor. O resultado produz melodias harmônicas, completas, com transições suaves a partir de poucas notas. No entanto, o sistema de IA funciona apenas porque contém limites na escolha das 306 partituras. E os próprios dados são as músicas de Bach do século 1700, que é uma expressão de seus modelos mentais que incorporam seus limites "suaves" deliberados.

Os computadores calculam, mas as mentes imaginam. As pessoas podem fazer suas divagações mentais atingirem a realidade e visualizar novas realidades, na medida em que adaptam seus limites. Ao fazer isso, podemos melhorar o mundo — não aceitando o que ele é, mas criando o que pode ser.

Causalidade, Contrafactuais e Limites

Frequentemente, é quando os contrafactuais encontram os limites que os framers são aprimorados. Nossas realidades alternativas apenas se tornam relevantes conforme restringimos ou afrouxamos as limitações que pensamos ser mais relevantes para uma situação. Isso gera as novas opções que mais importam.

Veja o exemplo da Flipkart, uma startup de internet indiana, a maior concorrente da Amazon no país. Ela captou quase 40% do mercado de *e-commerce*, um feito tão impressionante que o Walmart comprou uma participação majoritária em 2018. A realização da Flipkart não foi um framer novo e radical para vender produtos online, mas o relaxamento de um limite no framer padrão do *e-commerce*: os clientes podem pagar em dinheiro na entrega, perfeito para um país em que poucas pessoas possuem cartão.

Will.i.am, o líder da banda Black Eyed Peas, apresentou um novo contrafactual ao criativamente ajustar os limites. A prática padrão na edição musical é pagar ao artista um pequeno adiantamento e assegurar a maior parte dos direitos autorais. A ideia é que os músicos estão financeiramente desesperados, enquanto o editor está correndo risco e pode nunca mais recuperar o investimento.

"Eu vi quanto dinheiro ganhei vendendo discos e quanto ganhei ao ter a sorte de fazer uma música para Dr. Pepper", a marca de refrigerantes. "Tirei minha mãe do gueto com trinta segundos de música", disse ele. "Enquanto isso, com os dois álbuns que fiz, que continham duas horas de músicas eu consegui 20 mil dólares na minha conta. Foi quando eu percebi que existia um mundo diferente."

Will.i.am descobriu que podia mudar os limites dos modelos de negócios: ao vender às empresas os direitos para usar suas próximas músicas em seu marketing, mantendo os outros direitos da música, que ele poderia monetizar. Com o dinheiro em mãos *antes* de entrar nos estúdios de gravação, ele poderia usá-lo para fazer as melhores músicas possíveis, assim elas teriam uma chance de se tornarem sucessos, ele explicou dando um grande sorriso. Foi uma forma inédita de reimaginar os negócios de produção musical, mas ele teve êxito.

Quer se trate de sites de *e-commerce* indianos ou monetização de músicas como "Don't Phunk with My Heart", os casos mostram a versatilidade da combinação dos contrafactuais com os limites. Para cada framer, novas opções poderosas e inovadoras podem surgir, à medida que moldamos e mudamos os limites.

Podemos melhorar como aplicamos os limites. O primeiro passo é estar ciente de que todos os modelos mentais precisam deles, e que eles não são binários e sim gradações. Mutabilidade, mudança mínima e consistência nos permitem traçar os limites de nossas reflexões e hipóteses. Para melhorar as simulações que nós visualizamos, também podemos externalizar os limites, seja na forma de modelos físicos ou de softwares digitais. Arquitetos, cirurgiões e soldados fazem isso. E por que não mais estudantes, empresários e políticos?

Nossos framers afetam como vivemos nossas vidas. Com a causalidade, conseguimos a compreensão, com os contrafactuais, conseguimos a capacidade de agir e, com os limites, os nossos framers se tornam acionáveis. Mas e se os nossos framers não forem suficientes? Às vezes, é necessário reenquadrar.

6

reframer

ocasionalmente precisamos trocar framers ou inventar novos

Peter Habeler estava ofegante. Minutos antes, rastejava. Agora, em uma área menos íngreme, estava de pé, dando passos cuidadosos. O vento soprava forte e afastava as nuvens, criando pequenos trechos de visibilidade. Um pouco à frente, estava Reinhold Messner, e, à direita, um tripé de alumínio que marcava o cume. Eram cerca de 13h de 8 de maio de 1978, os dois homens chegavam ao topo do Everest, a montanha mais alta do mundo. E sem oxigênio suplementar.

Foi um momento grandioso — redefiniu o alto desempenho humano. Em 1953, Sir Edmund Hillary e Tenzing Norgay alcançaram o cume do Everest pela primeira vez. Nos 25 anos seguintes, poucos alpinistas o escalaram até o cume, e todos com ajuda de cilindros de oxigênio e usando a escalada em "estilo de expedição". O consenso médico era o de que as pessoas corriam o risco de morrer, ou pelo menos sofrer graves danos cerebrais, em alturas superiores a 8.230m acima do nível do mar, sem oxigênio regular. O ar era muito rarefeito para manter a vida humana. O cume do Everest ultrapassa 8.840m.

A única maneira de escalá-lo, pensavam, era levar cilindros de oxigênio e fixar acampamentos base ao longo do caminho. Isso significava uma grande operação logística, um tipo de pirâmide humana com vários participantes, para levar uma equipe pequena de escaladores até o cume. A expedição de Hillary em 1953 consistia em cerca de quatrocentos homens, principalmente carregadores.

Habeler e Messner tinham uma ideia diferente. Os dois cresceram nos Alpes orientais: Messner, um italiano de Tirol do Sul, e Habeler, da Áustria. De adolescentes até os 20 e poucos anos, foram pioneiros em uma nova forma de escalada, o "Estilo Alpino", em que a velocidade é o segredo. Se você vai rápido, pode ir mais leve. Tendas, sacos de dormir, comida, roupas extras e outras provisões são desnecessárias. Eles tinham mostrado a superioridade dessa abordagem quatro anos antes, quando subiram rapidamente a infame face norte do Eiger, uma parede de rocha com quase 1.800m. Enquanto até mesmo os melhores e mais experientes alpinistas levavam três dias ou mais para alcançar o topo (se conseguissem chegar lá), Habeler e Messner conseguiram em dez horas, ultrapassando três grupos de alpinistas. Era um novo recorde. Porém, o mais importante, isso demonstrou a validade do framer do Estilo Alpino.

Agora, como alpinistas experientes em seus 30 e poucos anos, Habeler e Messner miraram o pico mais alto do mundo, o Everest. Conforme mais alpinistas alcançavam mais picos, médicos perceberam que os seres humanos podem sobreviver em altitudes elevadas por curtos períodos. O desafio não era a altitude em si, mas a exposição. Habeler e Messner viram nisso uma oportunidade. Se as expedições convencionais eram limitadas pela necessidade de oxigênio e provisões, o alternativo Estilo Alpino significava que eles poderiam dispensar todas as coisas pesadas e subir rapidamente o Everest.

"Nós sabíamos que tínhamos que ser rápidos, e queríamos tentar", disse Habeler. Na primavera de 1978, eles tiveram a sua chance.

Um dia antes da escalada final, Habeler e Messner tinham alcançado o Acampamento 4, congelando, a 7.925km. Bem cedo, na manhã seguinte, voltaram a escalar. Logo sentiram a privação de oxigênio. Suas mentes estavam fracas. Cada passo era dolorido. A neve era funda. Caminharam por uma neblina densa, e, quando alcançaram a linha da nuvem, o vento soprava forte. Uma tempestade se aproximava. Mas continuaram rastejando e ofegantes, até não haver mais nenhum lugar para ir. Eles estavam no topo do mundo.

Abraçando-se e chorando em delírio e alegria, sorveram o momento e fizeram fotos. Aplicaram o framer Alpino de novo e voltaram ao Acampamento 4. Foram mais de nove horas para atingir o cume e retornar. Mesmo com oxigênio, seria uma façanha.

O mundo do alpinismo estava chocado. Sem dúvidas, a dupla se beneficiou dos frutos do progresso técnico desde a expedição ao topo do Everest na década de 1950: as cordas eram mais leves, o material mais compacto, as roupas mais quentes. A vantagem mais importante de equipamento eram as botas. As convencionais feitas de couro absorvem umidade, congelam e, então, ficam rígidas, frias e pesadas. Assim, Habeler e Messner tinham botas feitas sob medida, de plástico moldado, que não eram apenas mais quentes e leves, mas também ofereciam um controle melhor.

Atualmente na casa dos 70 anos, vivendo em um vale dos Alpes austríacos, Habeler recorda a conquista e acredita que a diferença crucial não foi o equipamento ou a preparação psicológica, embora isso tenha ajudado. Em vez disso, foi a mudança da mentalidade.

"Era 'o novo' — não necessariamente o sucesso — que estávamos procurando", disse ele em uma entrevista na sua casa, colocando bastante ênfase, na palavra em alemão *das Neue* (o novo).

Grupos anteriores aceitavam o framer de expedição como o único válido. E, uma vez que adotamos um framer, é difícil abandoná-lo. As equipes de alpinistas nunca desafiaram o estilo de expedição, só o otimizaram, perpetuando-o e consolidando-o.

Mas Messner e Habeler chegaram ao Everest com um framer distinto em mente. Para eles, o Everest era igual aos Alpes orientais, só mais alto. Ao alcançar o cume com o Estilo Alpino, afirmaram um novo framer de alpinismo, e provaram que era viável, mesmo no ar rarefeito. Mostraram que escalar os maiores picos, em vez de uma façanha logística, poderia ser um esporte e uma realização pessoal. Entre os melhores alpinistas, o framer do estilo de expedição saía de moda. Escaladas em altitudes elevadas não eram mais um passatempo para aventureiros, depois que as pessoas viram o que era possível e adotaram o novo framer.

Admirável Framer Novo

Às vezes, o modelo mental que usamos não é o correto. Quando nos prendemos a um framer, podemos perder opções melhores, pois o framer que estamos usando não consegue captar o que importa. Nesses casos, precisamos reenquadrar o nosso pensamento para avançar. Ou seja, precisamos trocar os framers que temos e adotar outros. Isso não acontece com frequência. Mas onde e quando o reframer é bem-sucedido, ele oferece uma nova compreensão e um novo conjunto de opções.

Reenquadrar é especial porque normalmente ficamos dentro de um framer.

Isso atende às nossas necessidades: ao interagir com os limites em um framer causal, podemos imaginar contrafactuais valiosos e resolver desafios. Além disso, aprimora a eficiência mental, pois não precisamos reinventar a roda, mas podemos confiar em um modelo anterior. Aderir a um modelo mental bem aperfeiçoado é a estratégia padrão para o sucesso, não a consequência da inércia cognitiva. Não é um defeito, mas um recurso da cognição humana.

Reenquadrar parece similar a modificar limites. Mas não é isso. Dentro de um determinado framer, os limites podem parecer imutáveis, ao excluir opções mais radicais. Permanecer dentro de um framer traz consigo uma bagagem mental. Em contraposição, trocar para um alternativo dá a oportunidade de começar de novo. Isso é arriscado, mas é algo poderoso quando funciona.

O reframer de Habeler e Messner parece uma mera reformulação dos limites, mas é mais que isso. Eles obtiveram sucesso porque foram capazes de trazer um novo framer para o desafio. Caso ficassem presos ao framer daquelas expedições pesadas, nunca imaginariam escalar o Everest sem oxigênio suplementar. Somente quando resistimos a um framer, temos a liberdade mental para descobrir novos — e gerar novos limites. (Voltamos à interação entre reenquadrar e limites no final do capítulo.)

Celebramos com frequência os reframers bem-sucedidos porque o que eles alcançam é muito incomum. Embora seja difícil de fazer, todos nós temos a capacidade de reenquadrar. É um processo deliberado, assim como trabalhar dentro de um framer. Mas, diferentemente de enquadrar, não melhoramos nossas habilidades de reenquadrar fazendo-o com frequência. Especialmente quando comparado com o raciocínio dentro de um framer, trocar os framers é mais sobre uma percepção sagaz do que um processo metódico. Ainda assim, existem vários elementos para nos ajudar a reenquadrar com sucesso.

Repertório, Reaproveitamento, Reinvenção

Há três maneiras gerais de reenquadrar. Podemos escolher framers diferentes dos que já temos ou aplicar um em outro contexto. Se não funcionar, precisamos inventar um novo. Essas três formas de reenquadrar — pense nelas como "repertório", "reaproveitamento" e "reinvenção" — correspondem basicamente à ordem de frequência em que acontecem. Ocasionalmente, nós escolhemos um novo framer entre os muitos que temos. Raramente escolhemos um de outro domínio e o aplicamos. E é um momento verdadeiramente extraordinário quando um novo framer é estabelecido.

Essas distinções são imprecisas. Às vezes, acreditamos que inventamos um framer, quando estava em nossa mente. Ou temos a sensação de reaproveitar um, quando já o usamos, então está em nosso repertório. A questão não é delinear as estratégias perfeitas, mas reconhecer que há várias maneiras de reenquadrar — e, se tivermos dificuldades em usar uma estratégia, podemos tentar outra.

Repertório, a solução mais fácil, é examinar mentalmente o nosso estoque individual de framers e verificar se temos algum que se encaixe. Pense nisso como alternar entre os diferentes mapas utilizados para se deslocar do Capítulo 2, quer estejamos no metrô ou evitando o trânsito na Broadway. Ou pense em Ben Bernanke, que aplicou o modelo mental da Grande Depressão de seu arsenal de modelos, em uma época que as pessoas achavam que o que acontecia em Wall Street não importava para a população em geral.

Ao utilizar nosso repertório de framers, conhecer a qualidade de cada framer que possuímos é crucial para identificar um que se encaixe bem. Mas é igualmente importante ter uma ampla seleção de framers à nossa disposição.

Assim como um bufê abundante, uma livraria bem sortida ou uma ampla coleção de música, quanto mais variado for o catálogo mental, melhores as chances de trocar para um framer melhor. Charlie Munger, o sócio do famoso investidor Warren Buffett, refere-se à necessidade de carregar uma "treliça de modelos" dentro de sua mente exatamente por esse motivo. Analisar primeiro o estoque interno é uma estratégia inteligente, pois requer menos energia cognitiva para encontrar o framer certo quando for preciso.

Agora, considere a segunda forma de reenquadrar: reaproveitar ou readaptar de outro domínio. Fazemos isso quando precisamos reenquadrar, mas não temos alternativas, então buscamos em outros domínios e as ajustamos às nossas circunstâncias. Não será um modelo pronto, e, portanto, pode exigir um trabalho cognitivo substancial para moldá-lo apropriadamente, mas ter algo para interagir pode ser um ponto de partida. Este tipo de reframer está nas origens da gigantesca empresa de mobiliário IKEA.

Quando Ingvar Kamprad começou a vender mobiliários domésticos na década de 1950, na Suécia, os móveis eram comprados para "durar por séculos", um investimento substancial a ser passado para a próxima geração. Mas Kamprad percebeu algo diferente no consumismo pós-guerra, no qual a mobília poderia ser feita de maneira barata e tratada como roupas, usadas por um tempo limitado. Como os produtos da IKEA eram baratos, as pessoas poderiam substituí-los em vez de ficar com eles, porque já pertenceram aos avós. Hoje, os clientes de todo o mundo podem redecorar suas casas por uma quantia modesta com os móveis da IKEA, desde que estejam preparados para montá-los sozinhos (e possuam a destreza de Da Vinci).

A chave para o sucesso inicial da IKEA foi o uso de um framer alternativo do que os móveis representam e para que servem: não são atemporais, mas pontuais. No entanto, esse framer não era novo. Ele já estava no ar. Outros setores passavam pela transição do duradouro para o descartável. Felizmente para o fundador da IKEA, o setor de móveis ainda não havia iniciado, então seu framer de reaproveitamento deu à IKEA uma vantagem.

Outro exemplo de reframer de reaproveitamento foi proposto no campo da economia. Os modelos clássicos de oferta e procura e elasticidade dos preços apoiam-se no conceito de equilíbrio. Os fundamentos da economia foram desenvolvidos por filósofos no final do século XVIII e começo do século XIX, antes que houvesse termos como *cientista* ou *economista*. Suas teorias sobre como a oferta se expandia ou como as relações de troca eram contadas não surgiram de um sonho, mas foram baseadas nos dados que eles estavam coletando. Mas, como sabemos, os dados em si nunca existiram. Eles só podem existir em um modelo — um modelo mental.

O framer que a economia adotou sem muita introspecção vinha da física clássica (seguindo Newton e os fisiocratas que examinamos no Capítulo 3). Os termos *equilíbrio dinâmico* e *liquidez* são emprestados da física e aplicados para descrever o fenômeno de oferta e procura, o fluxo de capital, e como os preços mudam e se estabilizam com o tempo. Mas talvez esse não seja o modelo correto, principalmente para a economia moderna, que se tornou muito mais complexa do que quando o framer da física foi adotado.

O economista Andrew Lo, do MIT, acredita que é hora de transformar a economia, do seu framer físico e ênfase no equilíbrio, para o biológico, com foco em evolução e crescimento. Soa sensato. A economia se assemelha a um organismo adaptativo e complexo, que reage às mudanças, não a uma placa com propriedades previsíveis de densidade ou difusão de calor. E, ao mudar o framer, uma série de possibilidades se abrem. A regulação das finanças, empresas e mercados muda se estivermos lidando com uma entidade que se desenvolve, e não com uma que tem um conjunto de características que estamos constantemente tentando definir.

Mudar para um framer fora de nosso repertório — já usado com sucesso em outro lugar — equivale a ver as coisas de cima. É mais difícil do que usar um framer que já conhecemos, porém mais fácil do que ter que reinventar um do zero. Requer habilidades e capacidades, principalmente ter a mente aberta e ser curioso sobre as pessoas, lugares e experiências muito além das nossas.

Readaptar também é eficiente. É preferível possuir esses modelos e estar familiarizado com seus benefícios e deficiências, e como e quando se aplicam. Mas não é possível armazenar framers para cada evento. Então, reaproveitar é a segunda melhor coisa.

Quer escolhamos um framer de nosso repertório ou reaproveitemos um de um campo distante, trocamos por um novo, que, de alguma forma, já existe. Mas nem sempre funciona. Uma situação nova pedirá um modo único de ser vista e entendida. Se o reframer por meio de nosso repertório ou do reaproveitamento falhar, precisamos criar um novo, uma reinvenção. Isto é exemplificado por Charles Darwin. Ele é popularmente associado com a ideia de sobrevivência do mais apto. Mas o framer que ele inventou é mais fundamental: todas as espécies de vida descendem ao longo do tempo de ancestrais em comum. Esse conceito básico — um diagrama da árvore da vida — transformou a forma como os seres humanos entenderam a origem da vida na Terra e como as espécies evoluíram. Desta forma, o reframer não consistiu em aplicar um novo framer de repertório ou encontrar e adaptar um framer de outro contexto para um novo problema. Em vez disso, pode ser visto como invenção de um framer totalmente novo. Reenquadrar por meio da reinvenção é o tipo de coisa que celebramos e lembramos na história.

Muitas reinvenções foram marcos históricos. A teoria da relatividade de Einstein, em 1905, foi um novo framer para a física, complementando a de Newton. Uma vez articulada, os físicos viram que explicava melhor o mundo e que poderiam se basear nela.

A ideia de Rousseau de "contrato social" (o título de seu livro de 1762) foi um framer que explicou como o público e aqueles no poder podiam obter mutuamente sua posição: adquirindo certos direitos ao desistir de outros. O Protocolo da Internet reenquadrou as comunicações do tráfego de voz comutado por circuitos, para tráfego de dados comutados por pacotes. O movimento do software de código aberto reenquadrou como o código é desenvolvido e monetizado.

Em todos esses casos, a inovação foi intangível e intelectual, antes de ser representada em equações, leis, roteadores ou softwares. O modelo mental teve que mudar. E ir além do que conhecemos.

Mestres do Novo Framer

Independentemente da estratégia escolhida, reenquadrar é um esforço cheio de falhas. O caminho para reenquadrar não possui indicações garantidas, processos cognitivos óbvios, nem programas confiáveis. Um framer novo pode surgir de repente, ou depois de anos de esforço. E não há nenhuma garantia de sucesso. No final, um novo framer pode ser concebido — e pode estar errado. Na década de 1950, muitos pesquisadores estavam tentando identificar a estrutura do DNA. Em 1953, o brilhante bioquímico Linus Pauling foi amplamente aplaudido por seu trabalho memorável com um colega descrevendo a sua *tripla* hélice de DNA. Dois meses depois, James Watson e Francis Crick apresentaram um modelo ligeiramente mais simples que se ajustava melhor à realidade.

Às vezes, as pessoas fazem descobertas grandiosas que levam a um reframer fundamental — mas não percebem. Em 1938, os químicos alemães Otto Hahn e Fritz Strassmann eram considerados uns dos melhores do mundo. Eles estudavam o decaimento radioativo. Em experimentos, bombardearam urânio com nêutrons, o que resultou no que parecia ser bário e energia. Mas, para os dois ilustres químicos, não fazia sentido, já que não se encaixava em seus framers de como as reações químicas se desenrolavam.

Hahn escreveu sobre os resultados intrigantes para sua colaboradora de longa data, a física Lise Meitner. Uma raridade na época, uma cientista mulher, e judia, fugiu dos nazistas e foi para a Suécia. A princípio, Meitner e seu amigo físico e sobrinho, Otto Frisch, ficaram perplexos. Mas então, eles formaram um modelo mental diferente baseado nos dados físicos conhecidos. Isso mostrou para Hahn e Strassmann que haviam fragmentado o núcleo dos átomos. Eles chamaram isso de "fissão" em um artigo na *Nature*, cunhando o termo.

Com esse ato de reframer, Meitner, além de explicar o que ocorreu no laboratório de Hahn em Berlim, revolucionou o entendimento da humanidade da energia nuclear. Ao ler a explicação de Meitner, Hahn percebeu a enormidade da descoberta que ele havia produzido e observado — mas que não conseguiu conceitualizar.

Até quando os reframers estão cientes de suas realizações, podem não compreender sua magnitude. "Há essas ondas eletromagnéticas misteriosas, que não vemos a olho nu", teria dito Heinrich Hertz. "Não servem para nada." O rádio estava a seu alcance.

Não é de surpreender. Novos framers são revolucionários. No começo, são difíceis de compreender. E demoram para se popularizar. O resto do mundo talvez não os entenda, já que é uma afronta ao padrão de pensar. Até a metade da década de 2010, muitos executivos seniores em empresas tradicionais diziam que os negócios da Amazon ainda não tinham mostrado lucro. Eles acharam que era uma atividade de margem baixa apoiada pelo preço de ações hiperinflacionadas. E dentro de seu jeito tradicional de entender o desempenho de uma empresa eles estavam certos.

Mas, vendo através de um framer diferente, estavam errados. Jeff Bezos tinha reenquadrado a ideia de crescimento comercial: deixou de produzir retorno anual para os acionistas (e entregar um terço dos lucros em impostos), para reinvestir cada centavo de lucro líquido estabelecendo linhas de negócios adjacentes, desde o Kindle até serviços de nuvem. Em retrospecto, as pessoas podem perceber essa mudança de maneira transparente, mas o novo framer era incompreensível para muitos quando surgiu.

Às vezes, o novo framer é tão melhor que torna outros obsoletos. Em outras, coexistem com os antigos. Ambas as físicas einsteiniana e newtoniana têm seu lugar na explicação do movimento, assim como softwares fechados e de código aberto podem prosperar. Lugares como Grã-Bretanha, Bélgica, Butão e Tailândia podem combinar democracia e monarquia. Bancos centrais administram moedas fiduciárias, mas as pessoas podem trocar ou usar Bitcoin.

No entanto, em todos os casos, reenquadrar uma questão nos permite vê-la de uma nova perspectiva, que revela alternativas que, de outra forma, possivelmente não imaginaríamos. Isso, por sua vez, ajuda-nos a tomar boas decisões e alcançar resultados melhores. Um lugar onde um reframer útil aconteceu foi na cidade de Camden, no sul de Nova Jersey. Fez algo que algumas pessoas consideraram audacioso e impossível: demitiu toda a sua força policial e criou uma nova. Por trás dessa atitude radical, estava um reframer do papel do combate ao crime, de considerar os cidadãos como criminosos para o policiamento comunitário.

Camden era violenta. Uma cidade com 75 mil pessoas amontoadas em 23km^2, com uma das maiores taxas de criminalidade e assassinato. Algumas partes eram desoladas. "Há mais 1.500 casas geminadas, abandonadas e destruídas. A fachada sem janelas, armazéns e postos de gasolina abandonados cercam a cidade. Existem terrenos baldios lotados de lixo e matagal... e as frentes das lojas estão fechadas com madeira. Há talvez cem mercados de drogas ao ar livre", escreveu Chris Hedges e Joe Sacco no livro *Days of Destruction, Days of Revolt* [*Dias de Destruição, Dias de Revolta*, em tradução livre] em 2012. Os vitrais das janelas da Igreja Batista da Comunidade que ficava na Mount Ephraim Avenue estavam cheios de buracos de bala.

Embora a criminalidade fosse alta, a polícia a tornava pior. Habitualmente, policiais plantavam provas, forjavam relatórios e eram acusados de brutalidade. Tribunais tinham que reverter condenações. Muitos moradores tinham medo dos policiais, assim como tinham das gangues. O sindicato dos policiais, por sua vez, resistiu à mudança. Em 2012, a situação tinha se tornado tão grave, e as reformas tão ineficazes, que os líderes locais não sabiam o que fazer.

O diretor do governo do condado, Louis Cappelli Jr., percebeu que consertar problemas específicos não bastava. Todo o sistema precisava ser reformulado. Mas como? Trabalhando com os líderes comunitários, moradores e formuladores de políticas com ideias afins, imaginou um modelo mental diferente — que havia sido compartilhado pela prefeita Dana Redd e um policial sênior, Scott Thomson.

Camden dispensou seu departamento de polícia de 141 anos, e 260 policiais perderam seus empregos. Em 2013, quando a nova força começou, sob contratos novos, não havia apenas novas caras, novas regras e novo treinamento — havia, porém, o mais importante, uma nova mentalidade. Menos de cem policiais do departamento antigo foram recontratados. Quando as pessoas olhavam para isso, agarradas aos seus próprios modelos mentais, elas viam a dissolução da força policial ou o rompimento do domínio do sindicato. Mas o modelo mental dos líderes de Camden era muito mais amplo.

"Tudo começou com o desenvolvimento de outra cultura, em vez de mudar, e criamos uma organização em que a identidade do policial era de um guardião e não um guerreiro", explicou Thomson, que comandaria a nova força. Camden reenquadrou a tarefa da polícia para ficar ao lado da comunidade — ajudando, participando e protegendo-a — em vez de apenas prender e multar pessoas.

"Eu teria trocado dez policiais por outro Boys and Girls Club [Centro de Aprendizado Infantil]", disse Thomson.

Com o novo framer em mente, as patrulhas mudaram. O trabalho dos policiais agora era bater nas portas e se apresentarem. Falar sobre as preocupações dos moradores e oferecer ajuda. A polícia começou a aparecer em festas da vizinhança, onde costumavam aproveitar os caminhões de sorvete do Mister Softee, fazer cachorro-quente, jogar basquete com as crianças e conhecer os moradores.

Sete anos depois, quando as cidades norte-americanas estavam em chamas porque um policial de Mineápolis assassinou George Floyd, e manifestantes entoavam "Acabem com a polícia", Camden foi citada como uma história de sucesso. Os assassinatos caíram 60%, os crimes quase pela metade e as queixas por abuso de força da polícia caíram para espantosos 95%. O reframer deu certo.

Um momento simbólico aconteceu em junho de 2020. Um novo chefe de polícia de Camden, Joseph Wysocki, não apenas autorizou um grande protesto de rua do *Black Lives Matter* [Vidas Negras Importam] — como perguntou aos organizadores se podia participar com eles no início da passeata. Virou notícia nacional. As câmeras de televisão enquadraram uma imagem indelével do que um novo modelo mental de policiamento pode ser.

Uma Nova Maneira de Ver o Mundo

Independentemente de verificarem seus repertórios, reaproveitarem um framer de um outro lugar, ou reinventarem um totalmente novo, todos os reframers bem-sucedidos compartilham determinadas coisas em comum. Não é uma mente esperta, memória rápida ou experiência profunda. O que é necessário é uma disposição para arriscar novos pensamento e forjar novos caminhos cognitivos. E isso requer uma mente que se sinta confortável com o desconhecido, que pode gentilmente abandonar preconceitos e presunções, e pode perceber e agarrar novas possibilidades.

Enquanto outros podem apenas detectar uma sombra inesperada em uma imagem ou uma interpretação estranha de um instrumento, os reframers de sucesso veem algo diferente. E, quando isso acontece, com frequência experimentam o momento surpresa. Às vezes, esse momento é tão extraordinário que provoca emoções avassaladoras.

Um exemplo disso é o caso de edição de genes, baseado no trabalho de duas cientistas renomadas Emmanuelle Charpentier, da França, e Jennifer Doudna, dos Estados Unidos.

Na década de 1980, pesquisadores descobriram que células simples, como as bactérias, têm seu próprio sistema imunológico de tamanho molecular. Na verdade, elas são capazes de "lembrar", identificar e destruir informações genéticas que não faça parte da célula. Os pesquisadores chamaram esse sistema de CRISPR ("Repetições Palindrômicas Curtas Agrupadas e Regularmente Interespaçadas").

Em 2012, Charpentier e Doudna — duas mulheres cientistas em uma atividade onde os homens costumavam dominar — estavam investigando uma área específica do sistema CRISPR das células, quando um pesquisador no laboratório percebeu que havia uma maneira de interferir em uma área específica do DNA. Charpentier e Doudna perceberam que essas tesouras moleculares podiam se transformar em uma ferramenta versátil e poderosa para editar informações genéticas. Doudna disse posteriormente que, no momento da descoberta, os pelos de sua nuca se arrepiaram. Ela foi imediatamente atingida pelo novo modelo mental que surgiu em sua mente. "Esses momentos perspicazes não acontecem com frequência", explicou ela, "é por isso que, como cientistas, nós os valorizamos".

O matemático britânico Andrew Wiles, cujo reframer decifrou o Último Teorema de Fermat, uma conjectura matemática que permaneceu sem solução por séculos, compara esse processo a "entrar em uma casa no escuro e ir esbarrando nos móveis, até encontrar o interruptor para acender a luz e, finalmente, poder ver onde está". O reframer foi um momento tão extraordinário para ele que, quando o relatou para a televisão, anos mais tarde, o fleumático britânico ficou tão emocionado que pediu para interromper a entrevista.

Passamos a valorizar os reframers que nos mostram como ver o mundo de uma perspectiva nova e mais útil — mesmo, quando de primeira, resistimos aos seus novos framers, assim como a comunidade médica vienense fez com as ideias de Semmelweis sobre higienização das mãos. Também idolatramos os pioneiros cognitivos porque são excepcionais: enquadrar é algo que acontece naturalmente, mas reenquadrar é difícil e raro. Quando funciona, é algo especial. E todos nós queremos ser especiais, como Emmanuelle Charpentier e Jennifer Doudna, que foram reconhecidas com o prêmio Nobel em 2020. No entanto, existe um risco: pensar que porque alguém fez um reframer com sucesso, pode fazê-lo repetidas vezes. Existe uma vaidade associada aos reframers, que usam as suas conquistas como uma coroa de ouro e reaplicam o novo framer onde não se encaixa. Os melhores inovadores têm consciência disso, e se esforçam para minimizá-la. Steve Jobs da Apple, Jeff Bezos da Amazon, e Larry

Page da Google possuem reputação de serem teimosos, mas, ao mesmo tempo, procuravam ativamente melhores visões alternativas que contradissessem as suas. Eles compreenderam a falha de depender apenas de um único framer e o valor de estar exposto a outros.

Um dos exemplos mais famosos de um reframer de sucesso que ficou muito apegado a um framer é Albert Einstein. Em 1905, aos 26 anos, ele reenquadrou a física moderna por meio da teoria da relatividade especial. Explicar as excentricidades dos fenômenos naturais é um framer — o de um universo ordenado em que a toda a realidade física pode ser explicada através de princípios, qualidades e quantidades. Quando a mecânica quântica surgiu como uma teoria séria, ele resistiu. Esse framer de aleatoriedade fundamental no mundo, parecia muito estranho, muito longe do que era razoável. "Deus não joga dados", costumava falar, demonstrando sua desaprovação.

Mas ele estava errado: as ideias por trás da mecânica quântica foram mantidas na comunidade da física. Da mesma maneira que elogiamos Einstein por seu reframer bem-sucedido, precisamos estar cientes de suas falhas. É difícil reenquadrar uma vez, porém é ainda mais difícil fazê-lo novamente. Às vezes, nosso sucesso inicial molda nosso pensamento de tal forma que não conseguimos abrir mão dele quando o framer não funciona, ou resistimos em aceitar novos framers. Se até mesmo Einstein cometeu esse lapso, que esperança há para o resto de nós?

Existe uma lição importante aqui. No reframer, vale o famoso conselho que se dá aos investidores: "O desempenho passado não é garantia de um retorno no futuro." Quanto mais admiramos reframers bem-sucedidos como Jennifer Doudna e Elon Musk, não devemos necessariamente colocar as nossas expectativas em que suas próximas percepções serão igualmente importantes. O próximo reframer crucial pode vir de qualquer um de nós.

Quando a Mentalidade Encontra o Momento

Todos nós podemos melhorar nos reframers. O ponto de partida é entender as fontes de dificuldade que enfrentamos quando tentamos trocar os framers. Existem quatro em particular: a energia cognitiva exigida para criar um framer novo; a necessidade de se distanciar do que já é conhecido; a necessidade de identificar um framer que se encaixe nas circunstâncias; e utilizar uma percepção de tempo acurada para reconhecer o momento certo de reenquadrar.

O primeiro é o esforço necessário para explorar um novo modelo mental. Como framers, temos experiência prática e somos bons em aplicá-los. Mas não somos tão versados na escolha de modelos mentais. Isso demanda um esforço cognitivo substancial com perspectivas de sucesso incertas. Como reframers, com frequência, temos que adotar o que a mente desconhece, um "território cognitivo desconhecido", por assim dizer. O "impensado" nos intimida tanto quanto o irreconhecível. A ideia de ir além do conhecido é inconcebível para muitos.

O desafio é agravado por nossa dificuldade em desviar do familiar, a segunda que enfrentamos. Quando reenquadramos, devemos efetivamente deixar de lado um framer já existente para liberar espaço cognitivo para algo novo. É semelhante aos paisagistas que, para traçar um novo caminho, têm que desfazer um já existente, para que as pessoas não sigam o caminho que lhes é familiar: aquela velha trilha onde pisaram tantas vezes. É um tipo de desaprendizagem que deve acontecer conforme evocamos algo diferente.

Desaprender não é algo que sabemos fazer. O esquecimento humano é um processo automático, que não controlamos facilmente. No entanto, precisamos desaprender, se quisermos reenquadrar. Isto é especialmente o caso quando o novo framer está aparentemente em conflito com o antigo, quando o novo framer precisa superar a dissonância cognitiva que ele causa.

Essa dissonância cognitiva pode acontecer na mente de um indivíduo, mas também pode acontecer em uma comunidade, tornando difícil a aceitação de um novo framer. Trocá-los em tal situação pode exigir que muitas pessoas mudem o foco para um framer alternativo. Isto pode demandar discussões, negociações e persuasão, que são esforços que consomem tempo. Habeler e Messner talvez não tenham precisado deixar de lado o framer de estilo da expedição, já que nunca foi a base de seus estilos de escalada, mas eles tiveram que convencer a comunidade de expedições de que fizeram a escalada final com seu framer no Estilo Alpino — e isso exigiu esforço. Reframers são a vanguarda e com frequência agem como tal.

O terceiro fator é o quão bem o framer se encaixa nas circunstâncias — o objetivo que se deseja alcançar em dada situação. Identificar o framer com o encaixe adequado não significa necessariamente que o mais justo será melhor. Se um framer precisa ser justo ou frouxo depende da situação. Em um framer estreito, muitos dos limites são transparentes, e, portanto, mais fáceis de manter em mente. Mas framers estreitos não funcionam tão bem quando algumas condições mudam. Framer amplos, por outro lado, podem permanecer úteis por mais tempo, porém exigem ajustes mais cuidadosos de limites ao interagir com contrafactuais. Pense nisso como uma roupa: roupas mais justas revelam o melhor da nossa constituição física, mas roupas largas nos dão mais liberdade se as condições mudarem.

É importante ressaltar, que não são apenas as circunstâncias que contam ao escolher um framer mais restrito ou mais frouxo. A mutabilidade dos limites também importa. Se eles não podem ser afrouxados de forma útil, isso reduz as opções que podemos ver e decisões que podemos tomar. Um framer com poucos limites mutáveis pode se encaixar bem, porém produz poucas opções úteis. Isso não apenas limita nossas escolhas, mas também reduz nossa capacidade de agir. Esses framers nos fazem sentir que entendemos uma situação, mas não podemos fazer muito a respeito. Portanto, se todo o resto for igual, é mais vantajoso escolher um framer com limites mais mutáveis, mesmo que o encaixe fique um pouco solto. A desvantagem disso é compensada pelas escolhas adicionais que o framer amplo nos permite criar e pelo senso de empoderamento e capacidade de agir que ele oferece.

Finalmente, é difícil reconhecer o momento certo para reenquadrar. Teoricamente, o momento certo é evidente. Um framer existente precisa ser substituído se as circunstâncias mudarem substancialmente. Em tais casos, não será o bastante ajustar os limites para extrair novos contrafactuais dentro do framer existente. Isso pode acontecer quando os objetivos originais mudaram e os novos não podem ser alcançados com o framer existente. Ou pode ser que as condições e o contexto mudaram fundamentalmente, mesmo que os objetivos tenham permanecido. Em suma, reenquadrar se trata de trocar os framers quando as circunstâncias mudam, nem muito cedo, e, certamente, nem muito tarde. Mas é difícil acertar o momento certo quando se está profundamente envolvido em um modelo mental.

Há uma lição na história da inovação ecológica. Em 1900, um terço dos automóveis eram elétricos. Mas, devido à rápida evolução dos motores de combustão interna, carros elétricos rapidamente saíram de moda. Por mais de um século, o modelo mental de um carro foi sinônimo de um motor movido a gasolina. Inúmeros inventores e empresas tentaram reavivar os veículos elétricos, mas fracassaram. Eles tinham pouca aceleração, velocidade e alcance. Muito bons para carros de bate-bate e carrinhos de golfe, mas não para estradas abertas, era o pensamento.

Então, a Tesla restabeleceu o framer do carro elétrico. Desta vez, era o momento certo: motores elétricos haviam se tornado altamente eficientes, a tecnologia das baterias tinha melhorado, e os computadores haviam avançado o bastante para conduzir um carro elétrico. Ademais, a percepção pública dos carros movidos a gasolina tinha mudado. Se a última metade do século XX igualou o carro à liberdade pessoal, no começo do século XXI, os carros eram vistos como contribuintes para a degradação do meio ambiente. A mudança no contexto estabeleceu as condições perfeitas para o reframer de Elon Musk: os carros não precisavam ser movidos a gasolina, eles podiam ser ecológicos e elegantes.

Mas, na Alemanha, as orgulhosas fabricantes de carros do país, como a Daimler, BMW e VW, resistiram. Firmes no framer tradicional, afirmaram que apenas carros a gasolina eram de verdade, e se deleitaram ao apontar deficiências dos carros elétricos. Seus CEOs declararam que o motor a gasolina tinha um futuro longo e próspero. Enquanto outras fabricantes tradicionais reenquadravam, em Wolfsburg, Stuttgart e Munique os engenheiros automotivos se apegaram ao familiar. Será que a engenharia alemã não é mais visível na beleza e eficiência de um motor de combustão interna? Esse framer já não trouxe prosperidade por décadas?

Era uma ilusão. Quando as empresas finalmente mudaram de ideia e adotaram o framer elétrico, era quase tarde demais. Perdeu-se um tempo valioso. Eles haviam focado demais o que, agora, era considerado o tipo errado de motor, pois ficaram presos em um framer desatualizado. Isso exigiu treinamentos caros para fazer com que os líderes automotivos do país reimaginassem seus negócios, reformulassem seus veículos, reestruturassem suas operações e renovassem sua equipe de engenheiros. O tempo é importante, e é difícil reenquadrar quando se está mentalmente envolvido em um framer já existente.

Para um framer de sucesso, precisamos superar esses obstáculos. Felizmente, existem estratégias úteis para superá-los mais facilmente. Por exemplo, é necessário trocar para um novo framer quando as circunstâncias mudaram fundamentalmente. Para avaliar se esse é o caso, é preciso entender o contexto, os objetivos e qualidades do framer existente. Passar um tempo considerando os modelos mentais e as circunstâncias é algo útil porque nos torna melhores reframers. Também sabemos que é mais fácil trocar para um framer alternativo dentro de nosso repertório. Em seguida, vem a readaptação de um framer existente em outro campo. Portanto, faz mais sentido começar a reenquadrar pesquisando seu repertório ou ajustando outro modelo mental, em vez de tentar desenvolver um framer do zero. Isso diminui a carga cognitiva e aumenta as chances de sucesso.

E, por incrível que pareça, é melhor reenquadrar de maneira ocasional. Há uma tentação em reenquadrar rápida e repetidamente. Esta é a ideia de que, se um reframer não funciona, pode-se rapidamente corrigir o problema reenquadrando novamente, pulando de um para outro até que o certo seja encontrado. No entanto, isso é uma falácia. Cada ato de reframer é trabalhoso. Requer energia cognitiva extra para abandonar algo que conhecemos bem, para criar algo novo e entendê-lo tão bem de modo que seja aplicado com sucesso. Como consequência, não podemos trocá-los constantemente. É como mudar as direções: faça com frequência e isso o deixará desorientado.

Reenquadrar o Reframer

Trocar de framer requer esforço e é arriscado. Porém, como oferece uma perspectiva diferente, nos direciona para opções que poderíamos não ter considerado de outra forma. Trocar de framers oferece o potencial de grandes avanços, mas como os seres humanos não são tão hábeis nisso, talvez nunca percebamos totalmente esse potencial. Por outro lado, manter um framer, e, de maneira cuidadosa, limitar o pensamento contrafactual, pode rápida e eficientemente identificar opções adequadas para as decisões. Isso nos ajuda a agir na hora certa e, graças à prática, é algo que as pessoas tendem a ser boas.

Isso sugere uma divisão clara entre os dois aspectos do framer: usar o raciocínio contrafactual para trabalhar dentro de um framer se a eficiência for essencial, e trocar os framers quando uma reformulação importante for necessária.

Porém, na prática, as diferenças entres os dois nem sempre são simples. Por exemplo, um framer amplo oferece margem de manipulação para a interação com os limites e a criação de uma ampla gama de contrafactuais. Isso não está muito distante de trocar para um framer relativamente similar. Com um framer suficientemente amplo, não é necessário reenquadrar quando as condições mudam: utilizar a flexibilidade de afrouxar os limites para produzir contrafactuais mais apropriados pode ser o bastante.

Para observar como isso pode funcionar na prática, considere a transformação milagrosa da economia de Cingapura durante as últimas quatro décadas — e a estratégia por trás disso. Na década de 1980, a cidade-Estado asiática se transformou em um porto importante entre a Europa e a Ásia. Foi algo notavelmente bem-sucedido. No entanto, quando as condições mudaram, Cingapura precisou de um novo plano e, na década de 1990, tornou-se base de produção para a indústria de eletrônicos. Já no começo dos anos 2000, mudou seu foco e tornou-se um centro de finanças, serviços profissionais e de empregos na área de economia da informação. Nos últimos anos, ela se transformou novamente, agora tornando-se um destino turístico e de jogos de azar com os dois maiores hotéis cassino do mundo, atraindo hóspedes ricos da China e Indonésia. As inúmeras mudanças de Cingapura podem ser vistas como o reframer contínuo de sua economia nacional. Cada estratégia parece refletir um modelo mental diferente, apresentando um encaixe preciso para objetivos e condições específicas de um determinado período. Mas outra maneira de ver isso é que o framer estratégico de Cingapura nunca mudou, porque era amplo o bastante para os decisores políticos mudarem os contrafactuais que eles imaginaram e os limites que impuseram.

Ou seja, Cingapura pode ter se mantido com um framer e interagido com os seus componentes. O framer amplo do país era flexível o suficiente para adotar vantagens competitivas com os poucos recursos que possuía: posição geográfica, mão de obra instruída, estabilidade política, e um espírito de livre mercado. Era o mesmo esquema adaptado para novas realidades.

A experiência de Cingapura mostra que, quando as circunstâncias mudam, mas o framer existente é suficientemente amplo, temos uma escolha. Podemos trabalhar dentro do framer ou optar por um diferente. Permanecer com um framer amplo pode ser cognitivamente mais simples, porém criar contrafactuais apropriados leva bastante tempo, por causa do espaço de busca extenso que um framer amplo implica. Trocar um framer pode ser mais rápido, porém é muito mais arriscado — podemos enquadrar errado e ficar sem opções adequadas.

O que é importante é que percebemos na maioria das situações que é possível escolher a estratégia que queremos aplicar dependendo do contexto (por exemplo, a rapidez com que uma decisão precisa ser tomada, o quão amplo é o framer existente) e das preferências individuais (por exemplo, como corremos riscos).

Isso tem efeitos poderosos nos negócios. Em 2008, uma *startup* sueca lançou uma plataforma online de *streaming* de música. Até aquele momento, o mercado de música online estava dominado pelo iTunes da Apple, que vendia músicas individuais. Mas a *startup*, Spotify, permitia que os ouvintes escutassem o que quisessem, pagando uma pequena assinatura ou ouvindo a uma pequena propaganda. Em 2020, o Spotify tinha mais de 300 milhões de usuários em todo o mundo. Poderíamos olhar para o Spotify e dizer que reenquadrou a música de algo que era comprado individualmente, para algo que é transmitido a qualquer momento.

Mas também podemos entender as ações do Spotify através das lentes de um framer mais amplo, e dizer que o Spotify e a Apple trabalharam dentro do framer da música como *experiência*. O Spotify usou a margem de manipulação do framer de experiência para criar um contrafactual diferente. Partindo desta perspectiva conceitual favorável, o Spotify não reenquadrou o acesso à música, mas relaxou a limitação de que a música é algo que possuímos, controlamos e administramos em nossos dispositivos, para uma experiência de música que é compartilhada, remota, onipresente e ilimitada.

Ver o Spotify menos como um reframer, e mais como um especialista em ajustar e aplicar um framer mais amplo de música como experiência também implica que ele não teve que escolher o caminho mais arriscado do reframer, mas, em vez disso, pôde permanecer em seu framer amplo. Isto pode ter tornado o esforço de framer menos assustador, mesmo que significasse ignorar algumas das alternativas mais radicais.

Ter uma escolha estratégica entre o reframer radical e o trabalho mais limitado dentro de um framer amplo, ainda adiciona outro instrumento à caixa de ferramentas do framer humano. De certo modo, até mesmo o reframer pode ser reenquadrado. Mas isso não é uma panaceia. A escolha existe apenas se um framer tão amplo já estiver sendo empregado, e se ele for flexível o suficiente para despertar os contrafactuais mais radicais que a situação exige. Por mais conceitualmente atraente que seja a ideia de "reenquadrar o reframer", aplica-se apenas a certos tipos de casos.

Não importa se enquadramos ou reenquadramos, há maneiras de melhorar nisso. O que é algo bom, já que precisaremos disso. Os problemas mais profundos da sociedade exigem novas formas de pensar para serem resolvidos. Precisamos interagir com várias possibilidades e convidar as ideias de outras pessoas se quisermos ver uma maior variedade de alternativas e tomar as melhores decisões. Isso significa melhorar a atividade de framer essencial para nossas vidas, nosso bem-estar nacional e, até mesmo, a segurança e sustentabilidade da civilização. Precisamos melhorar aqui. E existe um homem no Vale do Silício que tem dedicado sua vida a essa missão.

7

aprendizado

uma grande variedade de framers é crucial para o progresso

Steve Jobs tinha um problema, e Joel Podolny era a solução. Nascido na década de 1960 e criado em Cincinnati, Podolny tinha uma carreira não menos extraordinária: três diplomas em Harvard, docente de Stanford, diretor de pesquisa na Escola de Negócios de Harvard, e então, nomeado reitor da Escola de Administração de Yale — tudo isso antes dos 40. Jobs, claro, não se importava com as qualificações. Foi o que Poldony fez em Yale que impressionou o chefe da Apple.

Podolny era inteligente, carismático e motivado. Assim que chegou a Yale, em 2005, transformou o currículo. Por um século, as escolas de negócios ensinaram os estudantes a se tornarem gestores competentes. Na maior parte do tempo, isso significava a habilidade de desenvolver planos e garantir sua execução de modo firme. Também significava atividades que funcionavam separadamente: contabilidade de um lado, estratégia de outro. Pensar em educação de negócios em termos do impacto não estava no programa. Até mesmo o método pedagógico tradicional nas escolas de negócios, que pede aos estudantes que elaborarem respostas a problemas do mundo real, aplicando um modelo mental determinado para alcançar uma decisão, tinha deficiências: presume que há um framer preferido.

Podolny foi contra essas simplificações. Não achava que conhecimento pré-embalado deveria ser o objetivo de uma escola de negócios, tinha que ser mais. Ele queria mudar a mentalidade de uniformidade para diversidade. Não a diversidade fofa dos folhetos de marketing. Podolny foi formado em sociologia e entendia esse valor. Os framers são ferramentas para as pessoas tomarem melhores decisões. Ao promover uma ampla variedade deles no currículo, a Yale poderia estar preparando seus estudantes para se tornarem melhores gestores — e talvez melhores pessoas também.

Saíram cursos tradicionais como marketing e finanças. Entraram cursos interdisciplinares como "Estado & Sociedade" e "Funcionário". Eles serviam ao mundo moderno e complexo dos negócios.

"Os feudos disciplinares envolvem ensinar às pessoas a desempenharem papéis funcionais", reclamou Podolny na época. Ele insistiu na interdisciplinaridade, então uma variedade de framers floresceria, refletindo as necessidades de um negócio real. O ensino também incluiu a diversidade cognitiva. As aulas eram dadas por vários professores — "ensino de equipe", ele o chamou — para expor os estudantes a um espectro de visões. Até mesmo as salas de aula físicas foram remodeladas para serem circulares a fim de estimular a interação. E haveria uma hierarquia menos óbvia, como nos cavaleiros na Távola Redonda do Rei Artur. As reformas chamaram a atenção. Como um acadêmico prestigiado nas organizações, agora Podolny estava destinado a ser um futuro presidente de uma universidade. Mas, em 2008, depois de apenas três anos em Yale, Podolny abruptamente demitiu-se para reenquadrar a sua própria carreira.

Steve Jobs tinha sondado Joel Podolny. Diante do retorno do câncer e da necessidade de preparar a Apple para prosperar sem ele, convenceu Podolny a entrar na empresa. Jobs queria que o seu legado fosse uma equipe de executivos que pudessem "pensar diferente", nas palavras da campanha publicitária icônica da empresa. Ele contratou Podolny para ser o diretor da Universidade da Apple, onde precisou incutir a importância da flexibilidade mental e de ter convicções, mas estar preparado para trocá-las por novas perspectivas.

Podolny incutiu a mesma visão que defendeu em Yale. Fazer isso em uma grande organização exigia um equilíbrio. Os funcionários precisaram aderir às crenças da empresa e se destacar em seus papéis, enquanto buscavam a diversidade cognitiva que Jobs queria encorajar. Haveria discordâncias, que é uma dor de cabeça para gerir. Mas os benefícios da diversidade compensam essas dificuldades.

Três anos depois que Podolny começou, Jobs faleceu, e Tim Cook, assumiu como CEO. Cook defende a diversidade em todas suas formas. Sua história pessoal influenciou, já que é um dos poucos chefes de uma grande empresa que se assumiu homossexual. Sob a sua liderança, a Apple honraria a crença de Jobs de que a diversidade propicia melhores framers e empresas mais bem-sucedidas.

Uma Mentalidade, Não um Método

Pense na diversidade mental como ferramentas de carpintaria. Não podemos colocar um parafuso com um martelo, não importa o quanto tentemos. Precisamos de uma chave de fendas para isso. Se sempre tivemos apenas um martelo, o conceito de chave de fendas nos é estranho. No entanto, uma vez que encontramos uma chave de fendas e entendemos o conceito por trás dela, não vamos tentar colocar parafusos com martelo. Com uma diversidade de framers, não sabemos simplesmente *mais*: sabemos *diferente*, sabemos *melhor*.

O mundo é um lugar complexo, e não há um framer certo para cada problema. Recorrer a perspectivas diferentes para moldar julgamentos aumenta as possibilidades de alcançar conclusões melhores. Menos framers à disposição, quando temos que escolher, fazem o contrário: reduz a variedade de escolhas potencias e resulta em decisões não ideais. Porém, isso não significa que precisamos de mais framers, precisamos escolhê-los bem.

O ato de escolher um framer é o que os psicólogos chamam de "problemas de *insight*". São problemas que só podem ser resolvidos mudando para um framer menos óbvio. Em um famoso experimento na década de 1980, Craig Kaplan, um psicólogo, e Herbert Simon, um acadêmico polímata, pioneiro da IA, e ganhador do Nobel em economia, testou como as pessoas solucionavam um problema de *insight*, o tabuleiro de xadrez distorcido.

Eles apresentaram às pessoas um tabuleiro de xadrez, oito por oito, com as casas em preto e branco alternadas — mas que tinha sido modificado, duas casas faltavam: uma branca no canto superior esquerdo e outra no inferior direito. Era pedido que os participantes dissessem onde seria possível colocar os dominós no tabuleiro (com cada peça cobrindo dois cantos adjacentes) assim nenhum canto ficaria vazio e nenhuma peça deixada de lado.

Kaplan e Simon descobriram que quase todo mundo começa com o framer convencional da solução de problemas da tentativa e erro. Quer "forçar" a resposta, tentando combinações para encaixar 31 peças retangulares em 62 casas. Eles permanecem dentro do framer e desenvolvem contrafactuais. Afinal, a abordagem é orientada pela ação e familiar. Mas não é prática. Embora o espaço do problema seja finito, a tentativa e o erro envolvem milhares de combinações, e poucas pessoas perseveram. Um dos participantes passou 18 horas preenchendo 61 páginas de um caderno tentando esquemas diferentes — e ainda assim não conseguiu. A abordagem não funciona. A natureza do problema é muito complexa.

É apenas quando as pessoas deixam de lado os seus framers iniciais, e procuram por um modelo mental alternativo, que elas percebem que algo estava faltando.

Com uma perspectiva diferente, a solução é bem simples. Qualquer dominó colocado no tabuleiro vai cobrir uma casa branca e uma casa preta. Então, se não tem tantas casas brancas quanto pretas, os dominós não vão encaixar. Quando você pensa nisso desta forma, é óbvio. Mas isso exigiu um salto conceitual para longe dos framers de tentativa e erro, prática e persistência.

Problemas como esse estão ao nosso redor. Não podemos resolvê-los raciocinando sequencialmente. As ferramentas exatas que melhoram nossa habilidade para aplicar um framer — ou seja, a prática frequente do nosso pensamento contrafactual — oferece pouca ajuda para escolher um framer. E isso representa um desafio enorme. Se não podemos melhorar ao *escolher* um framer, apesar dos nossos avanços em *aplicá-los*, ele permanecerá tolhido. Ficaremos presos com uma ferramenta incompleta, com a cabeça do martelo sem o cabo. Precisamos de uma estratégia diferente.

O ponto de partida é lembrar como as tarefas de escolher e aplicar são diferentes. Aplicar um framer é um processo em que, com ajuda da causalidade, dos contrafactuais e dos limites, reduzimos as buscas e identificamos escolhas limitadas, altamente úteis. O objetivo é velocidade no processo e ajuste de opções. É a eficiência que leva à ação. Isso convida a uma experimentação orientada, já que a causalidade, os contrafactuais e os limites reduzem a complexidade cognitiva e levam a uma versão funcional da tentativa e erro. É por isso que aplicar um framer é uma atividade que podemos melhorar com o passar do tempo, e geralmente melhoramos.

Em contraste, escolher um framer significa deixar para trás um território conhecido e se aventurar no desconhecido. É arriscado. Pode haver recompensas, mas o fracasso paira. Não há proteção nem indicações no caminho em direção ao sucesso. A ideia de "tentar, fracassar, tentar de novo", não melhora substancialmente as chances de um resultado favorável. O aprendizado não é mais um processo, sequencial e estruturado. Em vez disso, é contestador e binário. Precisamos ser capazes de mudar às nossas perspectivas. O necessário não é tanto um processo, mas uma mentalidade. Isso significa estar preparado para ver o mundo de várias posições favoráveis, conhecer perspectivas diferentes e aceitar o poder que vem delas.

É tentador pensar que a diversidade mental significa se expor a um grande número de ideias, opiniões e visões. Mas não é essa a questão. A vantagem não está no volume, mas na variação. Setecentas ideias similares não são tão valiosas quanto sete, que são bem diferentes umas das outras, da mesma maneira que uma caixa de ferramentas contendo sete ferramentas diferentes — martelo, chave de fendas, chave inglesa e assim por diante — é mais útil do que uma caixa de ferramentas que contém setecentos tipos de martelos.

Ao escolher um framer, precisamos treinar um músculo cognitivo diferente. Pode parecer simples, mas não é. A princípio, dizemos que a diversidade é bem-vinda. Na prática, ficamos com o conhecido. Seguimos o padrão. No entanto, a longo prazo, uma diversidade de framers vale o esforço para identificá-los. Pesquisas mostram que a propensão para deixar a nossa zona de conforto mental por um novo enfoque intelectual vale a pena.

Pegue o exemplo das pessoas que viveram no alvoroço da diversidade do framer desde que nasceram: imersas em uma cultura, mas que pertencem a outra. Em uma pesquisa de empresas, a economista Susan Pozo perguntou se norte-americanos que nasceram fora do país ganhavam mais do que os que nasceram nos EUA. Eles ganhavam: 2,5% a mais para os homens e 5% a mais para as mulheres, aumentando ainda mais em ocupações administrativas e profissionais que valorizam o pensamento conceitual.

Pozo chamou essa diferença de "retornos para aquisição de capital humano internacional". A ideia é que essas pessoas têm suas perspectivas ampliadas ao serem expostas a diferentes costumes, idiomas e maneiras de resolver problemas — cresceram sabendo lidar com martelo e chave de fenda, e sabem a hora de trocá-los.

Expandir a Variedade de Framers

A primeira e mais fácil estratégia para adicionar modelos mentais, que são bem diferentes daqueles que já conhecemos, é olhar como as outras pessoas enquadram um problema. Se entrarmos em contato com novos modelos mentais podemos adicioná-los ao nosso arsenal.

Esse é um recurso-chave no aprendizado nas escolas de negócios. Considere o método do estudo de caso que descrevemos no Capítulo 4. Em um nível, a ideia é incutir a habilidade de fazer um pensamento contrafactual. Eles são transportados para uma situação específica, com inúmeros limites rígidos e brandos e precisam imaginar opções alternativas, avaliá-las e chegar a uma conclusão. O método treina os alunos para pensarem dentro de um framer.

No entanto, em outro nível, cada caso expõe os alunos a um framer — e como leem e discutem caso após caso, adquirem uma variedade de modelos que podem manter em seus repertórios. Quando forem confrontados com uma situação semelhante em suas vidas profissionais, vão poder recorrer ao framer que foram expostos enquanto alunos e aplicá-lo na situação em questão.

Esse objetivo era evidente desde o começo, quando a Harvard entregou aos seus alunos o primeiro caso da escola de negócios, "The General Shoe Company", em 1921. Nele, os funcionários estavam deixando suas máquinas bem antes terminar o turno, para evitar a longas fila para lavar as mãos. Isso prejudicava a produtividade. O caso de uma página conclui perguntando: "Quais fatores poderiam ser investigados por parte da administração?" e "Quais são as políticas gerais... [que] poderiam ser remediadas?" Note, que não se trata de simplesmente procurar por respostas para o que fazer: primeiro se pede que os estudantes considerem como enquadram o problema.

Adicionar novos framers assim ao estoque é útil, mas tem limitações. Como o número de casos avaliados nas escolas de negócios é relativamente pequeno, o método oferece poucos framers aos estudantes. Isso poderia ser mal interpretado ao sugerir para os alunos que, esses framers são suficientes para resolver a maioria dos problemas do mundo real, desse modo não os preparando para um reframer mais radical.

Essa preocupação não é nova — foi percebida pelo reitor da Escola de Negócios de Harvard que iniciou o método do estudo de caso, Wallace Donham. Durante a Grande Depressão, ele temia que o método fosse limitado, gerando líderes que não conseguissem "ver as coisas nas relações amplas", como ele colocou em um artigo na *Harvard Business Review* em 1933. Claro, que isto não é falha fatal: é melhor estar familiarizado com alguns dos framers mais úteis do que com nenhum. Outra estratégia para aumentar a diversidade mental é estimular o nosso apetite para novas ideias. Chame-o de "forrageamento cognitivo": a busca por novas maneiras de pensar e ver o mundo sem a meta específica de adquirir framers. Você fica de um lado para o outro em busca de novas ideais, experiências e maneiras de pensar. Pense nisso como uma curiosidade levada a sério. A meta é ser exposto a uma variedade de perspectivas, pontos de vista, uma profusão de conceitos, todos fora do seu domínio. Isso ajuda a nos tornar mais receptivos para buscar e encontrar novos modelos mentais quando precisamos. Também nos acostuma a tarefa de sermos caçadores-coletores de ideias. Exercitamos a nossa curiosidade. Ao olhar constantemente, melhoramos em ver.

As pessoas realizam o forrageamento cognitivo quando procuram experiências não familiares — conhecer pessoas, ler uma variedade de livros ou ir a lugares aonde normalmente não vão — com o propósito de desenvolver uma mente aberta e curiosa. Isto com frequência envolve desenvolver conexões com grupos diversos de pessoas além dos nossos campos, não para qualquer ajuda direta, mas para a estimulação mental através de novos *inputs*. As pessoas costumam ficar perplexas quando veem líderes de negócios de camisas engomadas conversando com pessoas cobertas de tatuagens e com piercings no rosto, imaginando como essa amizade tão improvável pode ter acontecido. Por trás disso, ambos se tornam mais sábios por associação, embora não de uma maneira óbvia, imediata e direta.

A ciência das redes sociais confirma isso. O sociólogo Ronald Burt, da Escola de Negócios Booth, da Universidade de Chicago, estuda indivíduos em organizações para entender o papel que a informação desempenha na performance. Alguns executivos são mais criativos, tomam melhores decisões e são promovidos mais rápido. A pesquisa de Burt mostrou que esse sucesso está associado à rede social deles e sua disposição para serem confrontados com pontos de vista além do seu círculo imediato de colegas. Burt compara dois arquétipos de pessoas nas organizações, que chama de "James" e "Robert".

Os James do mundo são orientados para dentro. Enfatizam o cumprimento das regras e o foco na eficiência. A rede social dos James está repleta de informações redundantes. Os Roberts, em contraste, têm conexões com outros domínios, consomem informações diversas e procuram novas perspectivas. Eles preenchem o que Burt chama de "lacunas estruturais" que separam organizações e domínios. Por serem forrageadores cognitivos que estão expostos a diversas maneiras de pensar, os Roberts são capazes de ver as coisas de novas formas. Eles desenvolvem e mantêm laços, não porque possuem um problema concreto para resolver, mas porque veem a exposição a visões e perspectivas alternativas como algo valioso por si só.

Porém, quando a necessidade surge, os Roberts estão prontos para procurar modelos mentais além do seu repertório. O forrageamento cognitivo nos prepara para o momento em que precisamos superar o que sabemos ou o que adquirimos facilmente. É muito menos concreto do que planejar deliberadamente a construção de um repertório diverso de framers, porém é muito mais versátil. As únicas coisas para as quais não nos prepara são os casos excepcionais, quando precisamos deixar para trás tudo o que sabemos e criar um framer completamente novo. A fim de nos prepararmos para esses casos extremos, precisamos de um outro caminho.

A estratégia do novo começo é a abordagem mais radical. É treinar nossa mente para estar pronta a deixar de lado o familiar, e nos prepararmos para algo fundamentalmente novo: uma aceitação do vazio que seremos capazes de preencher, porque dentro do vazio está a oportunidade de ver as coisas de uma maneira inteiramente nova.

Claro que na prática nunca partimos do zero. Nossas experiências e conhecimento influenciam como conceituamos as coisas e reagimos aos desafios, incluindo os novos. Da mesma forma que o cérebro possui a habilidade de esquecer (mesmo que não a controlemos), para essa abordagem precisamos treinar a conscientemente deixar de lado a tentação de encaixar uma situação nas categorias que já conhecemos. A estratégia do novo começo é um esforço de "desaprender" conceitos cognitivos muito usados e desviar de caminhos habituais. É a decisão de não usar as ferramentas que temos, mas intencionalmente colocar de lado a nossa caixa de ferramentas e conceber da melhor forma possível a solução do nosso desafio. A abordagem do novo começo nos prepara para essa decisão.

É como uma criança aprendendo a andar de bicicleta que para de apoiar as pernas no chão, ou como pular de uma plataforma de mergulho pela primeira vez. É o passo que, quando o damos, nos separa daqueles que apenas leram, viram ou ouviram falar sobre o que aconteceria, sem na verdade ter vivenciado. É um tipo específico de coragem, uma prontidão cognitiva para dar aquele passo mental.

A história do pioneiro da informática Alan Kay e da programação "baseada em objetos" nos dá um exemplo. No começo da década de 1970, Kay trabalhava na lendária Xerox PARC, um laboratório de pesquisa no Vale do Silício, que deu origem à revolução da computação pessoal. A programação de computador que predominava era "procedimental": os programadores planejavam cuidadosamente o que os seus programas deveriam fazer e, então, diligentemente, traduziam isso em uma sequência passo a passo de comandos para o computador seguir. Os usuários humanos forneciam informações, mas o programa tinha o seu objetivo codificado dentro dele. Tratava-se de um modelo mental para a era da computação *mainframe*.

Kay odiava isso. Ele achava que os usuários eram fundamentais para a computação, e que os computadores deveriam empoderar as pessoas para estenderem suas habilidades mentais. Os programadores nunca conseguiam prever que os usuários poderiam fazer, assim como os ferramenteiros não conseguiam prever como, e com quais finalidades, suas ferramentas seriam empregadas. Mas isso exigiria uma maneira totalmente diferente de programar.

Felizmente, meia década antes, 11 de novembro de 1966, Kay experimentou uma revelação. Examinando os códigos de quem tentava ir além do paradigma da programação, percebeu que os computadores poderiam ser instruídos a criar um grupamento de pequenos computadores virtuais. Cada um lidando com um "objeto", e podendo interagir entre eles mandando e recebendo mensagens. "Foi a promessa de uma maneira inteiramente nova de estruturar computações que chamou a minha atenção", explicou anos mais tarde.

Na Xerox PARC, Kay implementou a ideia no Smalltalk, linguagem de programação. Foi um divisor de águas, criou a base conceitual para o desenvolvimento de software na era digital. Uma versão do Smalltalk foi mostrada a Steve Jobs em 1979, que inspirou os computadores Apple. A programação baseada em objetos continua sendo usada no desenvolvimento da maioria dos softwares. Kay é mais conhecido pelo aforismo: "A melhor maneira de prever o futuro é inventá-lo." Menos conhecida é sua "tirania do presente". Em sua visão, instituições e escolas não encorajam pensamentos novos. De muitas formas, o projeto da sua vida é ajudar as pessoas a pensarem o novo, ao ter o modelo mental certo, ou o contexto. "Mais criatividade é uma transição de um contexto para outro", disse. "Há mais contextos do que os em que estamos inseridos — o que você pensa que é a realidade." Talvez não aja melhor maneira de aproveitar o poder do framer e da estratégia do novo começo.

Inúmeras histórias nos apresentam heróis — reais e imaginários — que se jogam no desconhecido, desde Ulisses navegando no mar escuro até a aviadora Amelia Earhart no começo do século vinte entrecruzando os oceanos. James Morris era o repórter da primeira expedição para escalar o Everest em 1953, antes de se tornar Jan Morris, uma das primeiras a fazer a cirurgia de troca de sexo, em 1972, e uma escritora famosa. Suas realizações não eram apenas tangíveis, mas também mentais. Elas resolveram deixar para trás o desconhecido.

Bons framers precisam fazer o mesmo, abrindo suas mentes a novas perspectivas e framers. O que não é fácil, nem particularmente confortável. Estamos à deriva — seja em águas calmas ou em mares tempestuosos. Porém nesse estado de vácuo mental, novos framers podem ser formados.

As três abordagens — ampliar a variedade de framers em nosso repertório, envolver-se no forrageamento cognitivo e praticar a estratégia do novo começo — são ferramentas úteis para situações diferentes. Uma maneira de ver essas diferenças é: se adicionar framers diversos ao repertório é semelhante a adquirir livros, o forrageamento cognitivo é lê-los através de um espectro de assuntos, e a estratégia, estar apaixonado pelo conhecimento.

À medida que envolvemos vários framers para explorar perspectivas diferentes, torna-se aparente que framers diferentes têm tensões entre si. Um framer destaca certos elementos de uma situação que outro negligencia. Tais tensões mostram a natureza complexa e multifacetada da realidade.

Elas não são incomuns. Em física, a luz é considerada tanto uma onda quanto uma partícula: os dois framers conflitam entre si, mas não podemos entender a luz apenas com um deles. Na matemática, os framers se sobrepõem em todos os lugares. A geometria euclidiana é baseada em pontos e ângulos, mas Descartes a reenquadrou usando números e a Álgebra. Precisamos das duas — a geometria euclidiana para as nossas intuições, e a geometria Cartesiana "analítica" para prová-las com cálculos. As Nações Unidas se fundamentam na solidariedade humana e globalismo, e mesmo assim restringe seus membros a estados-nações.

O vislumbre crucial é: *não é possível conciliar essas tensões — e nem é o caso.* Só quando as reconhecemos vemos além do framer individual e obtemos um quadro mais pleno e amplo. Percorrer ativamente as tensões entre os framers se traduz em melhores escolhas deles e fortalece a nossa estabilidade emocional.

É crucial para o nosso entendimento da tensão entre os framers a ideia da complexidade cognitiva. Esse é um termo usado na psicologia para descrever o grau em que os padrões de pensamento de uma pessoa são intrincados e sutis, e não básicos e simples. Estudos mostraram que líderes excepcionais possuem uma complexidade cognitiva maior. É uma característica que eles apreciam, destacam e adotam. Além disso, orientam os colegas a desenvolvê-la. Não são apenas os líderes excepcionais: as crianças que crescem bilíngues também pensam com maior complexidade cognitiva.

Quem entende o valor de estar exposto a novos modelos mentais, mesmo que produzam tensão, vão insistir ativamente neles. Lewis Branscomb, o cientista principal da IBM na década de 1970 que conduziu o programa de política tecnológica de Harvard por anos, era temido por seus novos colegas por criticar apresentações. "Não me diga o que eu já sei — diga o que ainda não sei", vociferou. Deveríamos ser tão espertos para adotar o princípio de Branscomb.

O Imperativo Organizacional

Os indivíduos não são os únicos que se beneficiam da diversidade dos framers. Organizações como um todo lucram quando os seus membros são melhores em escolher framers. A organização então é capaz de encontrar melhores soluções para os desafios que encara. O "dividendo da diversidade" por enquadrar não beneficia apenas os framers, mas é amplamente compartilhado na empresa. Ajuda todo o grupo a obter sucesso.

Como as organizações protegem a diversidade mental entre os seus membros e ainda a aumenta? Pode parecer impossível, já que com certeza ninguém pode entrar na cabeça de ninguém. No entanto, se essa característica não pode ser observada diretamente, as organizações podem identificar substitutos adequados. E o substituto mais adequado para a diversidade mental é a diversidade social.

É claro que indivíduos com a mesma criação, formação e experiências profissionais tendem a pensar igual. Por outro lado, indivíduos de etnias, grupos sociodemográficos e educação diferentes possuem experiências de vida divergentes, que se traduzem em modelos mentais diferentes do mundo. Reunir um grupo diverso de pessoas pode maximizar os recursos cognitivos das organizações.

No entanto, promover e trabalhar em um ambiente diverso não é algo em que somos bons, mesmo que muitos estudos da ciência social enfatizem o quanto isso é importante. Forças nos limitam. Pesquisas nas redes sociais têm mostrado que elas possuem uma tendência à homofilia, a ideia de que pássaros iguais voam juntos. Não apenas tendemos a gravitar ao redor das pessoas que se parecem conosco, como ficamos mais confortáveis com os que pensam como nós. Desprender-se de um pensamento para ficar exposto a perspectivas que são diferentes das nossas próprias requer determinação.

Em parte, o framer humano é culpado por essa aparente falta de esforço. Ao aplicarmos os framers, reduzimos de imediato o número de opções para identificar as escolhas mais promissoras. Isso leva a uma ênfase na velocidade. Portanto, podemos não pensar em todos os contrafactuais que são úteis (como as vítimas do pensamento de grupo do Capítulo 4 descobriram). O que pode nos levar a preferir algo familiar do que o novo e desconhecido.

Quando as organizações precisam reenquadrar, estabelecer um ambiente que encoraje a diversidade de modelos mentais é imprescindível. Isso proporciona o espaço para se pensar diferente, imaginar o novo. Para apreciar esse tipo de mentalidade que é útil (e as dificuldades em alcançá-la), considere a experiência da Noruega com a diversidade do quadro de diretores.

Em 2003, o país aprovou uma lei que exigia que 40% do quadro de diretores de uma empresa fosse de mulheres a partir de 2006 — um grande aumento, em relação à média de 9%. No entanto, alguns anos mais tarde, as empresas que tinham feito isso, vivenciaram uma queda no valor de mercado e um declínio no retorno sobre o patrimônio líquido, de 20%. Colocar mulheres nos quadros de diretoria pareceu ser algo que prejudica o desempenho. Por que a diversidade não ajudou? Por que as empresas que tinham em sua direção uma maioria de mulheres se saíram mal?

Um motivo possível é que as empresas que tiveram que aumentar mais o número de mulheres na direção já estavam ultrapassadas não apenas na diversidade de gêneros, mas também nas áreas comercias. Então, foi apenas a realidade virando-se contra elas. Nas indústrias de petróleo, gás e pesca — as principais do país —, a diversidade de gênero pode ter contribuído menos para o sucesso financeiro, do que nos setores como bens de consumo e serviço. O que não deu certo foi que, para cumprir com a lei, algumas empresas indicaram membros da família para serem as executivas em suas diretorias.

No entanto, um motivo mais profundo é que as organizações precisam de mais do que diversidade aparente, como o gênero (embora isso seja bom) para enquadrar problemas de modos diferentes. Precisam de diversidade mental. E foi aqui onde a Noruega falhou. O grupo de executivas é limitado e tende vir das mesmas comunidades, escolas e empresas dos colegas homens. O que pensam, em grande parte, é igual, mesmo que o que está dentro de suas calças sejam diferentes. A situação é um lembrete poderoso de que, mesmo quando lutamos por diversidade, podemos acabar obtendo uniformidade.

Uma pesquisa da *Science* mostra que equipes com mais diversidade de gênero superam as homogêneas em uma variedade de tarefas. No entanto, não é o gênero em si que é o fator decisivo. As mulheres que contribuíram para os desempenhos das equipes tiveram melhores resultados no teste da sensibilidade social, que mede a habilidade de avaliar as interações sociais em dinâmicas de grupo. O gênero delas não é um elemento decisivo, e sim, sua habilidade de pensar diferente, neste caso, com mais sensibilidade social.

Quando uma empresa enfrenta um desafio de reframer, é vantajoso reunir equipes diversas em conhecimento, mentalidade e perspectivas. Com isso, aumentam as chances de as equipes proporem uma ampla variedade de modelos mentais. As evidências foram se acumulando por anos, para que então, em 2015, pesquisadores fossem capazes de definitivamente declarar que a diversidade nos membros das equipes produz melhores resultados nas tarefas.

Mas há um obstáculo. A pesquisa também mostra que mesmo equipes diversificadas, quando recebem um desafio cognitivo para resolver, como um reframer, unem-se ao redor de um consenso sem explorar as perspectivas diferentes no grupo. Isto é estranho: é quase como se a equipe deliberadamente renunciasse ao poder de usar a diversidade que possui. No entanto, o problema desaparece quando pedem que os membros da equipe reflitam sobre o problema individualmente, antes de trabalharem como um grupo.

A razão é evidente. Ao pensarem sozinhos sobre o desafio, os membros da equipe exploram seus diversos conjuntos de framers, que mais tarde vão usar para debater com o grupo. Por outro lado, quando discutem, desde o início, o desafio como equipe, cada membro é imediatamente influenciado pelos outros, o que rapidamente leva a um consenso. Portanto, uma abordagem superior para as organizações que encaram um desafio de reframer é fazer com que os diversos membros de equipe pensem inicialmente na questão sozinhos, e apenas depois pensem com o grupo.

A Apple consegue os mesmos fins através de meios diferentes, de acordo com Podolny. Seus gerentes são especialistas em domínios específicos, não têm "conhecimentos gerais", como na maioria das grandes empresas. Eles têm ideias fortes, mas opiniões e framers diferentes. Quando se reúnem para discutir um assunto, não convergem rapidamente para um consenso e dão tapinhas nas costas uns dos outros, enquanto caminham no refeitório dos executivos. Dessa maneira, as reuniões de grupo produzem o benefício de equipe que mencionamos. A Apple procura três qualidades fundamentais em seus gerentes: conhecimento na área, domínio dos detalhes e "uma disposição para debater colaborativamente sobre outras atividades durante tomadas de decisão coletivas", diz Podolny.

A composição dos grupos e a forma como trabalham criam um ambiente para framers produtivos. Outras técnicas incluem dar aos membros tempos iguais para apresentarem seu caso e aderirem à opinião geral. Isso pode parecer intuitivo, mas é algo que não é amplamente praticado nos negócios — apesar dos estudos indicarem que isso funciona porque reuni a inteligência coletiva do grupo.

Nos últimos anos, as organizações e as empresas começaram a experimentar, indo além dos limites institucionais para atrair ideias diversas. É compreensível. "Não importa quem você seja, a maioria das pessoas inteligentes trabalha para outras pessoas", falou o consagrado geek do Vale do Silício, Bill Joy, na década de 1990. Mesmo que uma organização atraia membros diversos para suas equipes, o modelo mental mais apropriado pode estar com pessoas em outros lugares, especialmente para aqueles desafios difíceis de reframers. A internet reduz os custos das transações de envolver pessoas de fora, apoiando a inovação aberta, plataformas de colaboração coletiva, como a InnoCentive e Kaggle. Elas não reúnem simplesmente pessoas diferentes, mas os seus framers diversos.

Às vezes, essa abordagem funciona. A japonesa Cuusoo criou um site para fãs compartilharem ideias para o Lego. Pessoas de todo o mundo provaram ser tão criativas — bem mais do que os superdesigners da Lego — que, em 2008, a empresa dinamarquesa se uniu à comunidade de fãs. Um dos produtos é o DeLoren, o carro máquina do tempo do filme de 1985 *De Volta para o Futuro*, cheio de rodas dobráveis (e um capacitador de fluxo). Os modelos da Cuusoo, agora com a marca "Lego Ideas", são feitos de peças de Lego comuns. Mas são unidas de forma a fazer as pessoas reimaginarem o que é possível.

Elogio aos Tolos

A diversidade não é gratuita. Nas empresas, leva a discussões intensas sobre qual framer certo aplicar a um problema. Isso consome energia extra, e se as tensões aumentarem, o desempenho da empresa pode ser prejudicado. Mas, em muitos casos, os resultados melhoram. E como na escolha de um framer o resultado é crucial, o atrito deveria ser bem-vindo, porque a diversidade leva a resultados melhores. A variedade confere vantagens quando alguém está tentando identificar a melhor solução para um problema.

A ideia é bem exemplificada por Scott Page, um matemático e *expert* em ciência da decisão na Universidade de Michigan. Ele propõe a metáfora de tentar escalar até o topo do maior pico de uma cadeia de montanhas. De onde você está é fácil ver o caminho, mas o risco é você subir em um ponto alto, mas não no mais alto. Você está parado em um "ótimo local" (o melhor para uma área específica), não no "ótimo geral" (o melhor de todos). Você não pode ver a totalidade da área. Não pode examinar todo o "espaço do problema".

Nessa situação, a maioria das pessoas fica no lugar ótimo e declara vitória ou — na melhor das hipóteses — desce ao vale e escala algumas montanhas vizinhas, na esperança que a deixem em um lugar mais alto ou que permitam que veja mais além. Em um mundo de recursos limitados, no qual nunca há tempo, dinheiro ou vontade suficientes "soluções satisfatórias" — aceitar que o primeiro pico que você escalou é o mais alto — é a normal. No entanto, uma solução melhor é agregar pessoas que possuem framers diferentes, já que podem começar suas escaladas em um trecho totalmente diferente e de maneira diferente. Ter pontos de partidas e abordagens distintas aumenta as chances de alguém alcançar o ótimo geral.

Isso é difícil na prática. É complicado institucionalizar o valor da diversidade, se a organização está resistente em fazer. É preciso um tipo especial de organização para permitir a existência de pessoas com framers diferentes, para ouvir quando estão falando (já que o que dizem é normalmente algo que a organização não quer ouvir). No mundo dos negócios, tais intelectuais com pontos de vista diferentes e Cassandras precisam ser cultivados. Mas raramente são.

No mito grego de Cassandra, a bela filha do Rei Príamo era admirada pelo deus Apolo. Para ganhar sua afeição, ele lhe deu o dom da profecia. Mas, quando ela não aprovou suas investidas, ele a amaldiçoou (pois um dom divino não podia ser revogado). Embora ainda pudesse ver o futuro, Apolo fez com que suas visões fossem sempre desacreditadas. E, assim, a maldição de Cassandra é que ela pode ver o que vai acontecer, mas deve carregar o conhecimento sozinha. Ela grita ao vento, em uma língua que ninguém entende. A queda de Troia! Mas as pessoas a consideram louca e não prestam atenção.

Isso parece com um dia comum em uma empresa da lista das 500 maiores empresas da *Fortune*. Hoje em dia, não é com gregos distribuindo dons que precisamos ficar atentos, mas com os pensamentos conformistas que nos levam a decisões subótimas. As burocracias regularmente não ouvem as "Cassandras corporativas" ao redor: os funcionários que preveem desastres e sugerem correções, mas que são ignorados. Andy Grove, o lendário cofundador da Intel, os via como tão essenciais para o sucesso dos negócios que, dedicou um capítulo inteiro em suas memórias, chamado "Cassandras Úteis", para valorizar aqueles que trazem "uma nova maneira de olhar as coisas".

O mito de Cassandra não acaba bem. Troia acaba sendo saqueada. Mas Ed Catmull, o cofundador e presidente do estúdio de animação Pixar, interpreta o mito de maneira diferente. "Por que, sempre me pergunto, achamos que Cassandra é a amaldiçoada?", questiona ele. "A real maldição, pelo menos para mim, aflige os outros — todos aqueles que não são capazes de perceber a verdade que ela fala."

Como líder de negócios, Catmull leva o assunto a sério. "Penso muito nos limites da percepção. No contexto da gestão, cabe nos perguntar: Quanto vemos? E quanto está ocultado de nós? Será que tem alguma Cassandra lá fora que não estamos ouvindo? Ou seja, apesar de nossas melhores intenções, também somos amaldiçoados?"

A maldição não é ver o que os outros não podem ver. É a falta da agilidade cognitiva dos outros para considerar modelos diferentes. Não é que algo não pode ser comunicado. É que as pessoas não ouvem. Especialistas em saúde pública alertaram sobre uma ameaça de uma pandemia global de algum coronavírus, que passaria de um animal para os seres humanos, mas poucas pessoas prestaram atenção, já que o framer parecia muito dramático e coisa de outro mundo. Tanto Eunice Foote em 1856 e Inez Fung em 1988 alertaram que o carbono na atmosfera leva ao aquecimento global, mas o público não estava disposto a aceitar, até que fosse tarde demais.

Para superarmos essa maldição, as instituições precisam lutar por um espaço dedicado a framers diferentes das situações e por expor as pessoas a modelos mentais diversos. Na política, a noção de "oposição à Sua Majestade", um termo cunhado na Grã-Bretanha no século XIX, descreve como os partidos políticos podem se chocar, mas ainda assim compartilhar um objetivo comum e maior, que é de servir ao país. Do mesmo modo o conceito da "equipe vermelha" — um grupo interno que assume uma posição contrária à organização para testar suas defesas — é um elemento principal do planejamento militar, da estratégia corporativa e da segurança da computação. O grupo incumbe um observador externo de examinar suas próprias fraquezas. Ao permitir um conflito de framers (ou em outros casos, de contrafactuais), a organização encoraja o ataque para ver o que está acontecendo de uma outra perspectiva.

O bobo da corte medieval tinha uma função semelhante. Com sinos tocando do seu chapéu e um cetro na mão, parecia um ingênuo em meio aos homens sérios da corte, que levavam o país à guerra, coletavam impostos e impunham leis. Mas a realidade era outra. Embora alguns bobos da corte fossem menestréis ou cômicos, apenas eles podiam falar a verdade ao rei (embora de maneira cômica, senão a majestade perderia o prestígio...). Em 1386, o duque da Áustria, Leopoldo, o Piedoso planejava com os seus generais invadir a Suíça. O seu bobo da corte ficou sabendo da situação e expôs sua opinião: "Vocês, seus tolos, estão todos discutindo como entrar no país, mas nenhum de vocês pensou como vão sair de lá de novo!"

Na França, o bobo da corte Triboulet serviu aos Reis Luís XII e Francisco I. Depois de informar ao Rei Francisco que havia um cortesão que queria matá-lo, Francisco propositalmente disse: "Se ele o fizer, irei enforcá-lo quinze minutos depois." E Triboulet respondeu: "Ah, senhor, não poderia enforcá-lo quinze minutos *antes*?"

Alguns "bobos" continuam a ter uma função útil. Uma pesquisa recente da NASA sobre viagens espaciais humanas de longa duração pediu que um dos membros da tripulação tivesse uma personalidade de bobo da corte, brincalhão, palhaço, como maneira de neutralizar tensões e apresentar novos pensamentos quando fosse necessário.

Acertar o Framer

As pessoas melhoram suas habilidades de escolher um framer ao expandir o repertório, praticar o forrageamento cognitivo e desenvolver uma mentalidade nova para entrar em um desconhecido cognitivo. As organizações também promovem muitos framers. Elas podem estabelecer e manter um ambiente diverso e se certificarem que suas equipes empregam as normas básicas e certas para aproveitar o potencial do framer.

Porém, muitas vezes, é difícil para as organizações fazer isso, e até mesmo as instituições mais bem intencionadas falham. Esta foi a experiência do *New York Times*, que há muito se orgulhava de ser o bastião da diversidade e do pensamento independente. No dia 14 de julho de 2020, uma das suas colunistas, Bari Weiss, uma jornalista implicante que em alguns assuntos concordava com a esquerda, e em outros com a direita, decepcionada, pediu demissão.

Ela fora contratada há três anos pelo *Times* vinda do conservador *Wall Street Journal*, em uma tentativa de ampliar o espectro de visões dos artigos de opinião. Seguido da surpreendente eleição de Donald Trump — surpresa para a elite da mídia da Costa Leste —, a liderança do jornal sentiu que estava em descompasso com as visões do país que cobria. Opiniões de escritores de centro-direita eram um modo de apresentar uma variedade de pontos de vista para os leitores. A inspiração da ideia teve as melhores intenções do editor da página de opinião, James Bennet, e da família proprietária do jornal.

Mas a areia na ostra não produziu uma pérola. Muitos jornalistas da seção de notícias do jornal, separada da seção de opinião e editorial, ficaram desconfortáveis com os comentários de direita. Com o tempo, as queixas foram parar no Twitter, onde os repórteres condenavam publicamente artigos e autores. Como uma jornalista-celebridade, de língua afiada, inteligente e nos seus 30 e poucos anos, que adora desafiar o dogma liberal, Weiss tornou-se alvo.

Ela criticou a Marcha das Mulheres após a posse de Trump. Expressou preocupação de que o movimento #MeToo fora longe demais. Escreveu sobre a *"dark web* intelectual" de pensadores divergentes e denunciou a censura, as pequenas agressões e espaços que representam a guerra das culturas. Seu trabalho gerou animosidade dos dois lados. Judia, foi apelidada de Nazi pelos trolladores.

Em junho de 2020, após a seção de opinião publicar um artigo apelando para Trump usar intervenção militar para reprimir saques e perturbações decorrentes de alguns protestos do Black Lives Matter, uma insurreição da equipe mandou Bennet embora, o editor da seção de opinião que recrutou Weiss. A pressão sobre ela aumentou, e ela saiu do jornal cinco semanas mais tarde. "Minhas próprias incursões no pensamento politicamente incorreto me tornaram objeto de *bullying* constante dos colegas que não concordavam com as minhas visões", escreveu ela em sua carta de demissão.

"Ao defender princípios, você não é aplaudida, você vira um alvo." Como explicou: "Um novo consenso surgiu na imprensa, mas talvez neste jornal: que a verdade não é um processo de descoberta coletiva, mas uma ortodoxia de alguns iluminados cujo trabalho é informar aos outros." De certo modo, a disputa parece como uma luta sobre o discurso livre em uma era em que há um frenesi de encenações da virtude, política identitária e cultura do cancelamento. Porém, existe algo mais profundo. A diversidade cognitiva depende da matéria-prima dos framers. E as organizações desempenham um papel essencial na divulgação disso. Mas é difícil. Até mesmo *Times* tentou e falhou. No entanto, por mais complicado que seja as organizações obterem sucesso, é ainda mais difícil no nível de sociedade, onde mais importa. É para lá que agora vamos.

8

pluralismo

a coexistência de framers é essencial para a sobrevivência humana

O oficial da Gestapo gostou dela. Por dias, interrogou a jovem sentada à sua frente. Seu suposto crime foi registrar como organizações e indivíduos estavam substituindo seus entendimentos diversos do mundo pela batida monótona do antissemitismo e da propaganda nazista. Agentes revistaram o seu apartamento e encontraram códigos misteriosos — citações filosóficas escritas em grego antigo.

O oficial não sabia o que fazer com aquilo. Era investigador criminal e fora promovido para o setor de crimes políticos. "O que eu faço com você?", perguntava em voz alta, ao longo do interrogatório.

Ela achou que ele tinha um "rosto honesto". Quando ela pediu cigarros, ele trouxe vários maços. Quando reclamou sobre a qualidade do café, ele conseguiu um melhor. Em troca, ela o elogiava e inventava mentiras elaboradas. Ele prometeu que ia liberá-la e, como fez com os cigarros e o café, cumpriu a promessa. Depois de ficar oito dias detida em uma cela em Berlim, Johanna Stern — mais tarde conhecida como Hannah Arendt — estava livre.

O ano era 1933. Hitler consolidava seu poder. Arendt, tinha vinte e seis anos, sabia que da próxima vez não teria tanta sorte. Então, ela fugiu da Alemanha e foi para Paris. Os nazistas tinham começado a deter "preventivamente" aqueles com diferentes opiniões e crenças, ou simplesmente espancá-los. A vibrante e colorida Berlim, com suas óperas e sinfonias, galerias de arte e editoras, salões políticos e cabarés, foi lentamente se tornando algo embotado e cinza.

Não foi só em Berlim. Na década anterior, a vida fervilhava de energia e imaginação. As ideias floresciam. A empolgação era desenhada por futuristas italianos, expressionistas alemães e dadaístas franceses. Era ouvida nos discursos bolcheviques em Petrogrado, entre políticos radicais ameaçando sucessivos governos franceses, entre anarquistas italianos em Massachusetts e chineses em São Francisco. A década de 1920 e o começo da de 1930 foram inundados por uma profusão de framers. Em Paris *les années folles* (os anos loucos) viram Igor Stravinsky redefinir a música, Pablo Picasso reinventar a pintura, James Joyce reinterpretar a literatura, Le Corbusier reimaginar a arquitetura — nenhum deles era francês. Na frenética década de 1920, nos Estados Unidos, mulheres "melindrosas" dançavam, bebiam e fumavam, deliberadamente indo contra os limites e redefinindo o que era considerado um comportamento aceitável.

"Em todos os lugares, havia uma atmosfera de sedução", escreveu um crítico literário. "As orquestras tocavam rápido." Era um caldeirão fervilhante de ideias políticas, sociais, econômicas e artísticas. O capitalismo, comunismo e fascismo se mesclavam. Pacifismo e militarismo competiam por superioridade. O cubismo e o surrealismo, o ultraísmo e o minimalismo; o antissemitismo e o nazismo. Estavam todos lá colidindo, conectando, repelindo e transformando.

Porém, devagar, o amplo espectro das ideias começou a se estreitar. Foi gradual, quase imperceptível, como ferrugem. Parte disso foi planejado, a consequência do crescimento de exércitos extremistas.

Outra parte foi acidental, pelo menos inesperada, já que as pessoas olhavam e esperavam o melhor. Onde antes a diversidade de framers florescia, agora era reprimida. Os cientistas foram colocados nas linhas de montagem das fábricas. A arte "degenerada" foi removida das paredes dos museus. Professores, jornalistas e empresários foram intimados a servir e adular o modelo mental dominante, em vez de desenvolverem um pluralismo de framers.

Um ambiente sombrio se instalou. Jovens invadiam as ruas em grupos paramilitares, cometendo atos de barbárie. Hitler, Mussolini e Stalin aprisionaram dissidentes e fuzilaram políticos rivais e suas famílias. A invasão cognitiva tornou-se física. Uma menina de catorze anos na Polônia escreveu em seu diário em 1943: "Ah, já ia esquecendo o mais importante. Eu vi como um soldado arrancou um bebê, que tinha apenas alguns meses, dos braços da mãe e bateu sua cabeça contra o poste elétrico. O cérebro do bebê se espalhou pela madeira. A mãe enlouqueceu" — uma reflexão tardia do dia.

O motor da industrialização foi deformado para mecanizar o assassinato de milhões de pessoas, de vagões fechados a câmaras de gás até, enfim, os crematórios. A guerra começou com soldados da cavalaria e artilharia montada e terminou com bombas e armas atômicas. Quando o pior passou, a humanidade tinha infligido a si mesma uma agonia que desafiava a imaginação.

Um Único Framer da Verdade

A opressão tem muitas formas. Por trás da violência visível, das instituições distorcidas, do ódio e da injustiça, há restrições latentes. Elas tolhem a liberdade de enquadrar o mundo de dada maneira e de reimaginar o que poderia ser diferente. Não é aparente por si, mas perceptível pelos efeitos. A opressão cognitiva deixa um vazio. É reconhecida pela ausência, não pela presença. Quando as sociedades restringem a variedade de modelos mentais, quando negam a legitimidade de framers alternativos, toda a humanidade sofre.

Isso aconteceu com o crescimento do fascismo e do comunismo nas décadas de 1930 e 1940 na Europa. Foi uma característica da Revolução Cultural Chinesa nas décadas de 1960 e 1970. Suas manifestações aparentes foram vistas nos campos de extermínio do Camboja e no genocídio em Ruanda. Mas nem sempre acaba em violência externa. A distorção da percepção da realidade das pessoas é menos terrível, mas não menos errada. E isso aconteceu nos Estados Unidos durante a "ameaça comunista" — os interrogatórios de McCarthy na década de 1950, quando professores, escritores e produtores de Hollywood foram levados para o congresso para testemunhar se eram simpatizantes do comunismo. E, acontece hoje, quando os estudantes universitários — e políticos da Europa Oriental — impedem as pessoas de expressar, ouvir e manifestar seus pontos de vista.

Usamos modelos mentais para contemplar e interagir com a realidade ao nosso redor, então escolher e aplicar um framer é nossa ferramenta mais poderosa. Uma mentalidade diversificada nos torna melhores framers individuais, e uma equipe diversificada chega a melhores soluções. Uma vantagem semelhante de adotar vários framers é válida para a sociedade e a humanidade no geral. Assim como as pessoas se beneficiam da diversidade, a sociedade se beneficia do pluralismo. A questão é menos moral do que pragmática: abertura e tolerância para uma profusão de framers diversificados melhora as chances daquela sociedade progredir.

A ideia do pluralismo de framers é aparente na esfera econômica. A essência da economia de mercado é os participantes interagirem como julgarem melhor para coordenar suas atividades. Todos têm seus framers para tomar decisões — para competir, cooperar e negociar. (Quando o filósofo moral Adam Smith pediu por um "mercado livre e aberto", estava se referindo à liberdade dos obstáculos que o impediam, como impostos supérfluos, tarifas em causa própria e taxas injustas dos locatários, mas também se referia à liberdade de restrições nos modelos mentais.) Da mesma forma, o pluralismo está evidente na esfera política. Uma democracia, na qual as pessoas podem decidir quais serão seus líderes e leis, permite a competição aberta pela governança — e a liberdade de enquadrar.

Na esfera social, o pluralismo se opõe à conformidade. Aceita diferenças em vez de as combinar em algo uniforme. Quando todas as cores do arco-íris são consolidadas em um feixe, ele produz luz branca. O pluralismo celebra a continuidade dos tons: luta pelo colorido, não pela falta de cor. Uma sociedade aberta e tolerante a uma miríade de framers funciona melhor para todos os seus membros.

O pluralismo não é o fim, mas o meio de atingi-lo. O fim é uma sociedade que apoia as pessoas, e protege seus direitos e liberdade, física e cognitiva. A liberdade de enquadrar exalta a dignidade humana, mas seu poder são os efeitos: melhores decisões onde há muito em risco, para toda a comunidade. No nível social, o pluralismo não visa selecionar um framer e se concentrar nele. A meta é permitir que uma multiplicidade de framers em conflito floresça, e que todos sejam aplicados. Isso cria o ambiente em que as pessoas e as organizações podem enquadrar com sucesso.

Manter o pluralismo prepara a sociedade para reagir a desafios. Proporciona resiliência quando a aderência a um framer seria perigosa e a necessidade de reframer é urgente. O pluralismo oferece a variedade de que a sociedade precisa para evoluir, como a evolução biológica depende da diversidade. Em termos evolutivos, se a sociedade falhar em conjunturas de aproveitamento da tapeçaria de framers, falhará na seleção natural. É por isso que o pluralismo de framers nas sociedades é uma estratégia tão vital: ele nos ajuda a enfrentar o desafio do desconhecido.

Abandonar o pluralismo ameaça a sobrevivência da sociedade, mas adotá-lo significa julgar a variedade de modelos mentais uma praga. Ocorreu na década de 1930, com os nazistas, fascistas e comunistas que obtiveram sucesso ao sufocar a diversidade do pensamento. O filósofo Karl Popper chamou isso de "paradoxo da tolerância": tolerar a intolerância eventualmente leva a nenhuma tolerância.

Neste livro, sugerimos que não há framer ruim, apenas alguns que não se adéquam à situação. E eles deveriam ter permissão para coexistir. Mas também enfatizamos que existe uma exceção a essa regra: *O único framer ruim é aquele que nega os outros.*

Não defendemos isso por motivos morais ou éticos — ou com base em preceitos religiosos ou oque o valha —, mas por motivos práticos. O pluralismo possibilita melhores framers. É a "apólice de seguro" mental da humanidade para mudanças. Em contraste, quando se limita o framer, as capacidades cognitivas das pessoas ficam subutilizadas. E isso nos emburrece.

Não existe um caminho fácil para identificar os framers ruins, ou uma receita simples do que fazer com eles. Apenas os absolutistas acreditam que têm todas as respostas. Enfrentar framers ruins requer uma navegação constante e pragmática entre a necessidade de se manter aberto e receptivo em todos os momentos e a vigilância para impedir o surgimento dos framers intolerantes. Mas estar ciente deste desafio já é um passo importante.

Igualmente importante é entender que os framers ruins são exceção e que a tolerância é o padrão: em caso de dúvida, seja mais permissivo do que restritivo, porque, como framers, vemos os framers alheios com um olhar crítico. Além disso, a tarefa de avaliar esses framers excepcionalmente ruins é algo crucial para sociedade e não podemos delegar ou terceirizar. Precisamos lidar com isso como uma responsabilidade compartilhada.

Unitário Versus Variedade

O perigo causado pelos framers únicos da verdade é real, já que a humanidade é muito suscetível a eles. Como explicamos, os seres humanos adoram aplicar framers que usaram anteriormente com sucesso: pegar um martelo para qualquer coisa que se pareça ligeiramente com um prego. Ser ágil ao aplicar um framer padrão pode ser útil — mas também tem suas desvantagens.

Isso nos prende a uma reação convencional, que falha se o que é exigido é uma mudança de perspectiva. Ou pior, quanto mais bem-sucedidos formos ao aplicar o framer, mais nos apegamos. Podemos até creditar que ele é tão bom que não tem alternativas. É como o lastimável corretor de ações que adota uma estratégia e ganha muito dinheiro, no entanto, quando os mercados mudam, agarra-se na mesma estratégia e imagina o que deu errado.

Framers únicos da verdade são uma ameaça à individualidade e afetam toda a sociedade. Décadas de sucesso econômico e social seduziram muitas sociedades a acreditarem na validade de seu framer dominante. Em estados autocráticos, a pretensão de sucesso é usada para alardear os modelos mentais que foram empregados. Assim como alimenta a máquina da propaganda, também reforça uma crença de um regime em sua própria virtude. É uma dinâmica perigosa que, aos poucos, conduz a sociedade em direção a um vazio intelectual, já que remove das mentes e da esfera pública qualquer remanescência de diversidade dos framers.

No entanto, o oposto do estado autocrático, a democracia liberal, dificilmente está imune. Nas democracias, a descida é mais lenta, os passos para longe da diversidade cognitiva, menores. Porém, a queda ainda pode ocorrer, mesmo que mais sutil e que passe despercebida. Se não estivermos vigilantes, com o passar do tempo a profusão de framers da sociedade pode ser reduzida, se não de forma explícita e legal, então através de pressão social.

Hannah Arendt, que escapou da Gestapo e fugiu da Alemanha nazista, arriscou sua vida várias vezes antes de conseguir ir para os EUA, onde tornou-se uma das principais intelectuais públicas de sua época. Ela escreveu eloquentemente sobre filosofia política — volumes grossos com títulos curtos e ousados como *Origens do Totalitarismo* e *Sobre a Revolução.* Depois de assistir ao julgamento dos crimes de guerra de Adolf Eichmann em 1960, o burocrata nazista que ajudou organizar o Holocausto, ela escreveu seu livro mais notável, *Eichmann Em Jerusalém,* e cunhou o termo "a banalidade do mal".

Arendt é conhecida por suas ideias sobre política, porém seu trabalho mais interessante é sobre o que ela chamou de "a condição humana". Ela descreveu a essência da humanidade como a habilidade das pessoas de pensar, decidir e agir. Era uma defensora do pluralismo de framers, ou "perspectivas", como os chamava.

"Quanto mais perspectivas eu tiver ao ponderar sobre um dado assunto", escreveu, "mais válidas serão minhas conclusões".

Ela se rebelou contra a homogeneização do pensamento. Rousseau aspirava por uma "vontade geral". Mas não Arendt. Ela insistia em "uma pluralidade de perspectivas". Ou, como resumiu: "Os homens, e não o Homem, vivem na terra e habitam o mundo."

Arendt abominava a monocultura dos modelos mentais em sociedades autocráticas. Ela criticou as revoluções russa e francesa por imporem uma visão singular da realidade às pessoas, em vez de capacitá-las para serem livres e expressarem uma variedade de modelos.

Porém, um dado importante é que ela estava ciente do presunçoso universalismo do Ocidente — a ideia de que a perspectiva da sociedade liberal pode ser imposta em todo o mundo como framer da verdade. Ela queria um grande número de modelos mentais coexistindo. E isso foi o fio condutor de sua vida e seu trabalho, do qual ela própria era uma personificação: uma mulher judia e estudante do maior (e mais controverso) filósofo alemão de seu tempo, Martin Heidegger, e, sem seguida, como mulher norte-americana estudando o que motivava o "homem em tempos sombrios". Independentemente do nome que o estado usa para restringir a capacidade cognitiva das pessoas, isto empobrecerá a sociedade tornando-a vulnerável. Arendt queria que as pessoas reconhecessem a importância do pluralismo de framers, mas poucas a entenderam.

O final da Guerra Fria e a queda do comunismo no começo da década de 1990, aprofundaram ainda mais a convicção entre muitos no Ocidente de que não apenas os valores ocidentais, mas também seus framers, seus modelos mentais do mundo, eram superiores aos outros. O cientista político norte-americano Francis Fukuyama destacou-se ao dar voz a essa crença em 1992, de que a civilização humana tinha chegado ao "fim da história", porque a ideia de democracia liberal de mercado — o framer dominante que ficou após o colapso da União Soviética — parecia marcar um ponto final no pensamento político. O framer da "democracia liberal de mercado", exemplificado pelos Estados Unidos, não encontrou nenhuma alternativa confiável ou coerente de como governar. Então, começou um "momento unipolar" nos assuntos mundiais.

Como única superpotência, os EUA exportaram seus valores e modelos mentais — uma marcha de ideias e ideais triunfalistas e universalistas. Um ano depois da queda do muro de Berlim, havia cartazes no metrô da antiga Berlim Oriental, com a propaganda de uma marca de cigarros chamada Ocidente, que dizia: "Prove o Ocidente!" O otimismo ingênuo definiu a década. A Rússia estava aberta para investimentos e à realização de eleições. A ascensão da China à Organização Mundial do Comércio em 2001 foi apoiada pelos Estados Unidos: poucos poderiam imaginar que o país não estava no caminho da abertura econômica e de maior liberdade humana.

Depois do 11 de Setembro, os EUA invadiram o Iraque e o Afeganistão — e começaram a organizar eleições. Quando a Primavera Árabe começou em 2010, especialistas norte-americanos viram nisso uma confirmação de que o espírito de 1776 finalmente se estendeu entre o Teerã e Túnis. Eles olharam para os acontecimentos através do framer que conheciam melhor, embora essa visão dissesse mais sobre os indivíduos que a empregaram do que sobre a situação em si. Mais sobre quem estava olhando, do que o que havia para ver. Podemos simpatizar com o erro: "Se o framer funciona bem, por que mudá-lo?" é uma tendência natural.

Mas o problema não é que as pessoas usam framers que já não funcionam. O perigo é que, conforme os framers alternativos são excluídos, os desafios à sabedoria convencional diminuem. O risco é que o ambiente não suporte mais uma variedade de framers que podem coexistir e disputar por aceitação.

A variedade aumenta as chances de encontrar novas soluções para os desafios e superá-los. Um conjunto reduzido de framers ou um único dominante faz com que caiamos em uma armadilha mental e não consigamos enfrentar os desafios — e como os habitantes dos reinos antigos e das ilhas remotas, vemos nossa civilização destruída pela incapacidade de reagir. Mas há como evitar isso.

Evitar Monoculturas Mentais

No despontar da Era da informação, a Costa Leste norte-americana dominava. A gigante de telecomunicações AT&T tinha sede em Nova Jersey. A GE, potência dos eletrônicos, em Connecticut. O colosso da computação, IBM, era do estado de Nova York, assim como a Kodak na fotografia e a Xerox para copiadoras. Uma grande quantidade de empresas de informática alinhava-se na Rota 128 em Boston. Em

1959, empregos técnicos na Rota 128 eram quase o triplo do que no Vale do Silício. No entanto, em 1990, a contratação em tecnologia no Vale do Silício foi muito maior, e a região estava criando três vezes mais empregos. Mas como o Vale do Silício obteve sucesso?

A resposta é que os titãs da tecnologia da Costa Leste eram geridos como burocracias governamentais: monolíticas e centralizadas. Foi a era do homem da empresa vestindo o terno de flanela cinza. As empresas da Rota 128 (agora com nomes esquecidos como Digital Equipment Corp., Apollo Computer e Wang Labs) eram organizações formais e hierárquicas, em que as tomadas de decisões eram concentradas no topo e as informações eram isoladas, em vez de compartilhadas fora da empresa. O mercado de trabalho não estava aberto para as pessoas que mudavam de emprego — a falta de migração de empregos significava que os trabalhadores eram recompensados por se conformarem com aquilo que as empresas consideravam certo, e não tinham contato com ideias de fora. A estabilidade era premiada, não o pensamento inovador, notou a pesquisadora de negócios AnnaLee Saxenian, em seu memorável trabalho, *Regional Advantage*.

Em contraste, o Vale do Silício abrigava uma rede próspera de empresas pequenas e ágeis, que competiam e buscavam novas ideias. Não havia protagonistas dominantes, as *startups* eram decentralizadas, e assumir riscos era respeitado. A competição equivalia a vários pequenos experimentos que tornaram todos mais espertos. Funcionários de empresas diferentes se encontravam fora do escritório para dividir ideias, e o mercado de trabalho encorajava a troca de empregos, permitindo que as empresas tivessem um conjunto mais completo de framers vindo de seus funcionários. O resultado era que esse Vale do Silício, fragmentado, era mais inovador e eficiente do que as empresas conformistas da Costa Leste.

De acordo com o historiador econômico Joel Mokyr e o antropólogo Jared Diamond, houve uma situação análoga na competição econômica entre China e Europa nos últimos dois mil anos. Durante toda a história, a Ásia foi mais avançada científica e economicamente, e a Europa era uma província primitiva. Para apreciar o papel que o pluralismo de framers desempenhou no destino das sociedades, é interessante voltar no tempo — para o ano 221 a.C.

Após um período de guerra entre os estados, a China foi unificada sob a dinastia Qin. E, como poder único, poderia tornar muitas coisas mais eficientes. A tomada de decisões acontecia no centro e se disseminava pelo país. Por quase mil anos, a China dominou o mundo na ciência e na inovação. Suas invenções incluem: ferro fundido, pólvora, construção naval, bússola, relógios complexos, papel e tipografia. No começo do século XV, bem antes de Colombo viajar com três navios pelo Atlântico, a China já enviara grandes esquadras de navios através do Oceano Índico para chegar ao Leste da África.

Porém, após lutas internas pelo poder, no século XV, uma facção insular assumiu o controle. As esquadras chinesas pararam, a construção naval foi descontinuada, e os estaleiros, desmontados. Navios transoceânicos foram banidos. O comércio, proibido. Em 1661, o imperador deslocou as pessoas do sul da China para 23km longe do mar, e deu adeus aos comerciantes europeus e às missões diplomáticas. Após algumas decisões no país centralizado, a grande época de explorações, invenções e globalização da China foi interrompida.

Compare isso com a Europa. No século XIV, a região era dividida em mil pequenos estados concorrentes. As guerras religiosas terminaram em meados do século XVI com a doutrina *Cuius regio, eius religio* ("De acordo com sua região, sua religião"), abrindo caminho para o pluralismo religioso. No entanto, os feudos, principados e reinos lutavam pelo poder e pela riqueza, causando atritos e inúmeras batalhas sangrentas. Mas a desunião da Europa também foi um campo fértil para a experimentação, um laboratório de novos framers nos domínios da política, da economia e da ciência.

Enquanto as políticas da China eram unitárias, as da Europa estavam dispersas. Enquanto a China tinha uma língua dominante, a Europa tinha várias, até com alfabeto próprio. Enquanto a China tinha um controle central, os países europeus estavam a uma distância que permita o pensamento independente, mas próximos e porosos para trocar ideias e compartilhar o que funcionava. Cidades-Estados da Itália e os *Länder* na Alemanha prosperavam. Tentativas de unificar a Europa, de Carlos Magno a Napoleão, fracassaram. No seu auge, o Império Romano compreendia menos da metade da área da Europa. Descentralização significava diversidade, e isso produzia framers diferentes para avaliar problemas e testar soluções.

A China era um estado homogêneo, administrado centralmente. A Europa, fragmentada e repleta de framers. As condições inibiam o pluralismo de framers em alguns lugares e o incentivavam em outros. A China inventou a pólvora, mas, como lhes faltavam rivais, a utilizava em fogos de artifício. Os europeus, competindo e com medo dos vizinhos, enxergaram outras utilidades para ela — incluindo, infelizmente, a fabricação de armas. Hoje, a situação econômica parece diferente. A China é um viveiro de rivalidade comercial e o Ocidente parece ter perdido o seu dinamismo para os negócios e a sede por inovação. A dominância faz isso com as pessoas, empresas e países. As condições importam.

Ironicamente, o Vale do Silício tornou-se a nova monocultura. Engenheiros, programadores e designers tendem a ser parecidos, pensar da mesma forma e motivados pelos mesmos valores. Empresas grandes e monolíticas, geridas por líderes poderosos erguem-se como totens sobre *startups Liliputianas*. Seja um cientista pesquisador da Caltech ou um hacker que não concluiu o Ensino Médio, as pessoas carecem de diversidade; o equivalente social dos diretores noruegueses. Patrick Collison, fundador da empresa fintech, Stripe, e Tyler Cowen, o economista que preconizou os "estudos do progresso", para entender em maiores detalhes por que alguns ecossistemas inovadores são melhores que outros — e como sustentar o sucesso. Talvez os geeks pareçam clones uns dos outros, pois todos eles passaram pelas aulas de Joel Podolny na Universidade da Apple apenas para tentarem "pensar diferente" da mesma maneira.

Monoculturas nunca funcionam. A homogeneidade de modelos mentais fracassa nos grupos econômicos assim como em sociedades inteiras. O princípio do pluralismo de framers (ou seja, devemos aceitar todos os framers exceto aqueles que negam os outros) oferece uma solução que é simples e fácil.

O pluralismo de framers não implica que todos os framers são iguais em utilidade ou valor. Alguns são piores em comparação a outros, e devemos ser cuidadosos antes de considerar qualquer um deles. Claro, framers podem ser críticos de outros framers, implicando na inferioridade do outro em relação às circunstâncias, ou destacando sua própria superioridade sob certas condições. Esse é precisamente o tipo de compromisso robusto no bom framer de que todos nos beneficiamos.

Portanto, o framer de que a Terra é plana é falho, mas ainda pode ser útil para medir curtas distâncias facilmente, pois a curvatura do planeta é insignificante em escalas locais. Temos o direito de explicar o porquê deste framer não corresponder à realidade, mas não devemos recusar totalmente sua existência. E nem devemos tentar suprimir o modelo mental de que o aquecimento global *não* está sendo causado pelos seres humanos. Isto é errado em face da ciência, e leva a decisões errôneas — mas esta é uma razão para resistir ao framer errado, não para negar sua existência. O objetivo do pluralismo de framers é que os framers disputem entre si, complementem-se, contradigam-se e coexistam. Porém, nenhum framer poderia seria aceitável se buscasse eliminar ou negar a existência de um alternativo. É por isso que a pressão social para censurar outros pontos de vista e a atual cultura do cancelamento são tão perversas. Não se trata de uma simples restrição à liberdade de expressão. É uma recusa em aceitar o pensamento dos outros — suas compreensões da realidade.

O pluralismo de framers produz melhores resultados, no entanto, pode haver bons fundamentos éticos e morais para banir framers adicionais do repertório compartilhado. Mas, se essas eliminações acontecerem, precisamos estar cientes e aceitá-las pelo que são — uma redução de nosso espaço de framer.

O pluralismo de framers não é gratuito: causa atrito na sociedade. Se todo mundo enxergar o mundo da mesma maneira, haverá pouco a debater. Porém, talvez não haja ninguém para impedir a sociedade de se jogar em um abismo — ou seja, de tomar decisões ruins porque falhou em dimensionar mentalmente bem a situação. As sociedades que encorajam perspectivas diferentes fazem um investimento deliberado. Elas aceitam um conflito de framers e encontram meios para transformar o atrito em um recurso.

Então, como as comunidades vivem e respiram o pluralismo? A maneira mais fundamental é estabelecer o ambiente certo, que adote framers diferentes e conflitantes. No capítulo anterior, explicamos como a diversidade cognitiva nas pessoas está ligada a um ambiente mais diversificado. Uma ampla variedade de amigos e colegas é o solo fértil que permite que a nossa própria variedade de modelos mentais se desenvolva. E o mesmo acontece a nível social.

Sociedades pluralistas não são necessariamente coerentes com democracias liberais. Podemos imaginar uma democracia em que os membros tenham pontos de vista semelhantes (pense na Inglaterra Vitoriana do século XIX, ou no modelo consensual de tomada de decisão do Japão no século XX). Do mesmo modo, podemos imaginar sociedades que estão aceitando framers bem diferentes, mas que não são necessariamente democráticos (o Império Romano era culturalmente diversificado, mas certamente não era governado democraticamente). A maioria pode não governar, mas a pluralidade dos framers pode permitir inovações e melhores decisões sociais, especialmente em tempos de mudanças disruptivas.

Um ambiente que protege a liberdade cognitiva e promove uma multiplicidade de framers não é o estado natural das coisas. Na verdade, o nosso tribalismo nos empurra para a homogeneidade cognitiva, como uma força invisível (todo mundo em uma reunião com o chefe sabe qual é a sensação). Um ambiente que promova o pluralismo deve ser estabelecido e mantido. Não basta declarar vitória. Apoiar as condições para o pluralismo é uma tarefa social significativa e empoderadora: até um pequeno esforço pode nos levar longe — contanto que se resista à complacência e passividade, que ajudam apenas aqueles que desgastariam a diversidade cognitiva.

Deixe Florescer Mil Framers

A sociedade deve promover o pluralismo de framers para que os pontos de vista floresçam. Quatro estratégias permitem isso: aceitar a variação e aproveitar a educação no nível pessoal, encorajar a migração e aceitar o atrito em nível social. Vamos ver cada um.

A primeira é a variação. Consiste em lutar por diferentes pontos de vista, em vez de esperar que apareçam. É encarar a variedade de perspectivas como uma característica a ser celebrada, não um fator desconfortável a ser evitado. A simples frase "Eu vejo isso de maneira diferente" acentua a tensão, mas, ao mesmo tempo, respeita as perspectivas do outro tanto quanto a sua. Isso confirma a ideia de que as pessoas que possuem diversos framers ainda podem desfrutar de interações proveitosas. Significa aceitar que o nosso mundo não é cognitivamente homogêneo, e sim que uma variedade de modelos mentais é uma marca do progresso da civilização.

Isso foi feito de maneira astuta, porém sutil, por ativistas dos casamentos entre pessoas do mesmo sexo, nos EUA. Em 1995, só um quarto dos norte-americanos apoiavam o casamento gay. Em 2020, eram quase 70%. O que aconteceu? Mudanças sociodemográficas podem explicar parte disso: os casais tinham menos filhos, fazendo com que o casamento fosse menos sobre reprodução e mais sobre um relacionamento estável. Porém, havia algo mais profundo em ação.

A partir da década de 1980, o casamento foi um dos pilares do movimento pelos direitos dos homossexuais, que enfatizava apenas isso: direitos legais. Mas não os levou a lugar nenhum. "Deus fez Adão e Eva, e não Adão e Ivo", esbravejavam os conservadores. Como Kevin Nix, que liderou estratégias de comunicação para a organização Livres para Casar, explica: "Aquele framer legal, um *direito*, não funcionava. Era estéril, materialista e não convencia."

Nos anos 2000, Nix e outros examinaram dados sobre a opinião pública, pesquisas de opinião e grupos de discussão para entender quais eram as dúvidas das pessoas. "Precisávamos descobrir como ir ao encontro delas, ver seus modelos mentais e ajudá-las a se envolverem", disse. "Estabelecemos um framer de valores do porquê as pessoas se casam: amor, compromisso e família."

Ou seja, o grupo mudou como essas pessoas caracterizavam o casamento gay, não como um direito ou liberdade, mas como uma expressão e um compromisso de amor. Foi uma mudança decisiva. Eles fizeram com que pessoas gays de estilos de vida diversos defendessem a ideia. Encontraram outros "validadores", como pais heterossexuais que defendiam o direito de seus filhos se casarem. Eles publicaram anúncios, colocaram a narrativa na mídia política e na imprensa de celebridades e a inseriram nas tramas televisivas.

O objetivo não era invalidar ou desacreditar como os outros viam o mundo, presumindo que houvesse um framer "certo" — a ideia era mostrar que havia inúmeros framers legítimos. E posicionaram o casamento gay no framer do amor e do compromisso que muitas pessoas heterossexuais já tinham.

E funcionou. Em 2011, o momento da virada chegou quando mais norte-americanos apoiaram do que se opuseram ao casamento gay. Surpreendentemente, apenas 14% da população descrevia o casamento gay em termos de liberdade, enquanto 32% em termos de amor e afeição humana. Em 26 de junho de 2015, a Suprema Corte determinou que a Constituição garante o direito de casais do mesmo sexo se casarem. Uma vitória social significativa foi alcançada sem forçar as pessoas a aceitarem um framer em particular. A noção de que uma profusão de modelos mentais pode coexistir, o marco de uma sociedade pluralista, estava no âmago do sucesso.

A segunda maneira de impulsionar o pluralismo está na educação e na socialização infantil. Atualmente, o magistério e a pedagogia estão cada vez mais abertos e encorajando pontos de vista diferentes, do que a um século atrás. É uma mudança universal que é muito mais acentuada do que as diferenças que ainda restam na educação, como a divisão do desempenho das escolas em zona rural e zona urbana. A abertura para novas ideias é uma característica do aprendizado moderno. Como resultado, os jovens adultos são mais articulados, mais confiantes e menos tímidos. Porém, o mais importante é que a sociedade se beneficia, porque os indivíduos que foram educados dessa maneira apoiam o pluralismo de framers.

Sem dúvidas, mais coisas podem e devem ser feitas, especialmente em lugares que ficaram para trás. Criar uma sala de aula que adote perspectivas diferentes é desafiador para os professores, que podem ter crescido em ambientes menos permissíveis. Ter um ponto de vista questionado exige saber mais, pontos fortes e fracos. O que também exige habilidades de gestão de discussões e uma disposição para potencialmente aceitar a superioridade do ponto de vista de outras pessoas. É pedir demais para uma profissão que já luta para administrar o crescimento do conhecimento, mais tarefas administrativas e menos recursos. É tentador considerar apenas o seu ponto de vista quando toda a sala está concordando e fazendo anotações.

Desafiar ideias e aceitar a legitimidade dos conflitos está no coração de uma sociedade aberta. Recrutadores discutem que graduados em artes liberais com uma sólida formação acadêmica têm vantagem no mercado de trabalho. Isso sugere que uma tarefa principal do ensino superior não é só o treinamento de habilidades, mas uma facilitação da diversidade cognitiva: não é sobre o que pensar, mas como pensar. Isso ajuda as pessoas a se tornarem melhores framers. Porém, de um ponto de vista mais amplo, delega à próxima geração garantir o pluralismo de framers na nossa sociedade.

O modo como ensinamos as pessoas a aceitarem que há várias lentes através das quais ver o mundo será decisivo: ver e celebrar as diferenças, em vez de ignorá-las ou escondê-las. Torná-las evidentes dignifica, honra e legitima as diferenças. Podemos falar sobre o que vemos. Uma área fascinante de pesquisas sociológicas onde isso entra em jogo é na diferença gritante entre a maneira como alguns pais norte-americanos negros e brancos falam com seus filhos sobre raça.

Pais brancos bem-intencionados não chamam atenção para a questão racial nem falam sobre problemas raciais, pois acreditam que esse comportamento de "neutralidade" resultará em filhos não racistas. A mensagem, transmitida por Martin Luther King Jr., de que o que importa é o caráter, não a cor da pele. Mas pais negros discutem raça e problemas raciais com seus filhos. A neutralidade racial é ignorar o óbvio — e não ver como isso afeta o cotidiano, desde andar em uma loja até ser parado no trânsito. Crianças negras são ensinadas a ver a "diversidade" e ter consciência da raça.

Os sociólogos acreditam que a "neutralidade racial", como um framer, é na verdade uma fonte de discriminação racial. Ao sugerir, de repente, que raça não deveria ser algo importante, pessoas brancas com as melhores intenções estão inadvertidamente negando a experiência de pessoas negras que vivem com a discriminação diária. O framer da neutralidade racial apaga a variação e despreza a diversidade, transformando o arco-íris em tons de cinza indistinguíveis. Isso negligencia a realidade em que as pessoas vivem e exalta a homogeneidade, oposto ao pluralismo de framers.

O framer alternativo, "diversidade" (nas palavras dos sociólogos estudiosos em questões raciais), não apenas admite a variação, mas ao fazer isso destaca a dor, adversidades e tensões que as diferenças representam, eventualmente as transformando na diversidade em que o framer humano se desenvolve. O objetivo da educação e da socialização é ver as diferenças atuais em nossa sociedade como uma responsabilidade e uma oportunidade.

O terceiro conjunto de medidas para promover o pluralismo de framers está na área da mobilidade e da migração. Quanto mais as pessoas levam sua cultura e formas de pensar de um lugar para outro — onde podem se misturar e metamorfosear — mais o ambiente é enriquecido e framers diferentes podem florescer. No decorrer da história, centros de pensamentos dinâmicos e novos sempre surgiram, de Atenas e Roma até lugares inovadores como a cidade de Cremona no século XVII para os violinos. Em Paris, o Quartier Latin recebeu esse nome porque era onde estudantes de toda a Europa se cruzavam e utilizavam o latim para se comunicar.

O que torna a mobilidade e a migração tão importantes é a abertura pressuposta. Nos anos 2000, Richard Florida, um teórico urbano, considerou os fatores que reforçam o sucesso ou fracasso econômico de regiões e áreas urbanas. Ele revelou suas descobertas em um livro, *A ascensão da classe criativa*, em que ele examinou um vasto conjunto de medidas para trazer à tona o que estava por trás do sucesso. Três elementos se destacaram: tecnologia, talento e tolerância.

O último, a tolerância, é o eixo de apoio. Os lugares mais abertos tiveram melhor desempenho. "Eles possuem um mapa mental maior, se você quiser. São o tipo de lugar que permite que as pessoas assumam riscos, não têm essa perspectiva homogênea", disse Florida. A classe criativa muda-se para locais que são mais tolerantes e receptivos. É um indicador precoce da diversidade e do pluralismo — e do dividendo econômico que o pluralismo de framers cria.

Contudo, a abertura requer compromissos de longo prazo. Como cidades relativamente tolerantes como Dubai e Cingapura (tolerantes em comparação com seus vizinhos geográficos) descobriram, o melhor da classe criativa é sua hipermobilidade. Eles vão embora rapidamente quando a tolerância não é sustentável. Em vez de perseguir essa elite criativa hipermóvel, pode ser mais sensato sinalizar abertura suficiente para aqueles que estão dispostos a vir e ficar para sempre.

Em grande escala, o pluralismo de framer de toda uma sociedade também pode ser deliberadamente influenciado pela migração. Com as baixas taxas de natalidade em muitas economias avançadas, a imigração é uma maneira de reabastecer a população. Mas as expectativas das sociedades diferem quando se trata de imigrantes. Por exemplo, na Europa continental, programas de gastos públicos significativos estão em vigor há décadas para ajudar a assimilação rápida dos novos imigrantes. O objetivo é que eles se integrem à comunidade — a estratégia certa quando a economia precisa de força de trabalho adicional e a sociedade não tem interesse em aumentar as tensões.

Quando, a partir de 2015, a Europa recebeu milhões de imigrantes, vindos principalmente do Oriente Médio e da África, especialistas previram que essa entrada de pessoas mudaria a homogeneidade relativa de muitas nações europeias e levaria a tensões sociais. Eles estavam certos: isso aconteceu. A diversidade tem um preço.

Todavia, do ponto de vista do framer humano, esse influxo de pessoas pode acabar se tornando uma bênção disfarçada. Atualmente, existe na Europa mais diversidade cultural do que em décadas. Mais diversidade cultural se traduz em mais pluralismo de framers. E isso protege as nações europeias da ameaça de monoculturas cognitivas, ao promover muitas perspectivas novas. Isto não é tão vital durante períodos de estabilidade, quando a navegação é suave e não é necessário reenquadrar. Mas é crucialmente importante quando as circunstâncias se modificam e torna-se imperativo mudar para framers alternativos, ou seja, quando a sociedade encara desafios ambientais existências: uma pandemia catastrófica ou uma forte desigualdade econômica.

Os Estados Unidos, por outro lado, estão equilibrando o mito do "caldo de cultura" com a "mistura cultural", onde as partes individuais permanecem distintas. As pessoas podem viver confortavelmente no bairro Koreatown, em Los Angeles, sem falar uma palavra em inglês, ou em Chinatown, em São Francisco, entre latinos no sul do Texas, cubanos na Flórida ou brasileiros em Boston. Isso diminui o ritmo da assimilação, mas dá aos Estados Unidos um dividendo de diversidade sustentável. As pessoas que vêm de fora veem as coisas diferentes de quem está dentro, e podem usar seus novos framers em seu benefício.

Vejamos: o cofundador do Google, Sergey Brin, nasceu na Rússia, assim como a nossa querida e conservadora escritora Ayn Rand. O CEO da Microsoft, Satya Nadella, é indiano, assim como o CEO do

Google, Sundar Pichai. A diretora financeira do Google, Ruth Porat, é britânica; Elon Musk, da Tesla e SpaceX, é sul-africano; o empresário aeroespacial que se tornou astronauta, Anousheh Ansari é iraniano. O czar da mídia, Rupert Murdoch é da Austrália. O cofundador da Intel, Andy Grove, nasceu na Hungria, e o cofundador da NVIDIA em Taiwan. O sincero capitalista de risco Peter Thiel nasceu na Alemanha, assim como o ator Bruce Willis. O pai de Steve Jobs imigrou da Síria. Apenas Barack Obama é nascido nos Estados Unidos.

Todos eles romperam um molde e tornaram-se modelos a serem seguidos. E, ao fazer isso, realçaram o pluralismo de framers norte-americano, e garantiram a capacidade do país de aproveitar o repertório rico e variado dos modelos mentais. Isto é especialmente útil, já que o país encara tensões sobre o amplo espectro de identidades que caracterizam a vida política e social norte-americana.

O pluralismo tem um preço. De maneira apropriada, o atrito é o domínio final para promover o pluralismo de framers. A discórdia gerada pela colisão de framers diferentes pode ser transformada de uma desvantagem para uma vantagem.

Manter um pluralismo de framers em uma sociedade causará inquietude e conflitos entre seus membros. Depende explicitamente de como as pessoas vão ver e interagir com outras com as quais não concordam. Isso vai causar discussões e debates, mas pode, também, agravar as tensões. Afinal, este é o curso normal da vida quando pessoas com perspectivas diferentes se confrontam. Se não houver uma hierarquia clara ou prioridade de framers em uma sociedade (seja de um imperador, um papa ou um rei), a escolha daqueles que a sociedade deve adotar fica a cargo das pessoas (sejam como consumidores, cidadãos etc.). Se alguém valoriza a tranquilidade, a previsibilidade e a eficiência, então a perspectiva de um robusto desentendimento social pode parecer assustadora.

No entanto, isso também implica na energia e na motivação necessárias para moldar a trajetória da sociedade. A oportunidade está em canalizar este atrito de forma adequada — não em colocar um controle nele, ou escondê-lo, mas em adotar o debate e aceitar a existência de visões diferentes e conflitantes. Isso tem sido um ideal por séculos — a base do liberalismo (no sentido clássico, não no norte-americano), que é a liberdade para reimaginar e manifestar a discordância. Mas depois dos horrores da Segunda Guerra Mundial, garantir que a sociedade não apenas permita, mas que ativamente promova e proteja as diferenças tornou-se uma prioridade.

O atrito causado quando um framer esbarra em outro acontece na "esfera pública", nas palavras do filósofo alemão Jürgen Habermas. É o espaço onde as pessoas se encontram e debatem questões sociais. Não pense nos debates refinados que acontecem em Oxford, mas naqueles que acontecem em bares ou cafés, associações e clubes. Os atritos podem ser produtivos quando ocorrem nestes lugares.

A questão é que esses debates sociais se deslocaram de pessoas comuns para políticos profissionais, especialistas na mídia e outras vozes públicas — ou seja, a democracia direta foi substituída pela democracia representativa. Isto priva as pessoas de uma participação ativa e pessoal. Os debates políticos tornaram-se uma batalha teatral travada por terceiros representando pontos de vista das pessoas, em vez das próprias pessoas. Neste sentido, os norte-americanos delegaram sua capacidade crítica e expressão política para Tucker Carlson da Fox (da direita), e para Rachel Maddow da MSNBC (da esquerda), para que essas pessoas se expressem por elas. Mas os Estados Unidos não estão sozinhos. Esta é uma tensão nas sociedades de todo o mundo, desde os jornais *Yomiuri* contra *Asahi* no Japão, até as disputas entre os intelectuais franceses Bernard-Henri Lévy e Michel Houellebecq. Precisamos reavivar a esfera pública, onde os framers são aparentes e podem se chocar, colidir e combinar. Fundamental para isso, sustenta Habermas, são ativistas e grupos que fazem as pessoas se envolverem em problemas públicos e estimulam as pessoas a se envolverem em debates cívicos. Essa atividade permite que a sociedade aproveite o poder da diversidade para discutir e decidir em qual direção seguir. Democracia deliberativa — combinando elementos de consenso das tomadas de decisões e do governo da maioria — torna as discussões algo central para o processo político. Defensores são partidários da adoção do "dia da deliberação", que reuniria pessoas de muitas comunidades em um feriado público, talvez uma recompensa por sua disposição para discutir questões públicas. O objetivo é motivar mais cidadãos a se envolverem no tipo de debate que é a base da governança democrática.

Em uma versão mais modesta, um conjunto diverso de pessoas é reunido para deliberar sobre uma questão política. Os participantes são entrevistados antes do início da discussão e no final. Materiais informativos e especialistas são disponibilizados para responder perguntas e oferecer informações. É permitido um conflito de visões. Embora não exista uma expectativa de consenso, existe a expectativa de um envolvimento sincero e consideração pelo ponto de vista dos outros. Pesquisas deliberativas aconteceram em várias nações, e uma delas virou um programa de televisão na Grã-Bretanha em 1994, chamado *Power and the People* [*O Poder e o Povo*, em tradução livre].

Outra forma de aprofundar a participação política e transformar o atrito em benefício é o conceito de "empoderamento" democrático. É promovido por Roberto Unger, um pensador original e vibrante das ordens sociais alternativas na Escola de Direito de Harvard. Ele recomenda "elevar a temperatura da política", reunindo modelos mentais diferentes. Por exemplo, defende uma maior descentralização política para "criar 'contramodelos' do futuro nacional".

"À medida que uma sociedade avança decisivamente em um determinado caminho, ela deve ser capaz de reduzir os riscos de suas apostas e permitir que locais ou setores específicos se afastem das soluções gerais e realizem experimentos que apontem uma direção nacional diferente", explica ele.

Unger celebra atritos de framer em todos os lugares. Na educação, ele acredita que deve ser "dialética: cada assunto deve ser ensinado a partir de pelo menos dois pontos de vista contrastantes" — um valor que ele compartilha com Podolny da Universidade da Apple. A ideia é garantir que a sociedade "não defina uma única versão dela mesma — que sejamos capazes de experimentar maneiras alternativas de nos organizar".

O atrito que resulta do pluralismo não precisa ser considerado uma ameaça, mas pode ser canalizado de maneira produtiva para obter vantagem social — desde que haja um senso de futuro comum. Em uma época que é fácil se sentir sem esperança, a nossa visão é otimista: não somos golpeados por forças fora do nosso controle. Pelo contrário, como framers estamos armados com estratégias para construir a sociedade que queremos.

Touro de Wall Street, Garota Destemida

Hannah Arendt morreu em Manhattan, em 1975, logo após seu aniversário de 69 anos. Até o fim, ela temia que a "pluralidade de perspectivas", algo tão vital a ser protegido, estivesse se dissipando. Ela não gostava do fato de que havia uma ausência de mecanismos sociais para aprender e se beneficiar dos framers dos outros. Mas uma semente havia sido plantada. E Judith Shklar a cultivou.

Assim como Arendt, Shklar era uma refugiada de guerra judia (embora fosse quase vinte anos mais nova). Ela também era uma filósofa política em um ambiente masculino. Quatro anos antes do falecimento de Arendt, Shklar tornou-se a primeira mulher a ser efetivada pelo Departamento de Governo de Harvard, embora já estivesse no corpo docente há quinze anos. Shklar e Arendt compartilhavam uma aversão aos direitos individuais — não porque eram errados, mas porque eram insuficientes. Um pluralismo de visões não podia ser garantido apenas através dos direitos individuais.

Em vez disso, como Shklar chamou apontou (e como explicamos neste capítulo), isso requer a criação e a manutenção das condições sociais certas para que haja um pluralismo de framers. E foi o que ela quis dizer quando escreveu, em um artigo memorável em 1989, que "todos os adultos deveriam ser capazes de tomar o máximo de decisões eficazes sem o medo ou favorecimento sobre os muitos aspectos de suas vidas". Arendt enfatizava "pensamentos" e "ações". Shklar enfatizou "decisões sem medo".

Arendt e Shklar discordavam em alguns de seus pontos de vista. A filósofa mais jovem particularmente não gostava das ideias teóricas de Arendt sobre liberdade, sem oferecer meios práticos para realização da liberdade. Mas estavam unidas ao enfatizar o pluralismo, em vez das regras majoritárias, e ressaltar as condições, em vez dos direitos. Para Shklar, o progresso social está diretamente relacionado a ausência do medo, associado com possuir, não apenas um direito abstrato, mas a habilidade concreta dos seres humanos de se levantarem e se posicionarem contra o poder sem medo. Somente assim um pluralismo de framers é realizado.

Um símbolo tangível do pluralismo de Shklar é o confronto de duas estátuas perto de Wall Street, em Nova York. Desde 1989, o *Touro de Wall Street*, uma estátua de bronze enorme de 3,5 toneladas, medindo 3,4m de altura e 4,9m de comprimento, fica ao lado de um pequeno parque. Com as narinas infladas, o rabo em forma de chicote e com a cabeça baixa em posição de ataque, é um símbolo potente do capitalismo agressivo. No entanto, em 7 de março de 2017, outra estátua de bronze foi colocada na frente do touro. Essa tem apenas 1,20m de altura e pesa meros 113kg.

Encarando o touro, estava a *Garota Destemida*, da escultora Kristen Visbal. Com sua cabeça para cima, o queixo projetado, um rabo de cavalo ondulado e as mãos no quadril em uma "pose de poder", a pequena figura é um contraponto simbólico à fera à frente. A justaposição das estátuas representava a pluralidade dos framers. Não refletia poder contra impotência, mas a coexistência. Não havia uma hierarquia óbvia, e nem diferenciação de *status*. As duas eram legítimas. No entanto, não há dúvidas de quem era mais forte.

Enquanto estátuas ao redor do mundo como a do General Robert E. Lee nos Estados Unidos e do Rei Leopoldo II na Bélgica, foram depredadas no verão de 2020, o confronto entre o *Touro de Wall Street* e a *Garota Destemida* oferece uma lição que Arendt e Shklar iriam gostar. Ninguém precisa se sentir incapaz diante de uma grande força, mas pode permanecer ao seu lado, desde que as condições instiguem um senso de bravura. Pluralismo objetivo, só poderá existir se houver confiança, não medo. Mas quem possui tal confiança?

9 vigilância

precisamos nos manter em guarda para não perdermos nosso poder

Na primavera de 2020, quando o lockdown da Covid-19 ficou mais rigoroso nos EUA, uma série de vídeos curtos do TikTok se tornaram virais na rede social. A salada de palavras caótica parecia familiar, assim como a voz rouca: "Suponhamos que atingimos o corpo com uma luz tremenda, seja ultravioleta ou muito poderosa." Mas as palavras eram ditas pela jovem e dinâmica Sarah Cooper, dublando o remédio proposto para Covid-19 por Donald Trump. "E suponhamos que você trouxe a luz para dentro do corpo, algo que pode ser feito através da pele ou de outra forma... Parece interessante, certo? Depois, há, também, o desinfetante, que afasta o vírus em um minuto."

O efeito foi surpreendente. Outros comediantes tentaram personificar Trump imitando-o fisicamente, até a cintura, boné vermelho, e o penteado de lado para disfarçar a calvície. A arte de Cooper foi mais sagaz: ela imitou apenas a voz de Trump, e permaneceu com sua aparência real. Cooper é tudo o que Trump não é: uma jovem mulher negra e esbelta imitando um homem branco, velho e robusto. Ela nos fez parar um pouco e repensar nossas suposições.

Mudar os limites a fim de imaginar uma realidade alternativa faz toda a diferença. O efeito é revelador: o que é dito torna-se chocante. O método, ela explica, foi deliberado. "O que eu fiz foi basicamente pensar: *E se eu, Sarah Cooper, dissesse essas palavras?* Como se realmente acreditasse que era uma ideia válida", disse ela. "Retirei o terno, o pódio e as pessoas atrás dele concordando e o chamando de senhor, e tudo o que restou foram suas palavras vazias."

Cooper reenquadrou a personificação cômica ao abandonar cos limites de parecer com a pessoa zombada. É a comédia que expõe, em vez de imitar. Assim como a estátua da garota destemida encarando a estátua do Touro de Wall Street, uma comediante desconhecida enfrentou o presidente dos Estados Unidos. Ela alcançou o mais elevado marco de sucesso profissional: Trump a bloqueou no Twitter.

E, então, temos Nie Yunchen.

Em 2012, após abandonar a faculdade, aos 19 anos, em Jiangmen, uma cidade no sul da China, Nie procurava uma ideia de negócios que pudesse mudar o mundo. Ele percebeu que o chá, um pilar da história e da cultura chinesa, não era popular entre os jovens. Ou era muito caro e vendido para os mais velhos, ou uma mistura barata feita de chá instantâneo e leite em pó. As empresas gastavam muito no marketing de um produto que quase ninguém mais gostava.

Nie percebeu que o mercado de chás, como qualquer outro, poderia ser reenquadrado e interagiu com os limites para invocar novos contrafactuais do que um negócio de chá poderia ser. Com alguns milhares de dólares, ele abriu uma loja em Jiangmen chamada Heytea que atendia os chineses modernos. Os chás eram acessíveis, mas eram feitos de folhas de chá excepcionais, usavam leite de verdade e traziam sabores inovadores. Nie cobriu o custo dos ingredientes sofisticados resistindo às campanhas de marketing tradicional e divulgando sua marca nas redes sociais.

Heytea foi um sucesso. Mais lojas abriram. Claras e espaçosas, sinalizando qualidade e frescor. As pessoas ficavam horas nas filas para experimentar seus chás aromatizados. Em 2020, havia mais de 400 lojas na China, a empresa se expandia internacionalmente, e os negócios fizeram Nie faturar mais de meio bilhão antes dos 30 anos.

Enquanto o fundador da Starbucks, Howard Shultz, tornava o café um item gourmet e suas lojas uma "segunda casa", Nie fez algo diferente. Ele se aproveitou do orgulho cultural e da demanda por qualidade entre os jovens estilosos para criar uma marca em sintonia com seu tempo. Nie permaneceu com o framer das clássicas casas de chá chinesas, mas remodelou-as para sua geração. Ao fazer isso, familiarizou os jovens chineses com um antigo costume.

Um terceiro exemplo é Nthabiseng Mosia, a empreendedora ganense sul-africana que levou eletricidade para a África.

Tendo crescido em uma comunidade negra fora de Joanesburgo, Mosia aprendeu a importância de eletricidade confiável logo cedo. "A rede elétrica nacional ocasionalmente deixava de funcionar na minha casa, deixando minha família e eu na escuridão", disse ela. "De repente você percebe que, 'Espere um pouco! Não posso fazer todas as coisas que eu preciso!' Era na época dos meus exames do Ensino Médio, então, em algumas noites eu estudava à luz de velas."

Após se formar nos EUA, ela se mudou para Serra Leoa, na África Ocidental. Cerca de 85% das pessoas da região não tinham acesso à eletricidade. Como vivem em áreas rurais, não é viável conectá-las à rede elétrica nacional. Então, acabavam utilizando um lampião, com querosene tóxico e perigoso, como fonte de luz e precisavam viajar para carregar seus celulares. Mosia percebeu que, em vez de tentar expandir a rede nacional, as pessoas poderiam obter energia com painéis solares baratos. Assim, Mosia e dois cofundadores criaram a Easy Solar em 2016, que oferece conjuntos de painéis solares e baterias, para iluminação e eletrodomésticos. Embora o sistema tenha valor acessível, a maioria das pessoas não consegue comprá-lo. Porém, estão familiarizadas com os planos "pré-pagos" das operadoras de celular. Dessa forma, Mosia e seus colegas se perguntaram: E se os clientes não precisassem pagar na hora pelos kits, mas ao longo do tempo? A Easy Solar adaptou seu modelo de negócio ao oferecer um plano de financiamento inteligente: os clientes usam seus kits até o custo ser pago e depois tornam-se os donos.

Em 2020, a Easy Solar estava fornecendo energia elétrica para 300 mil casas atendendo a quase meio milhão de pessoas, permitindo que pequenos negócios ficassem abertos até tarde, melhorando a segurança das casas e fazendas à noite, e dando aos estudantes melhores condições para estudar — como Mosia sempre quis. A inovação não foi técnica. Ela readaptou um modelo de negócio da indústria dos telefones celulares para tornar a geração de energia não apenas decentralizada e confiável, mas também acessível.

Sarah Cooper, Nie Yunchen e Nthabiseng Mosia são framers. Interagiram com modelos mentais para criar alternativas, que mostraram escolhas diferentes, levaram a melhores decisões e criaram resultados de sucesso. E não temeram pensar no que o mundo poderia se tornar, em vez de se conformarem com o que existia.

Embora nenhum deles tenha mudado o curso dos rios, descoberto uma nova lei da física ou deixado uma marca que deixou a humanidade admirada, fizeram escolhas importantes. Uma mensagem essencial deste livro é que o framer pode acontecer em todos os níveis, do mais pobre ao mais rico, e ainda modelar o nosso mundo. E isto acontece mais frequentemente do que imaginamos. Saímos perdendo se focarmos apenas os atos excepcionais dos reframers que romperam paradigmas. Em vez disso, precisamos celebrar a capacidade abrangente do framer humano.

Enquadrar requer habilidade e se beneficia da prática e da experiência. Mas o framer também requer diversidade cognitiva e uma mentalidade aberta para o novo. Framers de sucesso não são sempre velhos e sábios, ou jovens audaciosos. A capacidade de enquadrar bem é uma habilidade que transcende as categorias óbvias, como idade, gênero, educação, renda e ocupação. Bons framers são raros, mas podem ser encontrados em qualquer lugar.

Pense no Novo, Pense Diferente

O progresso humano é medido através das lentes da cooperação humana. Ao trabalhar em conjunto, as pessoas promovem suas sociedades. Construímos cidades, navegamos por oceanos, exploramos os céus. Estradas romanas e a muralha da China. Tribunais de justiça e atualizações das cadeias de blocos. Seja na forma de infraestrutura, instituições ou invenções, as realizações das sociedades são atribuídas à organização e à coordenação de pessoas. E por um bom motivo. A maior parte do que as pessoas fazem e sabem não pode ser capturada por uma única mente. É necessária uma aldeia, hoje em dia, uma aldeia global, para alcançar o potencial da humanidade.

Podemos acreditar que as respostas para os problemas é dobrar a colaboração humana no futuro. Tudo o que precisamos é nos conectar mais e melhor. Para o historiador Yuval Noah Harari, a colaboração humana marca, além do ápice do passado, o elixir para o futuro. Conversando com o chefe do Facebook, Mark Zuckerberg, em 2019, ele afirmou: "Precisamos de colaboração global como nunca, pois estamos enfrentando problemas globais sem precedentes."

No entanto, essa é metade da história. Dentro de cada conquista está uma ideia. Incorporado em cada monumento está um modelo mental. Nossos sucessos econômicos, científicos e sociais originam-

-se de nossa capacidade de compreender e conceitualizar, ver o que é e o que pode ser e de conectar nossas ideias com nossas ações. Isto é a verdadeira base do aperfeiçoamento humano, dando suporte para a decolagem dos irmãos Wright e o grande passo de Neil Armstrong.

Então, por que focamos tanto a colaboração e menos o processo cognitivo subjacente?

Até certo ponto, a fixação na colaboração é compreensível: é visível e óbvia. É algo que podemos modelar e influenciar. Em contraste, os processos cognitivos estão presos em nossas mentes. Durante a maior parte da história humana, fomos incapazes de olhar a mente das pessoas. O filósofo e o *xamã* podiam avaliar os resultados da introspecção e especular sobre o processo cognitivo. Mas, para o resto de nós, era uma incógnita. O framer humano permanecia uma caixa-preta — um processo, cujas consequências experimentamos, mas sem o conhecimento real do seu funcionamento. Não tínhamos os métodos nem os conceitos para investigar essas profundezas cognitivas. Mal tínhamos uma linguagem para descrevê-las.

Isso mudou apenas há um século. A ciência cognitiva, a neurociência e a ciência da decisão são assuntos do início do século XX, com métodos e conceitos novos e poderosos para entender a mente. A maioria das pesquisas que destacamos têm origens nas últimas três décadas, e em descobertas importantes recentes. Embora sempre tenhamos sido framers, só agora valorizamos seu significado.

Isso é crucial, já que o olhar da humanidade está mudando da interação que reforça a colaboração para o framer que instiga melhores decisões. É uma mudança no foco: do interpessoal para o pessoal, do organizacional para o individual. A cooperação ainda importa, mas o framer importa mais. Ele é a alavanca central de melhora do destino da humanidade. E esse é um motivo para comemorar. Ao apreciar o poder do framer e aprender a melhorar nisso, aprimoramos nossa tomada de decisão — e, assim, nossas vidas, comunidades, sociedades e civilização. Ao compreender os ingredientes de um framer de sucesso, também identificamos as ferramentas essenciais para desenvolver nossas habilidades de enquadrar. Ainda mais importante, o framer oferece aos seres humanos um dos tesouros mais raros: a esperança.

E, no entanto...

Modelos diversos nem sempre são adotados. Sim, as pessoas nunca foram capazes de explorar os inúmeros e variados framers como hoje. Sim, o fluxo de informações, vital para a cooperação, produz enormes benefícios. Sim, a diversidade cognitiva nos torna melhores framers. No entanto, às vezes, desperdiçamos essa herança. Sentimo-nos desconfortáveis com o desconhecido. Confrontados com uma profusão de framers estranhos, acabamos nos refugiando naqueles que conhecemos melhor.

Globalmente, mas em especial nos EUA, "silos ideológicos" tornaram-se comuns em todo o espectro. Nos Estados Unidos, aqueles com fortes pontos de vista dizem cada vez mais que querem viver em lugares onde as pessoas ao seu redor compartilhem da mesma opinião. Em 1980, áreas com um framer ideológico dominante constituíam 4% do país. Em 2016, isso aumentou para 30%, e, em 2020, subiu para 35%, de acordo com o Pew Research Center.

Com as ideias, como as dietas, há uma diferença entre o que desejamos e o que nos sustenta. Pode acalmar nossa alma estar rodeado por pessoas que concordam conosco, mas, para nos tornarmos bons framers, precisamos nos expor a perspectivas que desafiam as nossas. A homogeneidade cognitiva é a morte do espectro de contrafactuais. A uniformidade é o fim do framer bem-sucedido.

Os riscos foram tão altos. As dificuldades são profundas: do clima aos conflitos, da desigualdade racial à econômica, da pandemia ao populismo e ao autoritarismo algorítmico. Para alguns, a última metade do século foi um tempo de certezas, estabilidade e conforto. No entanto, no arco da história, esse período acabou.

A maldição da nossa geração é encarar uma transição para tempos mais preocupantes. No horizonte próximo, há um período sombrio em que as patologias que o progresso produziu devem ser abordadas, ou corremos o risco de que nos erradiquem. Conforme enfrentamos a gravidade dos desafios, não podemos ser simplesmente guiados pelo nosso passado, mas precisamos fixar a nossa visão em nosso potencial. Para isso, tanto os impulsos emocionais quanto as respostas inspiradas na IA fracassam. Nossa capacidade de cooperar, tão essencial no passado, é agora apenas parte da resposta.

Podemos não saber as soluções para os problemas, mas sabemos como encontrá-las. A reação da humanidade não pode ser de submissão, de desejo por dons divinos ou abandono ao fracasso em chegar a uma conclusão. Antes de exigir cooperação, serão necessários novos conceitos. A resposta é adotar o que os seres humanos fazem de melhor, valorizar as nossas capacidades cognitivas únicas e reorientar nossas mentes em nossa habilidade de enquadrar.

Enquadrar o Universo e a Nós Mesmos

"Não vemos as coisas como são, mas como somos", diz um ditado atribuído ao Talmud, o livro de leis judaicas. Defendemos que nossos framers são a base do nosso pensamento, direcionam como avaliamos a realidade e como agimos. Vemos o mundo através de modelos e os utilizamos para imaginar realidades alternativas. E isso nos oferece uma riqueza intelectual e uma variedade que nenhuma outra espécie possui. O nosso framer nos torna únicos.

O framer combina dois processos. O primeiro, a aplicação de um framer, envolve pensar com causalidade, contrafactuais e limites. É ideal para identificarmos com eficácia opções valiosas e nos prepararmos para ações ágeis. Passamos a maior parte de nosso tempo aplicando framers, e por uma boa razão: é a maneira mais eficaz de nos ajudar a tomar decisões em situações que são pelo menos um pouco familiares. E somos bons nisso. É uma habilidade que começamos a aprimorar na infância. A aplicação eficaz dos framers é o ingrediente secreto no fluxo das melhorias contínuas e progressivas no decorrer da história da humanidade.

O segundo envolve trocar o framer. É bem mais arriscado, mas oferece recompensas maiores, permitindo-nos ver a realidade de outra forma. Uma nova perspectiva gera opções alternativas para nossas decisões e pode abrir novos caminhos para como reagimos a um desafio. Não precisamos reenquadrar quando uma situação é estável e as circunstâncias são constantes. Porém, quando o contexto muda, o reframer costuma ser uma boa estratégia.

Quer escolhamos utilizar um framer diferente de nosso repertório, readaptar um framer de um outro domínio, ou inventar um novo, o ato de reenquadrar joga fora um modelo mental que já não funciona, para que, assim, possamos conceitualizar melhor o problema que estamos enfrentando. É como ver o mundo através dos olhos de outra pessoa, abre nossa mente e nos ajuda a deixar de lado as limitações de nosso pensamento convencional.

Os reframers, em especial os que criam framers, são aclamados por suas realizações. No decorrer da história, as sociedades as comemoraram, em parte porque mudaram o mundo, e em parte por serem raras. Não há um caminho óbvio e linear a seguir para desenvolver essa habilidade. O reframer depende do inesperado. A prática não ajuda. No entanto, há estratégias que podemos aproveitar para nos tornarmos melhores ao reenquadrar.

As pessoas melhoram com uma linguagem para pensar nos framers e um método para trabalhar com eles. E, ao fazê-lo, transformam o processo cognitivo em uma ferramenta para ação.

Todavia, apesar das vantagens óbvias, os emocionalistas e os hiper-racionalistas rejeitam o poder do framer. Os emocionalistas acusam a comunidade de *superintelectualizar* tudo. Por outro lado, eles acreditam que o mais simples é o melhor: é autêntico, mais rápido e obtém resultados. Aqueles que são movidos pelas emoções afirmam que é mais adequado seguir os impulsos — e tomar decisões sem o alvoroço de ter que ponderar cada detalhe de uma questão.

Não é algo de direita ou esquerda: o apelo dos emocionalistas transcende categorização. Há emocionalistas liberais, contra vacinas, e conservadores, que rejeitam o aquecimento global. Os dois lados adoram os extremos — e os dois são emocionais. Sem o conteúdo, o sentimento é uma expressão do mesmo tipo de framer.

Isso é global. No Peru, em 2020, um presidente deposto após cinco dias, quando o país foi dominado por um levante popular, enquanto na Bolívia o ex-presidente (acusado de manipular as eleições) voltou do exílio, defendendo uma revolução populista contra os moderados. Nas Filipinas, o presidente Rodrigo Duterte pediu aos cidadãos que matassem alguns suspeitos por tráfico de drogas e viu a sua popularidade disparar. Na Alemanha, alguns emocionalistas se chamam de *Querdenker* ou "pensadores laterais", e protestam contra as medidas de lockdown, por causa da Covid-19, e o uso de máscara. Com um toque de nostalgia (e uma dose de antissemitismo) eles agitavam bandeiras do Império Alemão de antes da Primeira Guerra. O emocional parece estar ascendendo e o esclarecimento descendendo.

No entanto, as soluções que os emocionalistas defendem são misturas cognitivas estranhas. São apresentadas como alternativas para framers "perigosos" — mas, ao fazer isso, os emocionalistas não conseguem deixar de enquadrar a si mesmos. Sua interpretação é um modelo mental. Apesar da retórica, eles não são contra os framers: apenas são ruins em enquadrar. Isto não torna suas causas irrelevantes ou sugere que eles não acreditam honestamente no que dizem. Apenas significa que eles não estão usando plenamente os poderes cognitivos que suas mentes oferecem.

A situação é diferente para o grupo dos céticos em relação ao esforço humano de enquadrar, os hiper-racionalistas. Eles veem a humanidade como uma causa perdida, presa nas imperfeições do pensamento. Para eles, a resposta não está na emoção, mas no silício. Não no impulso, na evidência. A esperança deles é que a sociedade terceirize as decisões à tecnologia. Eles desejam substituir os framers humanos imperfeitos pelo poder racional dos dados e dos algoritmos. Mas isto não é apenas algo limitado, também interpreta erroneamente o papel dos seres humanos e da IA.

Lembre-se de como Regina Barzilay, que usou a IA para descobrir um antibiótico, explicou que o verdadeiro avanço não foi o processamento de números das máquinas, mas os seres humanos ajustando os modelos mentais. Na verdade, o framer humano é uma característica essencial em cada caso da suposta superioridade da IA, desde jogar Go, xadrez, e *Dota 2,* até o robô fictício de Daniel Dennett, o Carcraft da Waymo, e o Coconet harmonioso de Cheng-Zhi Anna Huang. O atributo vital é o framer, o elemento necessário para produzir uma perspectiva nova, mas generalizável.

Isso nos leva a uma conclusão extraordinária: em vez de destruir os modelos mentais, a IA os reforça. Já que os sistemas não podem enquadrar ou reenquadrar sozinhos, dependem do ser humano. Os robôs assumirão muitos trabalhos, e os algoritmos tomarão decisões. Mas, em vez de excluir as pessoas, a IA reafirma o lugar da humanidade no centro — desde que os indivíduos adotem e aprimorem seus framers. Seremos necessários para administrar as máquinas.

François Chollet, uma estrela em ascensão na IA, expressa: "Essa habilidade de lidar com hipóteses, de expandir o espaço dos modelos mentais para além do que experimentamos — de realizar *abstração* e *raciocínio* — é possivelmente a característica definidora da cognição humana." Chollet refere-se a isso como "generalização extrema", ou seja, "uma capacidade de adaptar às novas situações vivenciadas antes, usando poucos dados ou até mesmo nenhum dado novo".

E, para a humanidade, é uma redenção e um alerta. Com a capacidade de enquadrar, somos importantes, mas, se desistirmos de ser bons framers, perderemos nossa posição privilegiada.

À medida que a IA evolui, identificando padrões em dados com rapidez, escala e precisão bem maiores do que os seres humanos, vamos aplicá-la em um conjunto maior de situações. É difícil imaginar como iremos alimentar o planeta, cuidar dos doentes e empoderar nossos Teslas sem a IA envolvida em tudo o que fazemos. Então, o framer se tornará mais importante, não o contrário.

Ao fazermos um apelo para o framer, como um antídoto para os emocionalistas e racionalistas, precisamos reconhecer o perigo de usar modelos mentais mal formulados, ou da maneira errada. Se não formos cuidadosos, isso incita decisões e ações ruins.

Uma Inflexibilidade de Framers

Em 13 de novembro de 2015, por volta das 22h, tiros foram disparados no Bataclan, um ponto de encontro de música ao vivo em Paris. Algumas das 1.500 pessoas que estavam na plateia pensaram que o barulho e as pequenas labaredas de fogo fizessem parte do show de *heavy metal*. Porém, após alguns segundos, ficou claro que não. Três terroristas invadiram o prédio com fuzis de assalto M70 e abriram fogo. Corpos foram despedaçados e empilhados no chão. Aqueles que tentaram escapar foram mortos. Os gritos preenchiam a escuridão conforme os agressores recarregavam e retomavam o ataque.

Foi uma noite de terror em Paris. Quase ao mesmo tempo, três terroristas detonaram coletes suicidas do lado de fora do grande estádio da cidade, onde a seleção estava jogando contra a Alemanha. Outro grupo dirigia pela cidade atirando em restaurantes. De volta ao Bataclan, os terroristas fizeram vinte reféns. Quando o ataque da polícia começou, eles se explodiram. Um deles só pôde ser identificado através da análise de suas impressões digitais. No final, 130 pessoas foram assassinadas e centenas ficaram feridas.

A França começou uma caçada para encontrar os responsáveis. Muitos dos terroristas eram conhecidos da polícia e alguns estavam sob vigilância. Dessa forma, estabelecer conexões, suspeitos e cúmplices não foi difícil. A polícia rapidamente definiu, Abdelhamid Abaaoud, de 28 anos, como o líder. Nascido na Bélgica de descendência marroquina, ele tinha lutado na Síria e tinha sido acusado de ter cometido anteriormente ataques terroristas na Europa. Cinco dias depois daquela noite terrível, aproximadamente 100 policiais entraram em um apartamento nos subúrbios ao norte de Paris. Depois de quase uma hora de explosões e tiroteios, Abaaoud estava morto.

Existe um ponto de vista comum de que os atos terroristas são irracionais e ilógicos. É fácil chegar a essa conclusão, já que é difícil para a maioria das pessoas compreender sua motivação para matar de maneira indiscriminada e imparcial como foi feito naquela noite escura no Bataclan. Porém, de acordo com estudos recentes, muitos terroristas não seguem de maneira irracional seus instintos, pelo contrário: são friamente racionais em seus atos grotescos de violência.

Os terroristas são framers deliberados e meticulosos. Aplicam um modelos mentais cuidadosamente trabalhados. Nas palavras de Gérald Bronner, um sociólogo da Universidade de Paris que estuda o "pensamento extremo", os terroristas possuem uma "coerência desumana" e uma "racionalidade mecânica".

Abaaoud se encaixava nessa categoria. Tudo o que aconteceu em sua vida, para ele, era presente de Alá. Quando tentou entrar no país, procurado pelas autoridades belgas, um agente da imigração o parou e o comparou com uma foto, mas deixou que ele passasse. O agente foi "cegado por Alá", Abaaoud contou para a *Dabiq*, uma revista militante islâmica, antes dos ataques em Paris. Quando unidades de assalto belgas entraram no apartamento que estava ocupando, dois de seus aliados foram mortos, mas ele conseguiu escapar.

"Tudo isso foi providenciado por Alá", explicava ele. O modelo mental de como a realidade se desenrolava foi aplicado perfeitamente, mesmo que suas essências estivessem erradas, desde a causalidade e os contrafactuais até os limites. Quando terroristas enquadram, enfraquecem um elemento-chave, a flexibilidade.

Os modelos mentais precisam ser ajustados, reparados e desafiados para liberar seu poder cognitivo. Por outro lado, embora os terroristas acreditem agir racionalmente, não veem espaço para divergir em suas mentes. Eles são incapazes de ajustar seus framers e, em vez disso, os assumem como a única maneira de ver o mundo.

Na verdade, pesquisas sugeriram que os terroristas desprezam os outros precisamente porque as pessoas comuns estão abertas para fazer esses ajustes. Eles julgam essa flexibilidade cognitiva como uma forma de corrupção, enquanto veem a inflexibilidade de seus framers como uma forma de pureza e ordem. Enquanto, para muitas pessoas, seus framers são a fonte de sua capacidade de agir, para os terroristas eles eliminam seu livre-arbítrio. Os terroristas os abandonam satisfeitos em busca de seus ideais. A realidade para eles torna-se "mais simples e mais clara", explicou Bronner.

Mesmo quando deduzimos ações do pensamento contrafactual sob limites, mesmo que pensemos que enquadramos bem, podemos estar enganados. Talvez acreditemos que pensamos de forma perfeitamente racional, mas as opções que despertamos são reflexos cinzentos do verdadeiro arco-íris de alternativas. Em vez de nos ajudar a ser agentes em um mundo maleável, os framers excessivamente rígidos nos tornam carrascos cegos de raciocínio deturpado.

Essa é apenas uma das maneiras pelas quais nosso framer racional pode nos confinar. Mas o que acrescenta um enorme perigo neste tipo de framer é que acreditamos que estamos agindo de forma perfeitamente lógica, que estamos enquadrando de maneira consciente como sempre. A natureza profundamente imperfeita de nossas decisões está escondida atrás de uma camada de verniz de um motivo aparente, tornando difícil para nós escaparmos e para os outros compreenderem. O framer malfeito é mais perigoso e tem mais consequências do que desconsiderá-lo, porque presume-se que ele esteja certo — então está duplamente errado.

O framer humano requer vigilância. Somente quando bem executado, mostra seu poder. Mas como garantir isso?

Agilidade da Mente

O fluxo livre de informação é o filamento da cooperação e o fertilizante da colaboração. É o que faz os mercados funcionarem de modo eficaz e capacita a ciência para melhorar e repetir. Impedir o fluxo de ideias sufoca o progresso humano. Quando isso aconteceu, infligiu um sofrimento colossal — desde queimar livros até queimar pessoas. Para encorajar, manter e proteger o fluxo do conhecimento, as sociedades criam regras, instituições e processos estabelecidos.

Vemos isso nos requisitos de divulgação para empresas públicas e para os poluidores ambientais. Nós os reconhecemos na transparência dos parlamentos e tribunais. Permeiam as regras dos negócios e a responsabilidade científica. A estabilidade surgiu para que os pesquisadores pudessem estudar e falar sem restrições injustas. É garantido nas constituições modernas como liberdade de expressão.

No entanto, hoje em dia, como o elemento essencial do progresso não é tanto a cooperação, mas a cognição, o foco precisa mudar, dos fluxos de informações externos para a tomada de decisão interna. O ônus está em imaginar realidades alternativas, não apenas trabalhar em conjunto em uma causa em comum. Isto levanta a questão: qual é o novo princípio para o século XXI que merece proteção — o equivalente do fluxo livre de informações em nossa geração?

O que precisa ser cultivado é a agilidade intelectual para conceber uma ideia não enunciada, o ideal não falado, a noção latente, e a nova realidade que está bloqueada na potencialidade. Para o framer ter sucesso, o que é necessário é a *agilidade da mente.*

Isto não é estar aberto a novas ideias, nem é flexibilidade mental ou diversidade cognitiva. Em vez disso, estamos nos referindo a algo mais profundo. É sobre a plasticidade e elasticidade de como concebemos — e reconfiguramos — o mundo. É a ideia de que os caminhos de nossos pensamentos são fundamentalmente adaptáveis, não fixos. É a convicção de que os nossos pensamentos não são limitados a seguir os passos cognitivos anteriores, de que a nossa mente pode aventurar-se em novas direções, e, mesmo após termos dado os mesmos passos mentais diversas vezes, podemos dar um novo salto mental, se quisermos. Podemos "ter em mente duas ideias opostas ao mesmo tempo", na famosa formulação de F. Scott Fitzgerald.

O princípio se baseia na imensa habilidade de nossas mentes de pensar além do óbvio e do familiar. Temos a capacidade de sonhar com um propósito, de impulsionar nossa imaginação em um caminho específico, de dar direções sem algemá-las ao conhecido e ao comum. É uma alquimia mental que transforma o velho em algo novo. O passado no futuro. O básico no precioso.

A agilidade da mente não é um dom. É algo que precisamos trabalhar. Para obtê-la e sustentá-la, precisamos treiná-la. E fazemos isso ao cultivar continuamente nossa curiosidade por novas perspectivas, incluindo a coragem de discordar e de ser contestado.

Considere isto similar a um ginasta ou uma bailarina que pode contorcer, arquear ou ondular seu corpo para produzir uma nova forma. Ou um velocista cujos movimentos impulsionam sua velocidade. A maioria das pessoas possuem a mesma capacidade física — tronco, braços, pernas, e assim por diante — mas não a mesma capacidade ou tipo físico aprimorado. Podemos correr quando precisamos, mas é necessário treinamento e disciplina para correr como um atleta. Poucos de nós podem contorcer nossos corpos como uma bailarina profissional. Mas com dedicação e prática, poderíamos.

O mesmo acontece com a agilidade da mente: todos nós possuímos a capacidade, mas não a habilidade, a menos que nos preparemos. É preciso grandes esforços. Não é uma aspiração utópica, mas um estado que podemos alcançar. Temos o framer estratégico certo, os modelos que deixaram de ser um aspecto da cognição para tornam-se uma ferramenta poderosa para melhorar a vida. Mas precisamos trabalhar para desenvolver a nossa agilidade mental: para estender nossas concepções, conceitualizações e para incorporar os framers dos outros, ou aqueles que não concebemos, a fim de apreciar perspectivas e valores diferentes e criar novas alternativas quando formos confrontados por novos problemas.

Os framers veem o mundo não como é, mas como pode ser. Fazem isso ao compreender, considerar, rejeitar ou aceitar framers e comunicá-los. O princípio da agilidade da mente pede que nunca paremos de aperfeiçoar nossas habilidades de enquadrar: vendo a causalidade, produzindo uma variedade de contrafactuais e alterando suas características — ou seja, sonhar com limites. Já que o fluxo livre de informações é a base da coordenação interpessoal, a agilidade da mente é o fundamento do framer humano.

Os fluxos de informações são ativados pelos processos e instituições, como as sociedades facilitam a agilidade da mente criando o ambiente certo para que ela prospere. Podemos ajustar o sistema educacional para as crianças não adquirirem apenas as habilidades de framer, mas desenvolverem vontade de melhorar. Podemos rever as políticas de imigração, as leis trabalhistas e o desenvolvimento econômico para reforçar a exposição a novas ideias. Podemos até considerar a criação de processos participativos inovadores para estimular mentes ágeis. O programa de "democracia deliberativa" pode desempenhar um papel nisso. E há, ainda, muito mais, desde incentivos econômicos para pessoas mais velhas intensificarem sua agilidade mental até iniciativas que expõem intencionalmente as pessoas às perspectivas diferentes. Talvez até mesmo precisemos de uma nova instituição ou órgão governamental para se dedicar a agilidade da mente. Mas é claro, isso de alguma forma foge do objetivo.

Embora esses programas e políticas sejam de grande ajuda, não devemos esquecer que, diferente da coordenação humana, o framer humano está dentro de nós. Instituições e processos sociais não podem executar o trabalho pesado cognitivo por nós. A agilidade da mente é um projeto para todos, individualmente. Framers enquadram framers, as organizações não.

A fronteira da imaginação é o limite do mundo. A humanidade não está presa a uma realidade, pode aproveitar qualquer coisa que decidir criar. O poder está conosco, como concebemos e conceitualizamos o mundo e a vida, e tudo que somos e esperamos ser. Prosperamos na cooperação, mas só sobrevivemos como framers.

um guia para lidar com os framers

I. Aproveitar os modelos mentais

O framer acontece o tempo todo, mas pode ser usado deliberadamente para melhorar as decisões.

- Identifique e inspecione as hipóteses nos seus modelos mentais.
- Faça perguntas com "por que" e "como": Por que você chegou a essa conclusão? Como o mundo vai funcionar se você antecipar esse acontecimento?
- Imagine como um amigo sensato, um herói da história ou um rival enquadrariam determinado desafio.
- Pergunte-se o que precisaria mudar para você enquadrar uma situação de maneira diferente.
- Quando seus pontos de vista se chocarem com outros, caracterize a forma como eles veem o mundo.

II. Sonhe com limites

Aplicar um framer diz respeito à identificação rápida e eficaz das opções apropriadas.

- Foque os elementos que são mais fáceis de mudar.
- Comece fazendo mudanças mínimas nos seus limites e gradualmente considere modificações mais elaboradas.
- Tenha cuidado para continuar coerente ao avaliar se as mudanças contradizem quaisquer suposições ou crenças subjacentes.
- Incorpore limites em um modelo físico se for muito difícil mantê-los todos apenas na mente.

III. Reenquadre sabiamente

Mudar para um framer alternativo lhe permite ver o mundo de maneira diferente, mas é arriscado.

- Veja se você já tem um framer que funcionará no seu repertório.
- Tente readaptar um framer de um domínio diferente que você possa aplicar.
- Invente um novo framer como um último recurso, já que essa é a opção mais difícil.
- Tenha em mente os dilemas entre os framers mais rígidos (rápidos, mas limitados) e os mais amplos (abrangentes, mas que consomem tempo).

- Não reenquadre repetidas vezes, já que isso leva à desorientação.

IV. As condições importam

Podemos melhorar o framer com a diversidade cognitiva.

- Desenvolva uma curiosidade pelo desconhecido para continuamente desafiar sua visão de mundo.
- Esteja receptivo para aceitar as tensões entre os framers: eles são menos uma indicação de raciocínio falho e mais da complexidade da realidade.
- Fale a verdade, mesmo quando não for confortável para as pessoas ou para as organizações. A coragem é respeitada por aqueles que se importam.
- Procure divergências em vez de confirmação.
- Ao tomar decisões em equipe, peça que cada pessoa enquadre o problema independentemente antes de compartilharem suas visões e decidir em grupo.

V. Pense além de você mesmo

O papel da sociedade é garantir um pluralismo de framers para produzir reações ideais em tempos de mudanças.

- Lute para ver a diversidade. Não seja neutro. Fale abertamente, mas com respeito, sobre as diferenças.
- Encare os atritos da sociedade como uma vantagem, não como uma desvantagem.
- Ensine o respeito pelos framers dos outros.

- Promova uma mescla de culturas como uma maneira de promover a imaginação, a inovação e o dinamismo na sociedade.
- Rejeite qualquer coisa que se apresente como um único framer para abranger toda a realidade.

notas

Citação do poema de Amanda Gorman: Recitado na posse do Presidente Joe Biden. Amanda Gorman, "The Hill We Climb: The Amanda Gorman Poem That Stole the Inauguration Show", *Guardian*, 20 de janeiro de 2021, https:// www.theguardian.com/us-news/2021/jan/20/amanda-gorman-poem-biden-inauguration-transcript.

1. decisões

Sobre os antibióticos na história e resistência: Organização Mundial de Saúde, "New Report Calls for Urgent Action to Avert Antimicrobial Resistance Crisis", press release conjunto, 29 de abril de 2019, https://www.who.int/news/item/29-04-2019-new-report-calls-for-urgent-action-to-avert-antimicrobial-resistance-crisis. Mortes estimadas devido à resistência dos antibióticos: no caminho de bater 10 milhões em 2050, de acordo com as estatísticas da OMS.

Sobre mortes a cada três segundos: Joe Myers, "This Is How Many People Antibiotic Resistance Could Kill Every Year by 2050 If Nothing Is Done", World Economic Forum, 23 de setembro de 2016, https://www.weforum.org/agenda/2016/09/thisishowmanypeoplewilldiefromantimicrobialresistanceevery-year-by-2050-if-nothing-is-done/.

Sobre a infecção do filho de Coolidge: Chelsea Follett, "U.S. President's Son Dies of an Infected Blister?", HumanProgress, 1º de março de 2016, https://www.humanprogress.org/u-s-presidents-son-dies-of-an-infected-blister/.

IA para identificar antibióticos: Jonathan M. Stokes *et al.*, "A Deep Learning Approach to Antibiotic Discovery", *Cell* 180, nº 4 (20 de fevereiro de 2020): 688–702.

Citações de Barzilay: Regina Barzilay, em uma entrevista com Kenneth Cukier, fevereiro e novembro de 2020.

Sobre Colin Kaepernick: Eric Reid, "Why Colin Kaepernick and I Decided to Take a Knee", *New York Times*, 25 de setembro de 2017, https://www.nytimes.com/2017/09/25/opinion/colin-kaepernick-football-protests.html.

Fasciculus Medicinae: Para partes do corpo associadas com os signos do zodíaco, veja: "Historical Medical Library", College of Physicians of Philadelphia, acessado em 1º de novembro de 2020, https://www.cppdigitallibrary.org.

Sobre o Lysenkoismo: Sam Kean, "The Soviet Era's Deadliest Scientist Is Regaining Popularity in Russia", *Atlantic*, 19 de dezembro de 2017, https://www.theatlantic.com/science/archive/2017/12/trofim-lysenko-soviet-union-russia/548786/; Edouard I. Kolchinsky *et al.*, "Russia's New Lysenkoism", *Current Biology* 27, nº 19 (9 de outubro de 2017): R1042–47.

Sobre o framer do telefone e fonógrafo: Rebecca J. Rosen, "The Magical, Revolutionary Telephone", *Atlantic*, 7 de março de 2012, https://www.theatlantic.com/technology/archive/2012/03/the-magical-revolutionary-telephone/254149/; "History of the Cylinder Phonograph", Library of Congress, acessado 10 de novembro de 2020, https://www.loc.gov/collections/edison-company-motion-pictures-and-sound-recordings/articles-and-essays/history-of-edison-sound-recordings/history-of-the-cylinder-phonograph/.

Sobre Edison e educação: Todd Oppenheimer, *The Flickering Mind: Saving Education from the False Promise of Technology* (Nova York: Random House, 2004).

Sobre o "efeito de framer" de Kahneman e Tversky: Amos Tversky e Daniel Kahneman, "The Framing of Decisions and the Psychology of Choice", *Science* 211, nº 4481 (30 de janeiro de 1981): 453–58.

Sobre a mudança de paradigma de Kuhn: Thomas S. Kuhn, The Structure of Scientific Revolutions (Chicago: University of Chicago Press, 1962).

Sobre a origem da perspectiva na arte: Giorgio Vasari, "A Vida de Filippo Brunelleschi, Escultor e Arquiteto", em *Vidas dos Artistas* (São Paulo: Martins Fontes, 2011).

Sobre os hiper-racionalistas: Referimo-nos a um sentimento geral e não a um grupo em específico, ou seja, os pensadores norte-americanos de tecnologia e sociedade chamados de Racionalistas. Klint Finley, "Geeks for Monarchy: The Rise of the Neoreactionaries", *TechCrunch*, 23 de novembro de 2013, https://techcrunch.com/2013/11/22/geeks-for-monarchy/?guccounter=1. Também, Cade Metz, "Silicon Valley's Safe Space", *New York Times*, 13 de fevereiro de 2021, https://www.nytimes.com/2021/02/13/technology/slate-star-codex-rationalists.html.

Sobre a singularidade: Ray Kurzweil, *A singularidade está próxima: quando os humanos transcendem a biologia* (São Paulo: Itaú Cultural Iluminuras, 2019).

Sobre o potencial da IA e suas limitações: O grande desenvolvedor de IA, empreendedor e cientista cognitivo Gary Marcus, também é um grande crítico da IA destacando como todas as formas das tecnologias atuais de IA estão cheias de problemas. Veja Gary Marcus e Ernest Davis, Rebooting AI: Building Artificial Intelligence We Can Trust (Nova York: Pantheon, 2019).

Citação Rousseau: Jean-Jacques Rousseau, "Correspondence Générale XVII, 2–3", em *A questão Jean-Jacques Rousseau*, Ernst Cassirer (São Paulo: Editora Unesp, 2020), citação em Claes G. Ryn, *Democracy and the Ethical Life: A Philosophy of Politics and Community*, 2ª ed. (Washington, DC: Catholic University of America Press, 1990), 34.

Sobre o instinto de Welch: Jack Welch, *Jack Definitivo – Segredos do Executivo do Século* (Rio de Janeiro: Campus, 2001).

Sobre os benefícios do uso de dados e estatísticas: Paul E. Meehl, *Clinical Versus Statistical Prediction: A Theoretical Analysis and a Review of the Evidence* (Minneapolis: University of Minnesota Press, 1954).

Sobre AlphaZero: Essa parte do livro foi grandemente beneficiada pelas entrevistas em março de 2019 por Kenneth Cukier com Demis Hassabis do DeepMind, e com o grande mestre de xadrez Matthew Sadler e Natasha Regan, para os quais o autor estende os agradecimentos.

Especificações do AlphaZero sobre o modelo de treinamento: David Silver *et al.*, "A General Reinforcement Learning Algorithm That Masters Chess, Shogi and Go", DeepMind, 6 de dezembro de 2018, https://deepmind.com/blog/article/alphazero-shedding-new-light-grand-games-chess-shogi-and-go; David Silver *et al.*, "Mastering Chess and Shogi by Self-Play with a General Reinforcement Learning Algorithm", DeepMind, 5 de dezembro de 2017, https://arxiv.org/pdf/1712.01815.pdf. Nota: um projeto sucessor do AlphaZero, chamado MuZero, pode aprender sozinho as regras dos jogos de tabuleiro. Veja Julian Schrittwieser *et al.*, "Mastering Atari, Go, Chess and Shogi by Planning with a Learned Model", Nature 588, nº 7839 (23 de dezembro de 2020): 604–609, https://www.nature.com/articles/s41586-020-03051-4.)

AlphaZero e a estratégia de xadrez: Matthew Sadler e Natasha Regan, *Game Changer: AlphaZero's Groundbreaking Chess Strategies and the Promise of AI* (Alkmaar, the Netherlands: New in Chess, 2019).

Sobre Mundo em Dados: Informações sobre o projeto e seus apoiadores financeiros estão em "Our Supporters", Our World in Data, acessado 2 de novembro de 2020, https:// ourworldindata.org/funding.

Sobre Harari: Yuval N. Harari, *Homo Deus: Uma breve história do amanhã* (São Paulo: Companhia das Letras, 2016).

Sobre Fukuyama: Francis Fukuyama, *O Fim da História e o Último Homem* (Rio de Janeiro: Rocco, 1992).

2. framer

História da Alyssa Milano e a origen do MeToo: A informação foi compilada de uma entrevista com Alyssa Milano por Kenneth Cukier em agosto de 2020, assim como dos artigos a seguir: Referênicas úteis incluindo: Jessica Bennett, "Alyssa Milano, Celebrity Activist for the Celebrity Presidential Age", *New York Times*, 25 de outubro de 2019, https://www.nytimes.com/2019/10/25/us/politics/alyssa-milano-activism.html; Anna Codrea-Rado, "#MeToo Floods Social Media with Stories of Harassment and Assault", *New York Times*, 16 de outubro de 2017, https://www.nytimes.com/2017/10/16/technology/metoo-twitter-facebook.html; Jim Rutenberg et al., "Harvey Weinstein's Fall Opens the Floodgates in Hollywood", *New York Times*, 16 de outubro de 2017, https:// www.nytimes.com/2017/10/16/business/media/harvey-weinsteins-fall-opens-the-floodgates-in-hollywood.html.

O pensamento de Milano: As palavras entre aspas vêm da nossa entrevista com a Milano, assim como de uma entrevista na qual pediram que ela falasse o que achava daquilo na época. Veja: Nadja Sayej, "Alyssa Milano on the #MeToo Movement: 'We're Not Going to Stand for It Any More'", *Guardian*, 1º de dezembro de 2017, https://www.theguardian.com/culture/2017/dec/01/alyssa-milano-mee-too--sexual-harassment-abuse.

Assédio de Milano: Dois anos depois do seu tuíte, Milano veio a público com sua própria história de assédio. Veja: Joanne Rosa, "Alyssa Milano on Sharing Alleged Sexual Assault Story 25 Years Later", *ABC News*, 16 de outubro de 2019, https://abcnews.go.com/Entertainment/alyssa-milano-sharing-alleged-sexual-assault-s-tory-25/story? id=66317784.

Sobre o movimento MeToo: O termo "MeToo" foi cunhado em 2006 por uma ativista, Tarana Burke, no MySpace, uma rede social antiga. Criando um movimento em massa para desafiar o assédio sexual online, mas foi menos eficaz do que o de 2017.

Sobre definir framers: Não existe uma definição inabalável, já que a ideia abarca muitas disciplinas. Assim como José Luis Bermúdez, da Texas A&M University colocou: "O conceito de framer é ele mesmo algo que pode ser enquadrado de muitas maneiras diferentes." Veja José Luis Bermúdez, *Frame It Again: New Tools for Rational Decision-Making* (Cambridge: Cambridge University Press, 2020), 11. Uma análise seminal, e inicial está em Erving Goffman, *Os Quadros da Experiência Social uma Perspectiva de Análise* (Rio de Janeiro: Vozes, 1974).

Sobre OKRs: Eric Schmidt e Jonathan Rosenberg, *Como o Google funciona* (Rio de Janeiro: Intrínseca, 2015).

Sobre Cassirer e Wittgenstein: Veja o acessível Wolfram Eilenberger, *Time of the Magicians: Wittgenstein, Benjamin, Cassirer, Heidegger, and the Decade That Reinvented Philosophy* (Nova York: Penguin, 2020).

Sobre modelos mentais: A ideia de modelo mental, às vezes, é atribuída ao filósofo de Cambridge Kenneth Craik. Em um curto livro, em 1943, ele escreveu: "Se o organismo carrega um 'modelo em pequena escala' da realidade externa e das suas próprias ações possíveis dentro da sua cabeça, ele é capaz de pôr à prova várias alternativas, concluir qual é a melhor delas e reagir a situações futuras antes que elas surjam... [e] e para as emergências que ele encontra." Veja Kenneth Craik, *The Nature of Explanation* (Cambridge: Cambridge University Press, 1952), 61. O acadêmico Philip Johnson-Laird descreve-o como "uma representação mental que serve como modelo de uma entidade da mesma maneira que, digamos, um relógio funciona como um modelo de rotação da terra". Veja Philip Johnson-Laird, *Mental Models: Towards a Cognitive Science of Language, Inference, and Consciousness* (Cambridge, MA: Harvard University Press, 1983), 2. Também, Philip Johnson-Laird, *How We Reason* (Oxford: Oxford University Press, 2006). Neurocientistas afirmam que o propósito fundamental do cérebro é criar um modelo mental do mundo. Para análises recentes, veja David Eaglemen, *Livewired: The Inside Story of the Ever-Changing Brain* (Londres: Pantheon Books, 2020). Uma abordagem mais completa está em Chris D. Frith, *Making Up the Mind: How the Brain Creates Our Mental World* (Oxford: Blackwell Publishing, 2007).

Sobre sonhos deliberados: Katherine L. Alfred *et al.*, "Mental Models Use Common Neural Spatial Structure for Spatial and Abstract Content", *Communications Biology* 3, nº 17 (janeiro de 2020).

Sobre mapas e framers: Bas van Fraassen, um filósofo da ciência, afirma que mapas e representações científicas são em muitos aspectos os mesmos. Dentro do seu ponto de vista, também podemos considerar modelos científicos como mapas científicos. Veja: Bas van Fraassen, *A Imagem Científica* (São Paulo: Unesp, 2007).

Sobre os mapas da projeção Mercator: John Noble Wilford, "Arthur H. Robinson, 89, Geographer Who Reinterpreted World Map, Dies", *New York Times*, 15 de novembro de 2004, https://www.nytimes.com/2004/11/15/obituaries/arthur-h-robinson-89-geographer-who-reinterpreted-world-map-dies.html; John Noble Wilford, "The Impossible Quest for the Perfect Map", *New York Times*, 25 de outubro de 1988, https://www.nytimes.com/1988/10/25/science/the-impossible-quest-for-the-perfect-map.html.

Framers constitucionais: Michael J. Klarman, *The Framers' Coup: The Making of the United States Constitution* (Nova York: Oxford University Press, 2016); na Europa e *demos* versus *demoi*, Kalypso Nicolaïdis, "We, the Peoples of Europe...", *Foreign Affairs*, novembro/dezembro de 2004, https://www.foreignaffairs.com/articles/europe/2004-11-01/we-peoples-europe.

Reação ao Ebola da Organização Mundial de Saúde *versus* Médicos Sem Fronteiras: Francis de Véricourt, "Ebola: The Onset of a Deadly Outbreak", ESMT-317-0177-1 (Berlin: European School of Management and Technology, 2017). MSF soou o alarme em 31 de março de 2014, veja: "Mobilisation Against an Unprecedented Ebola Epidemic", MSF, press release, 31 de março de 2014, https:// www.msf.org/guinea-mobilisation-against-unprecedented-ebola-epidemic. OMS respondeu a MSF durante uma entrevista coletiva que aconteceu em Genebra no dia seguinte, veja: "Geneva/Guinea Ebola", Unifeed, 2:39, posted by CH UNTV, 1º de abril de 2014, https://www.unmultimedia.org/tv/unifeed/asset/U140/U140401a/.

O tuíte de Trump sobre o Ebola: Ed Yong, "The Rank Hypocrisy of Trump's Ebola Tweets", *Atlantic*, 3 de agosto de 2019, https://www.theatlantic.com/health/archive/2019/08/the-rank-hypocrisy-of-trumps-ebola-tweets/595420/.

Sobre o coronavírus: "Coronaviruses: SARS, MERS, and 2019-nCoV", Johns Hopkins Center for Health Security, atualizado em 14 de abril de 2020, https://www.center forhealthsecurity.org/resources/fact-sheets/pdfs/coronaviruses.pdf.

Experiência da Itália com a Covid: As notícias foram dadas pela mídia da Grã-Bretanha e negadas pelo governo italiano, mas confirmada pelos médicos italianos. Veja: Lucia Craxì, *et al.*, "Rationing in a Pandemic: Lessons from Italy", *Asian Bioeth Rev* (16 de junho de 2020): 1–6, https://www.ncbi.nlm.nih.gov/pmc/articles/PMC7298692.

Reação brilhante da Nova Zelândia sobre a Covid: Entrevista por Kenneth Cukier com Michael Baker, conselheiro de saúde do governo, junho 2020.

Reação patética da Grã-Bretanha sobre a Covid: "Britain Has the Wrong Government for the Covid Crisis", *Economist*, 18 de junho de 2020, https://www.economist.com/leaders/2020/06/18/britain-has-the-wrong-government-for-the-covid-crisis.

Desempenho da Covid na Grã-Bretanha em junho: "Coronavirus: UK Daily Deaths Drop to Pre-lockdown Level", *BBC News*, 8 de junho de 2020, https://www.bbc.co.uk/news/uk-52968160.

Dados do Reino Unido sobre casos e mortes: "COVID-19 Pandemic Data in the United Kingdom", Wikipedia, acesseado 30 de outubro de 2020, https://en.wikipedia.org/wiki/Template:COVID-19_pandemic_data/United_Kingdom_medical_cases_chart.

O "pequeno passo" de Neil Armstrong: Robbie Gonzalez, "Read the *New York Times'* 1969 Account of the Apollo 11 Moon Landing", *Gizmodo*, 25 de agosto de 2012, https://io9.gizmodo.com/277292567?jwsource=cl.

Sobre a retratação do *New York Times* pelo artigo de 1920: Bjorn Carey, "*New York Times* to NASA: You're Right, Rockets DO Work in Space", *Popular Science*, 20 de julho de 2009, https://www.popsci.com/military-aviation-amp-space/article/2009-07/new-york-times-nasa-youre-right-rockets-do-work-space/.

Sobre o bóson de Higgs: Sabine Hossenfelder, "The Uncertain Future of Particle Physics", *New York Times*, 23 de janeiro de 2019, https://www.nytimes.com/2019/01/23/opinion/particle-physics-large-hadron-collider.html. Sobre buracos negros, veja: Jonathan Amos, "Dancing Gargantuan Black Holes Perform on Cue", *BBC News*, 29 de abril de 2020, https://www.bbc.com/news/science-environment-52464250.

Sobre a estratégia do Oceano Azul: W. Chan Kim e Renée Mauborgne, *BA estratégia do oceano azul: Como criar novos mercados e tornar a concorrência irrelevante* org. (Rio de Janeiro: Sextante, 2018).

Sobre os irmãos Wright: Veja: Johnson-Laird, *How We Reason*; David McCullough, *The Wright Brothers* (Nova York: Simon & Schuster, 2015). Richard P. Hallion, *Taking Flight: Inventing the Aerial Age, from Antiquity Through the First World War* (Oxford: Oxford University Press, 2003).

A descrição de Orville de uma hélice: Orville Wright, "How We Made the First Flight", *Flying and the Aero Club of America Bulletin* 2 (dezembro 1913): 10, https://www.faa.gov/education/educators/curriculum/k12/media/k-12_how_we_made_the_first_flight_orville_wright.pdf.

Sobre framers e o desenvolvimento econômico: World Bank Group, *World Development Report 2015: Mind, Society, and Behavior* (Washington, DC: World Bank, 2015).

Sobre Black-Scholes: Donald MacKenzie, *An Engine, Not a Camera: How Financial Models Shape Markets* (Cambridge, MA: MIT Press, 2006).

Sobre persistir em framers ruins: Karla Hoff e Joseph E. Stiglitz, "Equilibrium Fictions: A Cognitive Approach to Societal Rigidity", *American Economic Review* 100, nº 2 (maio 2010): 141–46, https://www.aeaweb.org/articles?id=10.1257/aer.100.2.141.

Citação de Eugene Kleiner: Rhonda Abrams, "Remembering Eugene Kleiner", *Inc.*, 1º de dezembro de 2003, https://www.inc.com/articles/2003/12/eugenekleiner.html.

Sobre leitura silenciosa: Paul Saenger, *Space Between Words: The Origins of Silent Reading* (Palo Alto: Stanford University Press, 1997).

Sobre o problema do framer: John McCarthy e Patrick Hayes, "Some Philosophical Problems from the Standpoint of Artificial Intelligence", vol. 4 do *Machine Intelligence*, orgs. Bernard Meltzer e Donald Michie (Edinburgh: Edinburgh University Press, 1969), 463–502.

Sobre o robô de Dennett: Daniel Dennett, "Cognitive Wheels: The Frame Problem of AI", em *Minds, Machines and Evolution*, org. Christopher Hookway (Cambridge: Cambridge University Press, 1984), 129–51, dl.tufts.edu/concern/pdfs/7d279568g.

Sobre o teste dos nove pontos: John Adair, *Training for Decisions* (Londres: Macdonald, 1971). Livro de quebra-cabeça: Sam Loyd, *Sam Loyd's Cyclopedia of 5000 Puzzles* (Nova York: Lamb, 1914). Em experimentos psicológicos sobre criatividade: Norman Maier, "Reasoning in Humans: I. On Direction", *Journal of Comparative Psychology* 10, nº 2 (1930): 115–43; Norman Maier, "Reasoning in Humans: II. The Solution of a Problem and Its Appearance in Consciousness", *Journal of Comparative Psychology* 12, nº 2 (1931): 181–94.

3. causalidade

Lembrança de Bernanke na janela: Ben Bernanke, *The Courage to Act: A Memoir of a Crisis and Its Aftermath* (Nova York: Norton, 2015), 83.

Sobre a história econômica: Joel Mokyr, "The Intellectual Origins of Modern Economic Growth", *Journal of Economic History* 65, nº 2 (junho 2005): 285–351, https://www.jstor.org/stable/3875064; Daniel R. Fusfeld, *A era do economista*, (São Paulo: Saraiva Uni, 2012); Callum Williams, "Who Were the Physiocrats?", *Economist*, 11 de outubro de 2013, https://www.economist.com/free-exchange/2013/10/11/who-were-the-physiocrats; Kate Raworth, "Old Economics Is Based on False 'Laws of Physics' — New Economics Can Save Us", *Guardian*, 6 de abril de 2017, https://www.theguardian.com/global-development-professionals-network/2017/apr/06/kate-raworth-doughnut-economics-new-economics.

O ponto de vista de Bernanke sobre a reação falha do Banco Central (Fed)em relação ao colapso de 1929: Ben Bernanke, "Federal Reserve and the 2008 Financial Crisis", discurso dado na George Washington University, 24 de março de 2012, vídeo C-SPAN 1:15:12, https:// www.c-span.org/video/?305130-1/federal-reserve-2008-financial-crisis Ben Bernanke entrevistado por Scott Pelley, *60 Minutes*, "The Chairman", 15 de março de 2009, vídeo YouTube, 13:23, https://www.youtube.com/watch?v=odPf HY4ekHA.

O apelido "Helicóptero Ben": Ben Bernanke, "Deflation: Making Sure 'It' Doesn't Happen Here", discurso dado no National Economists Club, Washington, DC, 21 de novembro de 2002, transcript, https://www.federalreserve.gov/BOARDDOCS/SPEECHES/2002/20021121/default.htm.

Sequência dos colapsos das instituições financeiras: Para um relato confiável, veja: Andrew Ross Sorkin, *Too Big to Fail: The Inside Story of How Wall Street and Washington Fought to Save the Financial System — and Themselves* (Nova York: Viking, 2009).

Sobre a franquia do McDonald's que não ia conseguir fazer sua folha de pagamentos: Andrew Ross Sorkin entrevistado por Robert Smith, "Inside the Minds of Wall Street Execs", *NPR Weekend Edition*, 18 de setembro de 2010, transcrição e áudio, https://www.npr.org/templates/story/story.php?storyId=129953853.

Sobre o dinheiro dos caixas eletrônicos acabar: *Pânico: a história não contada da crise financeira de 2008*, dirigido por John Maggio, transmitido em 11 de dezembro de 2018, na HBO, https://www.hbo.com/vice/special-reports/panic-the-untold-story-of-the-2008-financial-crisis.

O balanço patrimonial do Fed, 2008 até 2015: Elizabeth Schulze, "The Fed Launched QE Nine Years Ago — These Four Charts Show Its Impact", *CNBC*, 24 de novembro de 2017, https://www.cnbc.com/2017/11/24/the-fed-launched-qe-nine-years-ago—these-four-charts-show-its-impact.html. Veja também: Michael Ng e David Wessel, "The Fed's Bigger Balance Sheet in an Era of 'Ample Reserves'", Brookings, 17 de maio de 2019, https://www.brookings.edu/blog/up-front/2019/05/17/the-feds-bigger-balance-sheet-in-an-era-of-ample-reserves/.

Sobre os seres humanos pensarem causalmente: Não estamos nos referindo à cadeia da causalidade, mas sobre algumas conexões causais. Para mais informações sobre isso, veja: Joseph Henrich, *The Secret of Our Success: How Culture Is Driving Human Evolution, Domesticating Our Species, and Making Us Smarter* (Princeton, NJ: Princeton University Press, 2015).

Sobre os macacos terem medo de cobras: Eric E. Nelson, Steven E. Shelton, e Ned H. Kalin, "Individual Differences in the Responses of Naïve Rhesus Monkeys to Snakes", Emotion 3, nº 1 (março 2003): 3–11; Masahiro Shibasaki e Nobuyuki Kawai, "Rapid Detection of Snakes by Japanese Monkeys (*Macaca fuscata*): An Evolutionarily Predisposed Visual System", *Journal of Comparative Psychology* 123, nº. 2 (maio 2009): 131–35.

Sobre crianças em idade pré-escolar reconhecendo cobras: Vanessa LoBue e Judy S. DeLoache, "Detecting the Snake in the Grass: Attention to Fear-Relevant Stimuli by Adults and Young Children", *Psychological Science* 19, nº 3 (março 2008): 284–89.

Bebês e objetos caindo: Renée Baillargeon, "Infants' Physical Knowledge: Of Acquired Expectations and Core Principles", na *Language, Brain, and Cognitive Development: Essays in Honor of Jacques Mehler*, org. Emmanuel Dupoux (Cambridge, MA: MIT Press, 2001), 341–61.

Sobre corvos inteligentes: Leyre Castro e Ed Wasserman, "Crows Understand Analogies", Scientific American, 10 de fevereiro de 2015, https://www.scientificamerican.com/article/crows-understand-analogies.

Sobre a limitação da inteligência dos corvos: Alex H. Taylor *et al.*, "Do New Caledonian Crows Solve Physical Problems Through Causal Reasoning?", *Proceedings of the Royal Society B* 276, nº 1655 (22 de janeiro de 2009): 247–54.

Corvos versus outros pássaros na mesa de jantar: A brincadeira é inspirada no TED Talk encantador de Alison Gopnik. Veja: Alison Gopnik, "What Do Babies Think?", filmado em julho de 2011, vídeo do TED, https://www.ted.com/talks/alison_gopnik_what_do_babies_think.

O "nicho cognitivo "de Pinker: O termo em si não é de Pinker, embora seja muito associado a ele. Como ele aponta, a ideia e a sentença vieram dos antropólogos John Tooby e Irven DeVore. Veja: "Listen to Psycholinguist Steven Pinker Speak About 'Cognitive Niche' in Early Modern Human Evolution", transcrição, *Britannica*, 29 de maio de 2015, https://www.britannica.com/video/193409/Psycholinguist StevenPinkerhumansevolution-niche.

Abstração metafórica: O exemplo específico e a citação são de: Steven Pinker, "The Cognitive Niche: Coevolution of Intelligence, Sociality, and Language", *Proceedings of the National Academy of Sciences* 107, suplemento 2 (maio 2010): 8993–99, https://

www.pnas.org/content/pnas/early/2010/05/04/0914630107.full.pdf. Vale a pena notar que o pioneiro da IA, Douglas Hofstadter, passou seus últimos anos estudando um fenômeno, analogias, que ele considera como a coluna vertebral de como os seres humanos compreendem a realidade. Veja: Douglas Hofstadter e Emmanuel Sander, *Surfaces and Essences: Analogy as the Fuel and Fire of Thinking* (Nova York: Basic Books, 2014).

Cooperação e cognição: Michael Tomasello, *A Natural History of Human Thinking* (Cambridge, MA: Harvard University Press, 2014); Michael Tomasello, *Becoming Human: A Theory of Ontogeny* (Cambridge, MA: Harvard University Press, 2019).

O experimento do tubo de Tomasello: Felix Warneken, Frances Chen e Michael Tomasello, "Cooperative Activities in Young Children and Chimpanzees", *Child Development* 77, nº 3 (maio/junho 2006): 640–63.

Sobre a mescla dos nichos cognitivo e cultural: Rachel L. Kendal, "Explaining Human Technology", *Nature Human Behaviour* 3, nº 5 (abril 2019): 422–23, https://www.nature.com/articles/s41562-019-0578-6.

O experimento da roda: Maxime Derex *et al.*, "Causal Understanding Is Not Necessary for the Improvement of Culturally Evolving Technology", *Nature Human Behaviour* 3, nº 5 (abril 2019): 446–52, https://www.nature.com/arti cles/s41562-019-0567-9. Veja também: "Can Technology Improve Even Though People Don't Understand What They Are Doing?", press release, Arizona State University, 1º de abril de 2019, https://www.eurekalert.org/pub_releases/2019-04/asu-cti032819.php.

Sobre a mudança rápida da tecnologia e o nicho cognitivo: Kendal, "Explaining Human Technology".

Sobre a tendência de restringir a forma como os seres humanos exploram as alternativas: Maxime Derex e Robert Boyd, "The Foundations of the Human Cultural Niche", *Nature Communications* 6, nº 1 (24 de setembro de 2015): 8398.

Sobre a adaptação dos nossos ancestrais: John R. McNeill eWilliam H. McNeill, *The Human Web: A Bird's-Eye View of World History* (Nova York: Norton, 2003). **Sobre a história de:** Sherwin Nuland, *A Peste dos Médicos* (São Paulo: Companhia das Letras, 2005). Veja também: Rebecca Davis, "The Doctor Who Championed Hand-Washing and Briefly Saved Lives", NPR Morning Edition, 12 de janeiro de2015, transcrição e áudio, https://www.npr.org/sections/health-shots/2015/01/12/375663920/the-doctor-who-championed-hand-washing-and-saved-women-s-lives?t=1577014322310.

Sobre Louis Pasteur: Louise E. Robbins, *Louis Pasteur and the Hidden World of Microbes* (Nova York: Oxford University Press, 2001).

Sobre Joseph Lister: Lindsey Fitzharris, *Medicina Dos Horrores: A História De Joseph Lister, O Homem Que Revolucionou O Apavorante Mundo Das Cirurgias Do Século XIX* (Rio de Janeiro: Intrínseca, 2019).

Os hemisférios do cérebro e o experimento da Coca-Cola: Michael S. Gazzaniga, *The Ethical Brain* (Nova York: Dana Press, 2005).

Sobre explicação e causalidade: Joseph J. Williams e Tania Lombrozo, "The Role of Explanation in Discovery and Generalization: Evidence from Category Learning", *Cognitive Science* 34, nº 5 (julho 2010): 776–806.

Sobre o trabalho de Lombrozo: Nossos agradecimentos a Lombrozo por sua ajuda em como descrevemos o seu trabalho. Veja também Reginald Lahens, "Tania Lombrozo Shares the Benefits of Brief Explanations", *Brown and White*, 30 de setembro de 2018, https:// thebrownandwhite.com/2018/09/30/tania-lombrozo-breaksdown-the-benefits-of-brief-explanations-the-brown-and-white. Lombrozo não é a primeira acadêmica a estudar os efeitos da explicação no aprendizado. Veja Michelene T. H. Chi *et al.*, "Eliciting Self-Explanations Improves Understanding", *Cognitive Science* 18, nº 3 (1994): 439–477.

Sobre o experimento das recompensas: *Koichi Ono, "Superstitious Behavior in Humans", Journal of the Experimental Analysis of Behavior* 47, nº 3 (maio 1987): 261–71.

Sobre estruturas sociais: *Anthony Giddens, A constituição da sociedade* (São Paulo: WMF Martins Fontes, 2009).

A história do trem e medos: Christian Wolmar, "How Railways Changed Britain", Christian Wolmar, 29 de outubro de 2007, https://www.christianwolmar.co.uk/2007/10/how-railways-changed-britain.

Sempre revisar o que sabemos: Samuel Arbesman, *The Half-Life of Facts: Why Everything We Know Has an Expiration Date* (Nova York: Current, 2012).

Pearl sobre a causalidade: Judea Pearl e Dana Mackenzie, *The Book of Why: The New Science of Cause and Effect* (Nova York: Basic Books, 2018), 5. Nossos agradecimentos a Pearl por compartilhar suas ideias no decorrer de muitos anos com Kenneth Cukier.

***Dota 2* prêmio em dinheiro:** Arda Ocal, "Dota 2's the International Surpasses $40 Million in Prize Money", ESPN, 9 de outubro de 2020, https://www.espn.com/esports/story/_/id/30079945/dota-2-internationalsurpasses 40-million-prize-money.

IA vence *Dota 2*: Nick Statt, "OpenAI's Dota 2 AI Steamrolls World Champion eSports Team with Back-to-Back Victories", *The Verge*, 13 de abril de 2019, https:// www.theverge.com/2019/4/13/18309459/openaifivedota-2finals-ai-bot-competition-og-e-sports-the-international-champion.

Artigo de pesquisa OpenAI *Dota 2*: Christopher Berner *et al.*, "Dota 2 with Large Scale Deep Reinforcement Learning", OpenAI, 2019, https://arxiv.org/abs/1912.06680. Para mais sobre esse trabalho, veja também: Ng Wai Foong, "Beginner's Guide to OpenAI Five at Dota2", Medium, 7 de maio de 2019, https://medium.com/@ngwaifoong92/beginners-guide-to-openai-five-at-dota2-3b49ee5169b8; Evan Pu, "Understanding OpenAI Five", Medium, 12 de agosto de 2018, https://medium.com/@evanthebouncy/understanding-openai-five-16f8d177a957.

O hiperparâmetro "espírito de equipe" do OpenAI: Christy Dennison *et al.*, "OpenAI Five", OpenAI, 25 de junho de 2018, https://openai.com/blog/openai-five.

Sobre a conexão do nada: T. S. Eliot, *Poemas* (São Paulo: Companhia das Letras, 2018).

4. contrafactuais

Artigo de Foote: Eunice Foote, "Circumstances Affecting the Heat of the Sun's Rays", *American Journal of Science and Arts* 22, nº 66 (novembro 1856): 382–83, https://archive.org/stream/mobot31753002152491#page/382/mode/2up.

Detalhes sobre a divulgação do artigo de Foote: Observações do Henry de: Raymond P. Sorenson, "Eunice Foote's Pioneering Research On CO2 And Climate Warming", *Search and Discovery*, artigo #70092, 31 de janeiro de 2011, http:// www.searchanddiscovery.com/pdfz/documents/2011/70092sorenson/ndx_sorenson.pdf.html. Veja também: Tara Santora, "The Female Scientist Who Discovered the Basics of Climate Science — and Was Forgotten", *Audubon*, 17 de julho de 2019, https://www.audubon.org/news/the-female-scientist-who-discovered-basics-climate-science-and-was-forgotten; Leila McNeill, "This SuffrageSupporting Scientist Defined the Greenhouse Effect but Didn't Get the Credit, Because Sexism", *Smithsonian Magazine*, 5 de dezembro de 2016, https:// www.smithsonianmag.com/science-nature/lady-scientist-helped-revolutionize-climate-science-I-get-credit-180961291. Also: John Schwartz, "Overlooked No More: Eunice Foote, Climate Scientist Lost to History", *New York Times*, 21 de abril de 2020, https://www.nytimes.com/2020/04/21/obituaries/eunice-foote-overlooked.html.

Sobre modelos climáticos: Inez Fung, entrevistada por Kenneth Cukier, abril de 2020.

Sobre a declaração de James Hansen: James Hansen, "Hearing Before the Committee on Energy and Natural Resources", US Senate, 23 de junho de1988, https://babel.hathitrust.org/cgi/pt?id=uc1.b5127807&view=1up&seq=48; Philipp Shabecoff, "Global Warming Has Begun, Expert Tells Senate", *New York Times*, 24 de junho de 1988, https://www.nytimes.com/1988/06/24/us/global-warming-has-begun-expert-tells-senate.html. Hansen, sempre diplomático, não usa o termo "atividade humana" em seu depoimento, mas um eufemismo: "Maior do que a variabilidade climática natural."

Sobre Inez Fung: Renee Skelton, *Forecast Earth: The Story of Climate Scientist Inez Fung* (Washington, DC: Joseph Henry Press, 2006). Também: National Academies of Science, "InterViews: Inez Fung", 2011, http://nasonline.org/news-and-multimedia/podcasts/interviews/inez-fung.html.

John, o rei e o arsênico: Roger Carl Schank e Robert P. Abelson, *Scripts, Plans, Goals, and Understanding: An Inquiry into Human Knowledge Structures* (Hillsdale, NJ: Erlbaum, 1977).

O gol contra de Mandžuki: "Mandzukic Makes World Cup History with Early Own Goal", *FourFourTwo*, 15 de julho de 2018, https://www.fourfourtwo.com/news/mandzukic-makes-world-cup-history-early-own-goal.

Experimento do movimentos dos olhos para o pensamento contrafactual: Tobias Gerstenberg *et al.*, "Eye-Tracking Causality", *Psychological Science* 28, nº 12 (dezembro 2017): 1731–44.

Sobre Galileu: José Manuel Montejo Bernardo, "Galileo's Most Famous Experiment Probably Never Took Place" (original: "El Experimento Más Famoso de Galileo Probablemente Nunca Tuvo Lugar"), *Conversation*, 16 de maio de 2019, https://theconversation.com/el-experimento-mas-famoso-de-galileo-probablemente-nunca-tuvo-lugar-111650. Veja também: Paolo Palmieri, "'Spuntar lo Scoglio Più Duro': Did Galileo Ever Think the Most Beautiful Thought Experiment in the History of Science?", *Studies in History and Philosophy of Science Part A* 36, nº 2 (junho 2005): 223–40.

Sobre o mal de Parkinson e o pensamento contrafactual: Patrick McNamara *et al.*, "Counterfactual Cognitive Deficit in Persons with Parkinson's Disease", *Journal of Neurology and Psychiatry* 74, nº 8 (agosto 2003): 1065–70.

Sobre macacos e bananas: Yuval N. Harari, *Sapiens: Uma Breve História da Humanidade* (São Paulo: Companhia das Letras, 2020).

Rousseau, James, Freud, e *The Onion* sobre as crianças: Paul Bloom, "The Moral Life of Babies", *New York Times Magazine*, 5 de maio de 2010, https://www.nytimes.com/2010/05/09/magazine/09babies-t.html; "New Study Reveals Most Children Unrepentant Sociopaths", *The Onion*, 7 de dezembro de 2009, https://www.theonion.com/new-study-reveals-most-children-unrepentant-sociopaths-1819571187. Sobre: Alison Gopnik e Caren M. Walker, "Considering Counterfactuals: The Relationship Between Causal Learning and Pretend Play", *American Journal of Play* 6, nº 1 (Inverno 2013): 15–28.

Detalhes sobre Gopnik: Alison Gopnik, "A Midcentury Modern Education", em *Curious Minds: How a Child Becomes a Scientist*, org. John Brockman (Nova York: Vintage, 2005), 43–51. Veja também: Entrevista em áudio e artigo por Michael Gordon, "The Intellectual Wonderland of Dr. Alison Gopnik", *Journey2Psychology*, 25 de março de 2019, https://journey2psychology.com/2019/03/25/the-intellectual-wonderland-of-dr-alison-gopnik; Alison Gopnik, "How an 18thCentury Philosopher Helped Solve My Midlife Crisis", *Atlantic*, outubro 2015, https://www.theatlantic.com/magazine/archive/2015/10/how-david-hume-helped-me-solve-my-midlife-crisis/403195/.

Gopnik saúda crianças como "Cientistas" e "Filósofas": Alison Gopnik, *The Philosophical Baby: What Children's Minds Tell Us About Truth, Love and the Meaning of Life* (Nova York: Farrar, Straus and Giroux, 2009); Alison Gopnik, Andrew N. Meltzoff, Patricia K. Kuhl, *The Scientist in the Crib: Minds, Brains, and How Children Learn* (Nova York: William Morrow, 1999).

O "teste zando": Daphna Buchsbaum *et al.*, "The Power of Possibility: Causal Learning, Counterfactual Reasoning, and Pretend Play", artigo de pesquisa, *Philosophical Transactions of the Royal Society B* 365, nº 1599 (5 de agosto de 2012): 2202–12. Também, Alison Gopnik, "Let the Children Play, It's Good for Them!", *Smithsonian Magazine*, julho 2012, https://www.smithsonianmag.com/science-nature/let-the-children-play-its-good-for-them-130697324. O relato também aparece em Alison Gopnik, *The Gardener and the Carpenter: What the New Science of Child Development Tells Us About the Relationship Between Parents and Children* (Nova York: Farrar, Straus and Giroux, 2016).

Roteiro para crianças procurar objetos: As frases citadas pela pesquisadora foram cuidadosamente editadas para facilitar a leitura. Veja: Buchsbaum *et al.*, "The Power of Possibility."

Gopnik sobre fazer de conta e contrafactuais melhores: Gopnik, "Let the Children Play."

Crianças como a divisão de pesquisa e desenvolvimento da humanidade: Gopnik, "What Do Babies Think?" vídeo TED.

Três trechos da literatura: Patrick Süskind, *Perfume: O perfume: História de um assassino* (Rio de Janeiro: Record, 2014); Erich Maria Remarque, *Nada de novo no front*, (Porto Alegre: L&PM Pocket , 2019); Chimamanda Ngozi Adichie, *Americanah* (São Paulo: Companhia das Letras;, 2014).

Sobre computadores como teatro: Brenda Laurel, *Computers as Theatre* (Reading, MA: Addison-Wesley, 1993).

História do método do estudo de caso de Harvard: Todd Bridgman, Stephen Cummings, e Colm McLaughlin, "Restating the Case: How Revisiting the Development of the Case Method Can Help Us Think Differently About the Future of the Business School", *Academy of Management Learning & Education* 15, nº 4 (dezembro 2016): 724–741. Veja também: Bruce A. Kimball, *The Inception of Modern Professional Education: C. C. Langdell, 1826–1906* (Chapel Hill: University of North Carolina Press, 2009). Nossos agradecimentos sinceros para Alberto Moel, um ex-professor da Escola de Negócios de Harvard Business School, e Robert Merton da MIT, por suas ideias inestimáveis sobre os prós e contras do método do caso em entrevistas com Kenneth Cukier in 2019.

O primeiro caso da Escola de Negócios de Harvard: Clinton Bittle, "The General Shoe Company", Harvard Business School, 1921. Harvard Business School archives.

Sobre atletas e "estudo de filmes": Marc Lillibridge, "A Former Player's Perspective on Film Study and Preparing for an NFL Game", *Bleacher Report*, 29 de novembro de 2012, https:// bleacherreport.com/articles/1427449-a-formerplayers-perspective-on-film-study-and-preparing-for-a-nfl-game.

Sobre contrapeso para "determinismo causal": Philip E. Tetlock e Erika Henik, "TheoryVersus Imagination-Driven Thinking about Historical Counterfactuals: Are We Prisoners of Our Preconceptions?", em *Psychology of Counterfactual Thinking,* orgs. David Mandel, Denis J. Hilton, e Patrizia Catellani (Londres: Routledge, 2005); Ruth Byrne, *The Rational Imagination: How People Create Alternatives to Reality* (Cambridge, MA: MIT Press, 2005).

Kennedy e a crise dos mísseis cubanos: Graham T. Allison, *Essence of Decision: Explaining the Cuban Missile Crisis* (Boston: Little, Brown, 1971). Também: Ernest May, "John F. Kennedy and the Cuban Missile Crisis", BBC, 18 de novembro de 2013, http://www.bbc.co.uk/history/worldwars/coldwar/kennedy_cuban_missile_01.shtml. O termo *pensamento de grupo* vem da obra original de George Orwell, *1984*. Alguns cientistas sociais desafiaram a ideia de que o "pensamento de grupo" foi um fator principal para o desastre na Baía dos Porcos.

Sobre contrafactuais, opções e escolhas: Byrne, *Rational Imagination*.

Kahneman sobre simulação mental: Daniel Kahneman, "Varieties of Counterfactual Thinking", em *What Might Have Been: The Social Psychology of Counterfactual Thinking*, orfs. Neal J. Roese e James M. Olson (Mahwah, NJ: Lawrence Erlbaum, 1995).

Ferramentas do MacGyver: "15 Insane MacGyver Hacks That Would Totally Work in Real Life", CBS, acessado em 2 de novembro de 2020, https://www.cbs.com/shows/recommended/photos/1003085/15-insane-macgyver-hacks-that-would-totally-work-in-real-life/. Veja também: Sam Greenspan, "11 Most Absurd Inventions Created by MacGyver", *11 Points*, 18 de março de 2018, https://11points.com/11-absurd-inventions-created-macgyver/.

O nosso senso previsibilidade e controle: Keith D. Markman *et al.*, "The Impact of Perceived Control on the Imagination of Better and Worse Possible Worlds", *Personality and Social Psychology Bulletin* 21, nº 6 (junho 1995): 588–95.

Exemplos introdutórios de veículo autônomos: Vídeos de pesquisas em um artigo do Arxiv em: Mayank Bansal, Alex Krizhevsky, e Abhijit Ogale, "ChauffeurNet: Learning to Drive by Imitating the Best and Synthesizing the Worst", Waymo, accesado 2 de novembro de 2020, https://sites.google.com/view/waymo-learn-to-drive. O cenário estava "se recuperando de uma perturbação de trajetória (M2 = M1 + perdas ambientais)". O próprio artigo está em "ChauffeurNet", Waymo, Arxiv, 7 de dezembro de 2018, https://arxiv.org/abs/1812.03079.

Sobre Carcraft: Um artigo com uma excelente reportagem está em: Alexis C. Madrigal, "Inside Waymo's Secret World for Training Self-Driving Cars", *Atlantic*, 23 de agoso de 2017, https://www.theatlantic.com/technology/archive/2017/08/inside-waymos-secret-testing-and-simulation-facilities/537648.

Dados sobre a quantidade de direção simulada: "The Virtual World Helps Waymo Learn Advanced Real-World Driving Skills", Let's Talk Self-Driving, acessado em 2 de novembro de 2020, https://letstalkselfdriving.com/safety/simulation.html.

Sobre a tecnologia de carros automáticos: Bansal, Krizhevsky e Ogale, "ChauffeurNet".

Desempenho da Waymo em relação aos seus concorrentes: California Department of Motor Vehicles, "2020 Disengagement Reports", https://www.dmv.ca.gov/portal/vehicle-industry-services/autonomous-vehicles/disengagement-reports.

Sobre os contrafactuais e IA: Na comunidade de IA, tem havido um aumento do interesse na lógica dos contrafactuais para melhorar a explicabilidade dos sistemas de IA; veja, por exemplo., Sandra Wachter *et al.*, "Counterfactual Explanations Without Opening the Black Box: Automated Decisions and the GDPR", *Harvard Journal of Law & Technology* 31, nº 2 (2018), https://jolt.law.harvard.edu/assets/articlePDFs/v31/Counterfactual-Explanations-without-Opening-the-Black-Box-Sandra-Wachter-et-al.pdf.

5. limites

Sobre o ataque surpresa de Entebbe: Entrevista com Noam Tamir por Kenneth Cukier em março de 2020. O trabalho confiáfel é de: Saul David, *Operation Thunderbolt: Flight 139 and the Raid on Entebbe Airport, the Most Audacious Hostage Rescue Mission in History* (Nova York: Little, Brown, 2015). Uma excelente fonte está em: Ronen Bergman e Lior Ben-Ami, "Operation Entebbe as Told by the Commandos: Planning the Mission", *Ynet*, 27 de junho de 2016, https://www.ynetnews.com/articles/0,7340,L-4815198,00.html.

Sobre os passageiros libertados: Os pilotos e a tripulação da Air France se recusaram a ser libertados e escolheram ficar com os passageiros judeus, um ato notável de nobreza. Existem muitos relatos excelentes. Para ver um deles, veja: Sam Roberts, "Michel Bacos, Hero Pilot of Jet Hijacked to Entebbe, Dies at 94", *New York Times*, 28 de março de 2019, https://www.nytimes.com/2019/03/28/obituaries/michel-bacos-dead.html.

Citação de Shomron "É um fracasso": De David, *Operation Thunderbolt*.

Para detalhes dos relatos: Existem muitos artigos bons, incluindo: Jenni Frazer, "40 Years after Israel's Most Daring Mission", *Jewish News*, 28 de junho de 2016, https://jewishnews.timesofisrael.com/40-years-after-israels-most-daring-mission/; David E. Kaplan, "A Historic Hostage-Taking Revisited", *Jerusalem Post*, 3 de agosto de 2016, https://www.jpost.com/Features/A-historic-hostage-taking-revisited; Lauren Gelfond Feldinger, "Back to Entebbe", *Jerusalem Post*, 29 de junho de 2016, https://www.jpost.com/Magazine/Features/Back-to-Entebbe; Saul David, "Israel's Raid on Entebbe Was Almost a Disaster", *Telegraph*, 27 de junho de 2015, https://www.telegraph.co.uk/news/worldnews/middleeast/israel/11701064/Israels-raidon-Entebbe-was-almost-adisaster.html.

Sobre Dr. Seuss's *Green Eggs and Ham*: Louis Menand, "Cat People: What Dr. Seuss Really Taught Us", *New Yorker*, 16 de dezembro de 2002, https://www.newyorker.com/magazine/2002/12/23/cat-people.

Sobre Martha Graham: Jenny Dalzell, "Martha Graham: American Modern Dance Pioneer", *Dance Teacher*, 2 de janeiro de 2013, https://www.dance-teacher.com/history-lesson-plan-martha-graham-2392370093.html; "Martha Graham: The Graham Technique", Human Kinetics (Canadá), acessado em 10 de novembro de 2020, https://canada.humankinetics.com/blogs/excerpt/martha-graham-the-graham-technique; "About", MarthaGraham.org, acessado em 10 de novembro de 2020, https://marthagraham.org/history.

Frank Gehry sobre a gravidade: "Frank Gehry Teaches Design and Architecture", MasterClass, videoaula, acessado em 4 de novembro de 2020, https://www.masterclass.com/classes/frank-gehry-teaches-design-and-architecture.

Gehry sobre construir com limites: "What It Takes — Frank Gehry", American Academy of Achievement, 6 de abril de 2018, https://learningenglish.voanews.com/a/what-it-takes-frank-gehry/4302218.html.

Sobre o romance francês sem a letra *e*: Em 1969, o escritor francês Georges Perec escreveu um romance com 300 páginas, *La Disparition* (*A Void*) inteiramente desprovido da letra e, seguindo as restrições ditadas pelo movimento artístico Oulipo, o qual ele pertencia. Veja: Georges Perec, *A Void*, trad. Gilbert Adair (Londres: Harvill, 1995). Veja também: Harry Mathewse Alastair Brotchie, *Oulipo Compendium* (Londres: Atlas Press, 2005).

Sobre o pensamento inicial do ônibus espacial: T. A. Heppenheimer, "SP-4221 The Space Shuttle Decision", NASA, acessado em 10 de novembrdo de 2020, https://history.nasa.gov/SP-4221/contents.htm.

Sobre a asa delta e NASA: "Space History Photo: The Birth of Hang Glidind", NASA Archives, Space, 21 de maio de 2012, https://www.space.com/15609-hang-gliding-birth-paresev-1.html.

Sobre aprender a aplicar limites: Byrne, *Rational Imagination*, 122.

Sobre mutabilidade e normas sociais: Rachel McCloy e Ruth M. J. Byrne, "Counterfactual Thinking About Controllable Events", *Memory & Cognition* 28, nº 6 (novembro 2000): 1071–78; Clare R. Walsh e Ruth M. J. Byrne, "The Mental Representation of What Might Have Been", in *The Psychology of Counterfactual Thinking*, orgs. David. R. Mandel, Denis. J. Hilton,e Patrizia Catellani (Londres: Routledge, 2005).

Sobre furar a fila do táxi: Certamente, furar a fila do táxi é um comportamento perfeitamente normal em algumas culturas. Mas o argumento, em geral, é válido.

Sobre mudança mínima: Christopher Prendergast, *Counterfactuals: Paths of the Might Have Been* (Londres: Bloomsbury Academic, 2019), 42–56.

Sobre o vinho austríaco e o anticongelante: "Österreichs Weinexporte im Höhenflug", Oesterreich Wein, 12 de março de 2018, https://www.oesterreich-wein.at/pressemultimedia/pressetexte/news-1/article/oesterreichs-weinexporte--im-hoehenflug.

Citação Erich Polz: Ele falou no aniversário de 25 anos do escândalo. Veja: Kester Eddy, "Wine: Antifreeze Scandal 'Was the Best Thing That Happened'", *Financial Times*, 21 de outubro de 2010, https://www.ft.com/content/38f2cb2c-dbd9-11df--af09-00144feabdc0.

Sobre controle e mutabilidade: Byrne, *Rational Imagination*, 124–25.

Sobre os experimentos de mudança mínima e esforço cognitivo: Byrne, *Rational Imagination*, 47, 53. Veja também: Ruth M. J. Byrne, "Counterfactual Thought", *Annual Review of Psychology* 67 (janeiro de 2016): 135–57, http://www.model theory.org/papers/2016counterfactuals.pdf.

O cenário do filme *Minority Report*: Entrevista com Peter Schwartz por Kenneth Cukier em janeiro e fevereiro de 2019. veja também: Christina Bonnington *et al.*, "Inside *Minority Report*'s 'Idea Summit,' Visionaries Saw the Future", *Wired*, 21 de junho de 2012, https://www.wired.com/2012/06/minority-report-idea-summit. Para o conto original, veja: Philip K. Dick, *Minority Report* (Londres: Gollancz, 2002). Comentários dos participantes baseados nas lembranças de Schwartzs.

Carter e o reator nuclear: Kenneth Cukier, "Jimmy Carter and Fukushima", *Economist*, 2 de abril de 2011, https://www.economist.com/banyan/2011/04/02/jimmy--carter-and-fukushima. Veja também: Ian MacLeod, "Chalk River's Toxic Legacy", *Ottawa Citizen*, 16 de dezembro de 2011, https://ottawacitizen.com/news/chalk-rivers-toxic-legacy; Arthur Milnes, "Jimmy Carter's Exposure to Nuclear Danger", *CNN*, 5 de abril de2011, https://edition.cnn.com/2011/OPINION/04/05/milnes.carter.nuclear/index.html.

Sobre a simulação da cirurgia: Peter Weinstock falou no TED Talk sobre a sua abordagem e em uma palestra para OPENPediatrics. Peter Weinstock, "Lifelike Simulations That Make Real-Life Surgery Safer", filmado em janeiro de 2016, vídeo do TED, https://www.ted.com/talks/peter_weinstock_lifelike_simulations_that_make_real_life_surgery_safer/; *Building an Enterprise-Wide Simulation 2.0 Program: Part 1 "Rationale, Origins and Frameworks"*, OPENPediatrics, vídeo no YouTube, 35:48, 26 de novembro de 2018.

Sobre a música IA: Cheng-Zhi Anna Huang *et al.*, "Coconet: The ML Model Behind Today's Bach Doodle", Magenta, Google, 20 de março de 2019, https://magenta.tensorflow.org/coconet.

Sobre Flipkart: Sneha Jha, "Here's How Flipkart Is Innovating to Redefine Customer Experience", ETCIO.com, 24 de junho de 2017, https://cio.economictimes.indiatimes.com/news/strategy-and-management/heres-how-flipkart-is-innovating-to--redefine-customer-experience/59331335.

Sobre will.i.am: Entrevistas com will.i.am por Kenneth Cukier em 2011, 2018 e 2020. As citações vieram de: Reid Hoffman, "Make It Epic, w/ will.i.am", *Masters of Scale* 47, áúdio de podcast, 30 de outubro de 2019, https://podcasts.apple.com/ca/podcast/masters-of-scale-with-reid-hoffman/id1227971746?i=10004 55551842.

6. reframer

Comentário de Peter Habeler: Entrevista com Habeler por Viktor Mayer-Schönberger, maio de 2020.

Sobre a escalda de Habeler e Messner ao Everest: Peter Habeler, *Der Einsame Sieg: Mount Everest '78* (Munique: Goldmann, 1978); Karin Steinbach e Peter Habeler, *Das Ziel ist der Gipfel* (Innsbruck: Tyrolia, 2007); Reinhold Messner, Überlebt — Meine 14 Achttausender (Munique: Piper, 2013); Reinhold Messner, *Alle meine Gipfel* (Stuttgart: LangenMüller, 2019).

Sobre os muitos modelos de Munger: Tren Griffin, *Charlie Munger: The Complete Investor* (Nova York: Columbia University Press, 2017).

Sobre IKEA: Bertil Torekull, *Leading by Design: The Ikea Story*, trad. Joan Tate (Nova York: HarperBusiness, 1999). Observe que a empresa começou a se afastar da natureza descartável dos produtos na direção da reciclagem.

Modelos de economia: Para uma instanciação literal, o economista Bill Phillips, da LSE, em 1949, desenvolveu um modelo físico de economia usando água (representando o dinheiro) fluindo através de tanques, bombas, comportas e válvulas para simular lucro, tributação, ganhos, produtos de exportação, etc. Em exibição no British Science Museum e na Universtdade de Cambridge.

Sobre Andrew Lo e economias: Andrew W. Lo, *Adaptive Markets: Financial Evolution at the Speed of Thought* (Princeton, NJ: Princeton University Press, 2017). **Reenquadrando a economia:** Para um reframer fascinante sobre a economia através das lentes da teoria de informação Claude Shannon, veja: George Gilder, *Knowledge and Power: The Information Theory of Capitalism and How It Is Revolutionizing our World* (Washington, DC: Regnery, 2013). A ideia de uma "economia circular" é um outro exemplo, ver os produtos em termos de um ciclo de vida.

Sobre ser mente aberta e curioso: Uma boa fonte está em David Epstein, *Por que os generalistas vencem em um mundo de especialistas* (Rio de Janeiro: Globo Livros, 2020).

Sobre o contrato social de Rousseau: Jean-Jacques Rousseau, *O Contrato Social,* (Porto Alegre.: L&PM Editores , 2007).

Sobre a descoberta da estrutura do DNA: James Watson, *A dupla hélice: Como descobri a estrutura do DNA* (Rio de Janeiro: Zahar, 2014). Veja também: "The Answer", Linus Pauling and the Race for DNA, Oregon State University Libraries, acessado 10 de novembro de 2015, http://scarc.library.oregonstate.edu/coll/pauling/dna/narrative/page30.html.

Lise Meitner e Otto Hahn: Ruth Lewin Sime, *Lise Meitner: A Life in Physics* (Berkeley: University of California Press, 1996).

Citações de Hertz: Petri Launiainen, *A Brief History of Everything Wireless: How Invisible Waves Have Changed the World* (Cham, Switzerland: Springer, 2018).

Sobre a Amazon: Robert Spector, *Amazon.com — Como Crescer da Noite para o Dia* (Rio de Janeiro: Campus, 2000).

Sobre a mudança na força policial de Camden: Scottie Andrew, "This City Disbanded Its Police Department 7 Years Ago. Here's What Happened Next", *CNN,* 10 de junho de 2020, https://edition.cnn.com/2020/06/09/us/disband-police-camden-new-jersey-trnd/index.html; Steve Tawa, "NJ Agency OKs Layoff of

Camden's Entire Police Force", CBS, 3 de janeiro de 2013, https://philadelphia.cbslocal.com/2013/01/03/nj-agencyoks-layoffofcamdensentire-police-force; Josiah Bates, Karl Vick, e Rahim Fortune, "America's Policing System Is Broken. It's Time to Radically Rethink Public Safety", Time, acessado em 10 de novembro de 2020, https://time.com/5876318/police-reform-america/.

A descrição de Hedges sobre Camden: Chris Hedges e Joe Sacco, *Days of Destruction, Days of Revolt* (Nova York: Nation Books, 2012). Veja também: Hank Kalet, "Camden Didn't Defund Its Police Department — It Just Handed It Off", *Progressive*, 30 de junho de 2020, https://progressive.org/dispatches/camden-didnt-defund-police-department-kalet-200630/.

Pontos de vista do policial de Camden Louis Cappelli Jr.: Jersey Matters, "County Freeholder Louis Cappelli Reacts to Camden Earning Praise", YouTube, 8:07, 15 de junho de 2020, https://www.youtube.com/watch?v=KeA79kq9pF8. Os autores agradecem Cappelli por sua ajuda em nossas descrições das mudanças.

Citações do chefe de polícia de Camden Scott Thomson: Mary Louise Kelly, "New Police Force from Scratch: N.J. City Proves It's Possible to Reform the Police", *All Things Considered*, NPR, 8 de junho de 2020, transcript and audio, https:// www.npr.org/2020/06/08/872470135/new-police-force-from-scratch-n-j-city-proves-its-possible-to-reform-the-police.

Jennifer Doudna e sua descoberta: Sabin Russell, "Cracking the Code: Jennifer Doudna and Her Amazing Molecular Scissors", *California*, inverno de 2014, https://alumni.berkeley.edu/california-magazine/winter-2014-gender-assumptions/cracking-code-jennifer-doudna-and-her-amazing.

Andrew Wiles e o último teorema de Fermat: "Fermat's Last Theorem", vídeo da BBC, 50 minutos, acessado 04 de novembro de 2020, https://www.bbc.co.uk/pro grammes/b0074rxx.

Citação de Einstein: Albert Einstein e Max Born, *The Born-Einstein Letters,* trad. Irene Born (Nova York: Walker, 1971).

Sobre desaprender: Veja por exemplo: P Viktor Mayer-Schönberger, *Delete — The Virtue of Forgetting in the Digital Age* (Princeton, NJ: Princeton University Press, 2009).

Sobre Tesla e os carros na Alemanha: Veja, por exemplo: Martin Gropp, "Autohersteller verdoppeln Investitionen in Elektromobilität". *Frankfurter Allgemeine Zeitung*, 2 de junho de 2019, https://www.faz.net/aktuell/wirtschaft/auto-verkehr/autohersteller-verdoppeln-investitionen-in-elektromobilitaet-16218061.html.

Sobre Cingapura: Veja, exemplo: W. G. Huff, "What Is the Singapore Model of Economic Development?", *Cambridge Journal of Economics* 19, nº 6 (dezembro 1995): 735–59; Winston T. H. Koh, "Singapore's Transition to Innovation-Based Economic Growth: Infrastructure, Institutions, and Government's Role", *R&D Management* 36, nº 2 (março 2006): 143–60; as próprias observações e entrevistas dos autores e entrevistas.

Sobre o Spotify: Sven Carlsson e Jonas Leijonhufvud, *The Spotify Play: How CEO and Founder Daniel Ek Beat Apple, Google, and Amazon in the Race for Audio Dominance* (Nova York: Diversion Books, 2021).

7. aprendizado

Podolny sobre educação de negócios: David Leonhardt, "Revamping the MBA", *Yale Alumni Magazine,* maio/junho 2007, http://archives.yalealumnimagazine.com/issues/2007_05/som.html. Veja também: Joel M. Podolny, "The Buck Stops (and Starts) at Business School", *Harvard Business Review,* junho 2009, https://hbr.org/2009/06/the-buck-stops-and-starts-at-business-school.

Sobre a Universidade da Apple: Os autores agradecem a Apple por seu feedback cuidadoso sobre o conteúdo dessa seção. A informação também foi compilada das conversas com Podolny quando ele estava em Yale, de entrevistas, experiência em primeira mão, e relatos escritos, incluindo: Jessica Guynn, "Steve Jobs' Virtual DNA to Be Fostered in Apple University", *Los Angeles Times,* 6 de outubro de 2011, https://www.latimes.com/archives/la-xpm-2011-oct-06-la-fi-apple-university-20111006-story.html; Brian X. Chen, "Simplifying the Bull: How Picasso Helps to Teach Apple's Style", *New York Times,* 10 de agosto de 2014, https://www.nytimes.com/2014/08/11/technology/-inside-apples-internal-training-program-.html; Adam Lashinsky, *O Segredo da Apple Tudo o que ainda não sabe sobre a empresa mais secreta e mais admirada do mundo* (São Paulo: Objetiva, 2013).

Sobre problemas de insight: Marvin Levine, *A Cognitive Theory of Learning: Research on Hypothesis Testing* (Hillsdale, NJ: Lawrence Erlbaum, 1975); Janet Metcalfe e David Wiebe, "Intuition in Insight and Noninsight Problem Solving", *Memory & Cognition* 15, nº. 3 (maio 1987): 238–46.

Sobre o tabuleiro distorcido: Artigo original apresentado para os militares dos Estados Unidos: Craig A. Kaplan e Herbert A. Simon, *In Search of Insight,* Technical Report AIP 55 (Arlington, VA: Office of Naval Research, 15 de agosto de 1988). Citação acadêmica: Craig A. Kaplan e Herbert A. Simon, "In Search of Insight", *Cognitive Psychology* 22, nº. 3 (julho de 1990): 374–419.

Sobre tentativas e erros: Levine, *Cognitive Theory of Learning;* Metcalfe e Wiebe, Intuition.

Recompensas para norte-americanos com mentalidade diversificada no exterior: Susan Pozo, "Does the US Labor Market Reward International Experience?", *American Economic Review* 104, no. 5 (2014): 250–54.

Sobre o método do estudo de caso: Bridgman, Cummings, e McLaughlin, "Restating the Case."

O Primeiro caso da Escola de Negócios de Harvard: Bittle, "The General Shoe Company".

Citação de Wallace Donham: Wallace Donham, "The Failure of Business Leadership and the Responsibilities of the Universities", *Harvard Business Review* 11 (1933): 418–35. Eles escreveu: "Precisamos de administradores de negócios e política que sejam capazes de não apenas lidar bem com seus problemas especializados, mas também de ver as coisas em relações amplas e fazer sua parte em manter a estabilidade da sociedade e o equilíbrio." (Citado em Bridgman, Cummings, e McLaughlin, "Restating the Case".)

Sobre os James e Roberts de Burt: Ronald S. Burt, *Brokerage and Closure: An Introduction to Social Capital* (Oxford: Oxford University Press, 2005).

Sobre a estratégia do novo começo: A ideia é similar ao conceito de *"jootsing"* — ou seja, cair fora do sistema — apresentada por Douglas Hofstadter no seu clássico

Gödel Escher Bach: An Eternal Golden Braid (Nova York: Basic Books, 1979), e mais tarde desenvolvida por Daniel C. Dennett em, *Intuition Pumps and Other Tools for Thinking* (Nova York: Norton, 2013).

Sobre Alan Kay e a programação baseada em objetos: Entrevista com Kay por Kenneth Cukier, janeiro de 2021. Os autores agradecem Kay por sua generosidade de compartilhar seu tempo e ideias para este livro. Veja também Eric Elliott, "The Forgotten History of OOP", Medium, 31 de outubro de 2018, https://medium.com/javascript-scene/the-forgotten-history-of-oop-88d71b9b2d9f. Kay foi o primeiro a desenvolver a ideia do OOP em sua extensão total, com base em outro trabalho, as linguagens de programação SketchPad e Simula.

Citações de Kays: Sobre "uma maneira inteiramente nova": de Alan Kay, "The Early History of Smalltalk", 1993, worrydream.com/EarlyHistoryOfSmalltalk. Sobre "prever o futuro": Kay expressa este pensamento desde a década de 1970. Sobre "tirania do presente": de Robin Meyerhoff, "Computers and the Tyranny of the Present", *Forbes*, 11 de novembro de 2015, https://www.forbes.com/sites/sap/2015/11/11/computers-and-the-tyranny-of-the-present. Sobre "transição de um contexto": de Stuart Feldman, "A Conversation with Alan Kay: Big Talk with the Creator of Smalltalk — and Much More", *Association for Computing Machinery* 2, nº 9 (27 de dezembro de 2004), https://queue.acm.org/detail.cfm?id=1039523.

Sobre a influência do Smalltalk: Kay enfatiza (assim como nós) que é importante pensar nas coisas como uma verdadeira tábula rasa. Em entrevistas, ele é rápido para nomear tecnologias que ele acha que oferecem blocos de construção mental para programação orientada por objetos. Uma excelente história intelectual da Smalltalk é Kay, "The Early History of Smalltalk", 1993. Veja tambén: Alan Kay, "The Power of the Context", observações sobre o recebimento do Prêmio Charles Stark Draper, National Academy of Engineering, 24 de fevereiro de 2004.

Sobre James/Jan Morris: Jan Morris, *Conundrum, a história da minha mudança de sexo* (Rio de Janeiro: Tinta da China).

Sobre geometria: a geometria cartesiana (frequentemente referida como geometria analítica na matemática) pode, às vezes, oferecer intuições que a geometria euclidiana não permite facilmente, enquanto algumas provas pode ser mais fáceis e elegantes na geometria euclidiana.

Sobre autocomplexidade: Patricia Linville, "Self-complexity and Affective Extremity: Don't Put All of Your Eggs in One Cognitive Basket", *Social Cognition* 3, nº. 1 (1985): 94–120.

Sobre crianças bilíngues: Jared Diamond, "The Benefits of Multilingualism", *Science* 330, nº 6002 (15 de outubro de 2010): 332–33. Veja também: Ellen Bialystok, "The Bilingual Adaptation: How Minds Accommodate Experience", *Psychological Bulletin* 143, nº 3 (março 2017): 233–62; Cristina Crivello *et al.*, "The Effects of Bilingual Growth on Toddlers' Executive Function", *Journal of Experimental Child Psychology* 141 (janeiro 2016): 121–32.

Sobre Lewis Branscomb: Dois dos autores experimentaram em primeira mão seu charme intelectual preciso.

Sobre o dividendo da diversidade: O especialista em ciência da decisão Scott Page o chamou de "bônus da diversidade". Veja Scott E. Page, *The Diversity Bonus: How Great Teams Pay Off in the Knowledge Economy*, org. Earl Lewis (Princeton, NJ: Princeton University Press, 2017).

Sobre homofilia nas redes sociais: Miller McPherson, Lynn Smith-Lovin, e James M. Cook, "Birds of a Feather: Homophily in Social Networks", *Annual Review of Sociology* 27 (agosto 2001): 415–44.

Diversidade de gênero nos quadros de diretores na Noruega: Kenneth R. Ahern e Amy K. Dittmar, "The Impact on Firm Valuation of Mandated Female Board Representation", *The Quarterly Journal of Economics* 127, nº. 1 (fevereiro 2012): 137–97. Veja também: David A. Matsa e Amalia R. Miller, "A Female Style in Corporate Leadership? Evidence from Quotas", *American Economic Journal: Applied Economics* 5, no. 3 (julho 2013): 136–69. Um excelente relato está na página *The Diversity Bonus*. Note, o propósito da lei não era melhorar o desempenho das empresas, mas reduzir a desigualdade de gênero. Nisso, a lei garantiu que líderes femininas recebessem experiência da diretoria para desenvolver seus talentos e contatos e inspirar outras mulheres.

Sobre diversidade de gênero e desempenho de empresas: Alguns estudos sugerem que mulheres na diretoria levam a melhores desempenhos financeiros, cf. Julia Dawson et al., "The CS Gender 3000: The Reward for Change", Credit Swiss Research Institute, setembro 2016. No entanto, os estudos têm sido criticados como metodologicamente simplistas, cf. "100 Women: Do Women on Boards Increase Company Profits?", *BBC News*, outubro 2017, https://www.bbc.com/news/41365364. Análises mais rigorosas encontraram uma correlação positiva (mas não uma conexão causal) entre o desempenho das empresas e a representação feminina na alta gerencia em algumas ocorrências. Cf. Corinne Post e Kris Byron, "Women on Boards and Firm Financial Performance: A Meta-Analysis", *Academy of Management Journal* 58, nº. 2, 7 de novembro de 2014, https://journals.aom.org/doi/abs/10.5465/amj.2013.0319.

Diversidade tornando-se uniformidade: Um exemplo é o argumento de Greg Lukianoff e Jonathan Haidt de que a abordagem da diversidade nas universidades dos Estados Unidos abordam a diversidade prejudicou a livre troca de ideias. Greg Lukianoff e Jonathan Haidt, "The Coddling of the American Mind", *Atlantic*, setembro 2015, https:// www.theatlantic.com/magazine/archive/2015/09/the-coddling-of-the-american-mind/399356/. Veja também: Jonathan Haidt, "Viewpoint Diversity in the Academy", jonathanhaidt.com, acessado 31 de dezembro de 2020, https://jonathanhaidt.com/viewpoint-diversity/.

Equipes com mulheres superam em desempenho equipes apenas com homens: Anita W. Woolley *et al.*, "Evidence for a Collective Factor in the Performance of Human Groups", *Science* 330, no 6004 (29 de outubro de 2010): 686–88.

Sobre uma equipe diversificada beneficiar uma empresa: O trabalho de referência, afirmando, "Em geral, grupos desempenhando tarefas criativas ou inovadoras com frequência se beneficiam da diversidade", é de Anita W. Woolley, Ishani Aggarwal e Thomas W. Malone, "Collective Intelligence and Group Performance", *Current Directions in Psychological Science* 24, nº 6 (dezembro 2015): 420–24. Para uma pesquisa sobre o papel da diversidade no desempenho de uma equipe abrangendo mais de anos de pesquisa, veja também: Hans van Dijk, Marloes L. van Engen, e Daan van Knippenberg, "Defying Conventional Wisdom: A Meta-Analytical Examination of the Differences Between Demographic and Job-Related Diversity Relationships with Performance", *Organizational Behavior and Human Decision Processes* 119, nº 1 (setembro 2012): 38–53. Uma descoberta poderosa dessa literatura é que a diversidade tende a beneficiar grupos quando estão desempenhando tarefas criativas, mas pode prejudicá-los em um trabalho mais regular, no qual a eficiência é mais importante.

Sobre pensar sozinho antes de deliberar com os grupos: André L. Delbecq e Andrew H. Van de Ven, "A Group Process Model for Problem Identification and Program Planning", *Journal of Applied Behavioral Science* 7, nº 4 (1º de julho de 1971); Andrew H. Van de Ven e André L. Delbecq, "The Effectiveness of Nominal, Delphi, and Interacting Group Decision Making Processes", *Academy of Management Journal* 17, nº 4 (dezembro 1974): 605–21.

Sobre as equipes da Apple: Joel M. Podolny e Morten T. Hansen, "How Apple Is Organized for Innovation", *Harvard Business Review*, novembro/dezembro 2020, https://hbr.org/2020/11/how-apple-is-organized-for-innovation.

Sobre aderir a opinião geral: Reid Hastie e Tatsuya Kameda, "The Robust Beauty of Majority Rules in Group Decisions", *Psychological Review* 112, nº 2 (maio 2005): 494–508. Para mais sobre decisões em grupo, veja: R. Scott Tindale e Katharina Kluwe, "Decision Making in Groups and Organizations", em *The Wiley Blackwell Handbook of Judgment and Decision Making II*, orgs. Gideon Keren e George Wu (Hoboken, NJ: Wiley Blackwell, 2015), 849–74.

Citação Bill Joy: Rich Karlgaard, "How Fast Can You Learn?", *Forbes*, 9 de novembro de 2007, https://www.forbes.com/forbes/2007/1126/031.html.

Cuusoo e Lego: Hasan Jensen, "Celebrating 10 Years of Your Ideas!", Lego, acessado em 8 de novembro de 2020, https://ideas.lego.com/blogs/a4ae09b60d4c -4307-9da-8-3ee9f3d368d6/post/bebe460c-fd4c-413a-b0a7-ca757aad1ecc.

Sobre a diversidade atrapalhando o desempenho do grupo: Ishani Aggarwal e Anita W. Woolley mostram em um experimento de controle que equipes com estilo cognitivos heterogêneos têm mais dificuldades de alcançar um consenso estratégico, que aumenta os erros, em comparação com equipes homogêneas. Veja: Ishani Aggarwal e Anita W. Woolley, "Do You See What I See? The Effect of Members' Cognitive Styles on Team Processes and Performance", *Organizational Behavior and Human Decision Processes* 122, nº 1 (setembro 2013): 92–99.

Sobre ótimo geral e local: Scott E. Page, *The Difference: How the Power of Diversity Creates Better Groups, Firms, Schools, and Societies* (Princeton, NJ: Princeton University Press, 2008). Page, em uma entrevista com Kenneth Cukier, em janeiro de 2021, observou: "Não é apenas em duas dimensões [para cima ou para baixo]. A maioria das ideias e produtos possuem dezenas ou centenas de dimensões — você não olha apenas para esquerda ou direita e não vê o ponto mais alto. Metaforicamente, você pode seguir uma das dezenas de direções." Um olhar mais profundo sobre como os modelos formam a sociedade está em Scott E. Page, *The Model Thinker: What You Need to Know to Make Data* (Nova York: Basic Books, 2018).

As Cassandras Úteis de Andy Grove: Andrew Grove, *Only the Paranoid Survive* (Nova York: Doubleday Business, 1996).

Ed Catmull e as Cassandras: Ed Catmull e Amy Wallace, *Criatividade S.A.: Superando as forças invisíveis que ficam no caminho da verdadeira inspiração* (Rio de Janeiro: Rocco, 2014).

História do bobo: Beatrice K. Otto, *Fools Are Everywhere: The Court Jester Around the World* (Chicago: University of Chicago Press, 2001). Note que o bobo é universal:

o papel que ele desempenha aparece na Roma e Índia antiga, nas cortes do Médio Oriente e na China, assim como na Europa.

O Sarcasmo de Triboulet: Magda Romanska, "The History of the Court Jester", Boston Lyric Opera, 24 de março de 2014, http://blog.blo.org/the-history-of-court-jester-by-magda.

NASA e os bobos: Entrevista com Jeffrey Johnson da Universidade da Flórida por Ian Sample, "Jokers Please: First Human Mars Mission May Need Onboard Comedians", *Guardian*, 15 de fevereiro de 2019, https://www.theguardian.com/science/2019/feb/15/jokers-please-first-human-mars-mission-may-need-onboard-comedians.

Sobre Bari Weiss e o *Times*: Edmund Lee, "Bari Weiss Resigns from *New York Times* Opinion Post", *New York Times*, 14 de julho de 2015, https://www.nytimes.com/2020/07/14/business/media/bari-weiss-resignation-new-york-times.html; Elahe Izadi e Jeremy Barr, "Bari Weiss Resigns from *New York Times*, Says 'Twitter Has Become Its Ultimate Editor'", *Washington Post*, 14 de julho de 2020, https://www.washingtonpost.com/media/2020/07/14/bari-weiss-resigns-new-york-times. Citações de: Bari Weiss, "Resignation Letter", Bariweiss.com, 14 de julho de 2020, https://www.bariweiss.com/resignation-letter. Os autores agradecem as fontes que ajudaram a produzir este relato.

8. pluralismo

Hannah Arendt e a Gestapo: O relato é de Elisabeth Young–Bruehl, *Hannah Arendt: For Love of the World* (New Haven, CT: Yale University Press, 2004). Os códigos são citações gregas de: Jeremy Adelman, "Pariah: Can Hannah Arendt Help Us Rethink Our Global Refugee Crisis?", *Wilson Quarterly*, Primavera de 2016, https://www.wilsonquarterly.com/quarterly/looking-back-moving-forward/pariahcan-hannah-arendt-help-us-rethink-our-global-refugee-crisis/. Nossos agradecimentos para a acadêmica Samantha Rose Hill por confirmar o estilo do nome que Arendt usava em 1933 (Stern era o seu último nome de casada).

Citação sobre os Estados Unidos na década de 1920 de um crítico literário: Malcolm Cowley, *Exile's Return: A Literary Odyssey of the 1920s* (Nova York: Penguin, 1994), 279.

Anotação em diário sobre uma atrocidade nazista: A anotação ocorreu em 6 de fevereiro de 1943. Veja: Rutka Laskier, *O Diário de Rutka*, orgs. Daniella Zaidman-Mauer e Kelly Knauer (Rio de Janeiro: Rocco, 2008).

Sobre colaboração de mercado: Charles E. Lindblom, *The Market System — What It Is, How It Works, and What to Make of It* (New Haven, CT: Yale University Press, 2001).

Sobre o "paradoxo da tolerância" de Karl Popper: Karl Popper, "The Principle of Leadership" em *A Sociedade Aberta e os Seus Inimigos: o Sortilégio de Platão,* vol. 1 (São Paulo:Edições, 2012), nota 4. A ideia é citada apenas em uma nota, não no texto. Com base no paradoxo da liberdade de Platão (dar a um tirano a liberdade para destruir a liberdade, faz com que a sociedade termine sem liberdade), Popper escreveu: "A tolerância ilimitada deve levar ao desaparecimento da tolerância. Caso estendamos a tolerância ilimitada aqueles que não são tolerantes, se não estivermos preparados para defender uma sociedade tolerante contra os ataques violentos dos intolerantes, então os tolerantes serão destruídos, juntamente com a tolerância. — Nessa formulação, não estou concluindo, por exemplo, que devemos sempre refrear a elocução de filosofias intolerantes. Desde que nós possamos contestá-las através de argumentos racionais e colocá-las sob o controle da opinião pública, a repressão certamente seria algo insensato. Mas deveríamos reivindicar o *direito* de refreá-las se necessário, até mesmo pela força. Pois pode se revelar que elas não estão preparadas para debater no nível dos argumentos racionais, e sim, para condenar todos os argumentos. Elas podem proibir os seus seguidores de ouvir os argumentos racionais, pois é desonesta, e pode ensiná-los a responder os argumentos usando seus punhos ou armas. Devemos, portanto, reivindicar, em nome da tolerância, o direito de não tolerar o intolerante." Note que até mesmos defensores da abertura e diversidade não estão imunes à tentação de controlar a expressão. Por exemplo, durante muitos anos Popper dava aula de um curso que se chamava "A Sociedade Aberta e os Seus Inimigos", na Escola de Economia de Londres, e os seus alunos na brincadeira apelidaram o curso de "A Sociedade Aberta *por seus Inimigos*".

Livros de Arendt: Hannah Arendt, *Origens do totalitarismo* (São Paulo: Companhia de Bolso, 2013); *A Condição Humana* (Rio de Janeiro: Forense Universitária, 2020); *Da Revolução* (São Paulo: Editora Ática, 1988); *Eichmann em Jerusalém: Um Relato Sobre a Banalidade do Mal* (São Paulo: Companhia das Letras, 1999); *Sobre a Violência* (Rio de Janeiro: Civilização Brasileira, 2009); *Homens em tempos sombrios* (São Paulo: Companhia das Letras, 2008); *Crises da República* (São Paulo: Editora Perspectiva, 2019); *Rahel Varnhagen: a Vida de uma Judia Alemã na época do Romantismo* (Rio de Janeiro: Relume Dumará, 1994).

Citações de Arendt: Sobre "conclusões finais": de Hannah Arendt, *Entre o Passado e o Futuro* (São Paulo: Editora Perspectiva, 2016). "Vontade Geral" é um termo do Rousseau. "Homens, não homem" aparece no livro de Arendt, *A Condição Humana*. Uma "pluralidade de perspectivas" é de Hannah Arendt, do seu livro *The Promise of Politics* (Nova York: Schocken, 2007), 175.

O "fim da história": Fukuyama, *End of History*.

Vale do Silício versus Rota 128: AnnaLee Saxenian, *Regional Advantage: Culture and Competition in Silicon Valley and Route 128* (Cambridge, MA: Harvard University Press, 1994), 2–3. Veja também: "Silicon Valley Is Changing, and Its Lead over Other Tech Hubs Narrowing", *Economist*, 1º de setembro de 2018, https://www.economist.com/briefing/2018/09/01/silicon-valley-is-changing-and-its-lead-over-other-tech-hubs-narrowing; "Why Startups Are Leaving Silicon Valley", *Economist*, 30 de agosto de 2018, https://www.economist.com/leaders/2018/08/30/why-startups-are-leaving-silicon-valley.

China Imperial e os estados fragmentados da Europa: Joel Mokyr, *A Culture of Growth: The Origins of the Modern Economy* (Princeton, NJ: Princeton University Press, 2016). Veja também: Jared Diamond, *Guns, Germs, and Steel: Os Destinos das Sociedades Humanas* (Rio de Janeiro: Record, 2017). Uma incursão legível: John Micklethwait e Adrian Wooldridge, *The Fourth Revolution: The Global Race to Reinvent the State* (Nova York: Penguin, 2015).

Sobre "estudos do progresso" de Collison: Entrevista com Patrick Collison por Kenneth Cukier, janeiro de 2020. Veja também Patrick Collison e Tyler Cowen, "We Need a New Science of Progress", *Atlantic*, 30 de julho de 2019, https://www.theatlantic.com/science/archive/2019/07/we-need-new-science-progress/594946. Para uma avaliação crítica veja: Cukier, "Innovation Around Innovation—Studying the Science of Progress", *The Economist, Babbage* podcast, 4 de setembro de 2019, https://www.economist.com/podcasts/2019/09/04/innovation-around-innovation-studying-the-science-of-progress.

Pensamento de grupo no Vale do Silício das aulas de Podolny: É uma brincadeira. Reenquadrar o casamento gay: Kevin Nix, "It's All in the Frame: Winning Marriage Equality in America", Open Democracy, 8 de setembro de 2015, https://www.opendemocracy.net/en/openglobalrightsopenpage/its-all-in-frame-win ning-marriage-equality-in-america.

Sobre casamento gay como liberdade *versus* amor: "In Depth: Gay and Lesbian Rights", Gallup, pesquisa de 26 e 29 de novembro de 2012, https://news.gallup.com/poll/1651/gay-lesbian-rights.aspx.

Pesquisa de opinião pública sobre o casamento gay: Justin McCarthy, "U.S. Support for Same-Sex Marriage Matches Record High", Gallup, 1º de junho de 2020, https://news.gallup.com/poll/311672/support-sex-marriage-matches-record-high.aspx).

Sobre artes liberais: Epstein, *Range*.

Sobre raça e sociologia: Sobre criação dos filhos: Megan R. Underhill, "White Parents Teach Their Children to Be Colorblind. Here's Why That's Bad for Everyone", *Washington Post,* 5 de outubro de 2018, https://www.washingtonpost.com/nation/2018/10/05/white-parents-teach-their-children-be-colorblind-heres-why-thats-bad-everyone; sobre a neutralidade racial, veja também: Meghan Burke, *Colorblind Racism* (Cambridge: Polity Press, 2019).

Sobre classe criativa e aberta: Richard Florida, *The Rise of the Creative Class* (Nova York: Basic Books, 2002), Capítulo 14. Citação da sua videoaula: Richard Florida, "Technology, Talent, and Tolerance in the Creative City", Coursera, accessado em 9 de novembro de 2020, https://www.coursera.org/lecture/city-and-you-find-best-place/technology-talent-and-tolerance-in-the-creative-city-instructor-video-uVp5h.

Sobre a esfera pública: Jürgen Habermas, *Mudança estrutural da esfera pública: Investigações sobre uma categoria da sociedade burguesa*, (São Paulo: Editora Unesp, 2014).

Sobre democracia deliberativa: James S. Fishkin, *Democracy When the People Are Thinking: Revitalizing Our Politics Through Public Deliberation* (Oxford: Oxford University Press, 2018).

Sobre o empoderamento democrático: Roberto Mangabeira Unger, *Necessidades falsas: introdução a uma teoria social antideterminista a serviço da democracia radical* (São Paulo: Boitempo, 2005).

Citações de Unger: Sobre o federalismo: Roberto Mangabeira Unger, "Big Thinkers: Roberto Mangabeira Unger on Empowered Democracy in the UK", Institute for Government, 15 de novembro de 2013, https://www.instituteforgovernment.org.uk/events/big-thinkers-roberto-mangabeira-unger-empowered-democracy-uk.

Unger na educação: Roberto Mangabeira Unger, "No One Should Have to Do Work That Can Be Done by a Machine", palestra da Harvard Thinks Big 4, vídeo no YouTube, 10:47, 28 de fevereiro de 2013, https://www.youtube.com/watch? v=N8n-5ZL5PwiA.

Sobre Judith Shklar: Judith Shklar, "The Liberalism of Fear", em *Liberalism and the Moral Life,* org. Nancy Rosenblum (Cambridge, MA: Harvard University Press, 1989), 31–38.

Sobre a *Garota Destemida*: A estátua foi colocada em frente ao touro em 7 de março de 2017, no entanto, foi recolocada em outra área do distrito financeiro em novembro de 2018. Uma placa com duas pegadas agora marcam o local onde ela ficava.

9. vigilância

Sobre o remédio proposto para a Covid-19: Sarah Cooper, "How to Medical", vídeo do YouTube, 0:49, https://www.youtube.com/watch?v=RxDKW75ueIU.

Sobre Sarah Cooper: James Poniewozik, "Trump Said, 'I Have the Best Words.' Now They're Hers", *New York Times*, 27 de maio de 2020, https://www.nytimes.com/2020/05/27/arts/television/trump-sarah-cooper.html. Veja também: ZZ Packer, "Sarah Cooper Doesn't Mimic Trump. She Exposes Him", *New York Times*, 25 de junho de 2020, https://www.nytimes.com/2020/06/25/magazine/sarah-cooper-doesnt-mimic-trump-she-exposes-him.html. Os autores agradecem a Cooper por sua ajuda em produzir este relato.

Citação da Cooper: Shirley Li, "Sarah Cooper Has Mastered the Trump Joke", *Atlantic*, 8 de maio de 2020, https://www.theatlantic.com/culture/archive/2020/05/comedian-behind-viral-trump-pandemic-tiktok-sarah-cooper/611329. Veja também: Sarah Cooper e Sarah Cristobal, "Comedian Sarah Cooper on How Her Viral Trump Parodies Came to Be", *InStyle*, 10 de julho de 2020, https://www.instyle.com/news/sarah-cooper-essay-trump-impressions.

O sucesso da Heytea: Farhan Shah, "Heytea Founder Neo Nie on the Ingredients to the Brand's Success", *Peak*, 23 de julho de 2020, https://www.thepeakmagazine.com.sg/interviews/heytea-founder-neo-nie-business-success/; Li Tao, "How Chinese Tea-Drink Brand Heytea Saves Millions in Marketing Costs Thanks to Its Millennial Customers", *South China Morning Post*, 28 de agosto de 2018, https://www.scmp.com/tech/start-ups/article/2161529/how-chinese-tea-drink-brand-heytea-saves-millions-marketing-costs. Veja também: "He Is a Post90s CEO Worth 4 billion", *DayDay News*, 23 de setembro de 2020, https://day daynews.cc/en/technology/812466.html.

Citações de Nthabiseng Mosia sobre ter crescido em uma comunidade negra: Entrevista com Mosia por Kenneth Cukier, janeiro de 2021. Veja também: "Nthabiseng Mosia, an Entrepreneur Finding Affordable Clean Energy Solutions for Africa by Harnessing the Power of Solar Technology", Lionesses of Africa, 11 de dezembro de 2016, https://www.lionesses ofafrica.com/blog/2016/12/11/startup-story-nthabiseng-mosia. Veja também: World Economic Forum, "Bring the Power of Solar to Sierra Leone", vídeo do YouTube 3:17, 16 de dezembro de 2019, https://www.youtube.com/watch?v=auzkln9MMjk& feature=emb_title.

Sobre Mosia: Dhivana Rajgopaul, "This SA Entrepreneur Creates Solar Solutions for Communities in Sierra Leone", *Independent Online*, 7 de maio de 2018, https://www.iol.co.za/business-report/entrepreneurs/this-sa-entrepreneur-creates-solar-solutions-for-communities-in-sierra-leone-14819523. Veja também: Pavitra Raja, "This Is How Social Innovators Are Leading the Race to Zero Emissions", World Economic Forum, 9 de novembro de 2020, https://www.weforum.org/agenda/2020/11/this-is-how-social-innovators-are-leading-the-race-to-zero-emissions.

Sobre a Easy Solar: Easy Solar, "Easy Solar Raises $5M in Series A Equity and Debt Funding to Scale Operations in West Africa", press release, 30 de setembro de 2020, https://www.pv-magazine.com/press-releases/easy-solar-raises-5m-in-series-a-equity-and-debt-funding-to-scale-operations-in-west-africa. **Yuval Noah Harari sobre a cooperação humana:** "A Conversation with Mark Zuckerberg and Yuval Noah Harari", Facebook, 26 de abril de 2019, transcrição, https:// about.fb.com/wp-content/uploads/2019/04/transcrição_-marks-personal-challenge-yuval-noah-harari.pdf.

Olhar para dentro da mente: Apenas recentemente (ou seja, no final do século XIX) que os acadêmicos olharam mais profundamente para as habilidades de tomar decisões. O campo do "julgamento e tomada de decisão" foi fundando na década de 1950.

Sobre "silos ideológicos": "How Politics Has Pulled the Country in Different Directions", *Wall Street Journal*, 10 de novembro de 2020, https://www.wsj.com/graphics/polarized-presidential-elections/.

Sobre os melhoramentos da economia global: "Decline of Global Extreme Poverty Continues but Has Slowed: World Bank", Banco Mundial, press release, 19 de setembro de 2018, https://www.worldbank.org/en/news/press-release/2018/09/19/decline-of-global-extreme-poverty-continues-but-has-slowed-world-bank.

Citação do Talmud: Essa é uma versão popular da passagem: "Um homem só vê aquilo que é sugerido por seus pensamentos." Do Rabino Shemuel ben Nachmani, como citado no tratado de Berakhot (55b.), *Tractate Berakhot: Edition, Translation, and Commentary*, org. Heinrich W. Guggenheimer (Berlin: de Gruyter, 2000). A passagem é uma referência à interpretação de sonhos.

Os emocionalistas ao redor do mundo: No Peru: Michael Stott, "Peru President's Ousting Underlines Resurgent Latin American Populism", *Financial Times*, 11 de novembro de 2020, https://www.ft.com/content/5c4c4411-e648-4681-bdde-186ff5b20d3e. Nas Filipinas: "More than 7,000 Killed in the Philippines in Six Months, as President Encourages Murder", Anistia International, 18 de maio de 2020, https:// www.amnesty.org.uk/philippines-president-duterte-war-on-drugs-thousands-killed. Na Alemanha: Alexander Frölich, "Rechtsextremisten steuern die Corona-Proteste zum Teil schon", *Der Tagesspiegel*, 16 de novembro de 2020, https:// www.tagesspiegel.de/berlin/berliner-sicherheit sbehoerden-alarmiert-rechtsextremisten-steuern-die-corona-proteste-zum-teil-schon/26627460.html; Tilma Steffen e Ferdinand Otto, "Aktivisten kamen als Gäste der AfD in den Bundestag", *Die Zeit*, 19 de novembro de 2020, https://www.zeit.de/politik/deutschland/2020-11/bundestag-afd-stoerer-corona-protest-einschleusung.

Sobre François Chollet: François Chollet, *Deep Learning with Python* (Shelter Island, NY: Manning, 2017). Veja https://blog.keras.io/the-limitations-of-deep-learn ing.html. Em entrevista com Kenneth Cukier em fevereiro de 2021, ele explicou como melhorar a "generalização extrema", ou framer: "A maneira que você aprende e adapta é constantemente fazendo analogias com situações e conceitos do passado. Se você tem um acervo diverso e rico de situações passadas e conceitos para alavancar, você será capaz de fazer analogias mais poderosas."

Ataque terrorista em Paris: Esse relato é baseado em excelentes relatórios de: Angelique Chrisafis, "'It Looked Like a Battlefield': The Full Story of What Happened in the Bataclan", *Guardian*, 20 de novembro de 2015, https://www.the guardian.com/world/2015/nov/20/bataclan-witnesses-recount-horror-paris-attacks; "What Happened at the Bataclan?" BBC, 9 de dezembro de 2015, https:// www.bbc.co.uk/

news/world-europe-34827497; Adam Nossiter e Andrew Higgins, "'Scene of Carnage' Inside Sold-Out Paris Concert Hall", *New York Times*, 13 de novembro de 2015, https://www.nytimes.com/2015/11/14/world/europe/paris-attacks.html; Andrew Higgins e Milan Schreuer, "Attackers in Paris 'Did Not Give Anybody a Chance'", *New York Times*, 14 de novembro de 2015, https://www.nytimes.com/2015/11/15/world/europe/paris-terror-attacks-a-display-of-absolute-barbarity.html.

Citando Gérald Bronner: Gérald Bronner, *La Pensée Extrême* (Paris: PUF, 2009). Bronner descreve sua experiência da sua tentativa de desradicalizar jovens extremistas baseado em sua abordagem do pensamento extremo em *Déchéance de rationalité* (Paris: Grasset, 2019).

Citando Abaaoud: David A. Graham, "The Mysterious Life and Death of Abdelhamid Abaaoud", *Atlantic*, 9 de novembro de 2015, https://www.theatlantic.com/international/archive/2015/11/who-was-abdelhamid-abaaoud-isis-paris/416739; Kersten Knipp, "'Allah Has Chosen Me': Profile of the Paris Attackers", *Deutsche Welle*, 21 de novembro de 2015, https://www.dw.com/en/allah-has-chosen-me-profile-of--the-paris-attackers/a-18865801. Veja também: Stacy Meichtry, Noemie Bisserbe, e Matthew Dalton, "Paris Attacks' Alleged Ringleader, Now Dead, Had Slipped into Europe Unchecked", *Wall Street Journal*, 19 de novembro de 2015, https:// www.wsj.com/articles/abdelhamid-abaaoud-alleged-mastermind-of-paris-attacks-is-dead--french-prosecutor-says-1447937255.

Terroristas desprezam a flexibilidade cognitiva das pessoas: Bronner, *La Pensée Extrême*. **Desde queimar livros até queimar pessoas:** O sentimento é notoriamente atribuído ao ensaísta alemão do século XIX Heinrich Heine, em "Almansor: A Tragedy" (1823): *"Dort wo man Bücher verbrennt, verbrennt man auch am Ende Menschen"*, traduzido para: "Onde-se queimam livros, acaba-se queimando pessoas."

Fitzgerald on contradictory ideas: F. Scott Fitzgerald, *The Crack-Up* (Nova York: New Directions Books, 1945).

"As fronteiras da nossa imaginação...": Inspirado por Wittgenstein sobre os limites da linguagem e o mundo. Ludwig Wittgenstein, *Tractatus Logico-Philosophicus*, prop. 5.6: (São Paulo: Edusp, 2017.)

agradecimentos

Este livro tem três autores, mas muitos colaboradores, e, sem eles, ele não existiria. Nosso agradecimento primeiro vai para nossos editores, Stephen Morrow, da Dutton, e Jamie Joseph, da Penguin UK, e nossa agente, Lisa Adams da Garamond Agency, por sua talentosa edição. Agradecemos a Andrew Wright por editar e a Phil Cain por checar os fatos (embora quaisquer imprecisões sejam nossas). Também agradecemos às copidesques, Katherine Kinast e Erica Ferguson, ao revisor Kim Lewis, à designer de texto, Nancy Resnick, ao designer da capa dos EUA, Jason Booher, e ao do Reino Unido, Steve Leard. Agradecemos também a Rimjhim Dey e à equipe da DEY, assim como da Penguin e Dutton, por ajudarem a promover o livro. Muitos dos que abrilhantam estas páginas reservaram um tempo para falar conosco. E agradecemos em ordem alfabética a Andreas Altmann, Michael Baker, Regina Barzilay, Gérald Bronner, Ronald Burt, François Chollet, Daniel Dennett, Scott Donaldson, Inez Fung, Alison Gopnik, Peter Habeler, Demis Hassabis, Alan Kay, Tania Lombrozo, Heinz Machat, Gary Marcus, Robert Merton, Alyssa Milano, Alberto Moel, Nthabiseng Mosia, Scott Page, Judea Pearl, Sander Ruys, Peter Schwartz, Klaus Schweinsberg, Katrin Suder, Noam Tamir, Michael Tomasello, will.i.am (e Sallie Olmsted), e as equipes de comuniação da Apple.

Além desse agradecimento coletivo, os autores também querem agradecer individualmente.

De Kenn: Agradeço a Zanny Minton Beddoes, a editora da *Economist*, por seu apoio, e a meus colegas cujas ideias enriqueceram estas páginas. Meus agradecimentos a Peter Tufano, reitor da Saïd Business School da Universidade de Oxford, e ao corpo docente e estudantes, por seu rico ambiente intelectual. Igualmente, eu agradeço à equipe do *think tank* britânico Chatham House, Wilton Park, e da Ditchley Foundation administrada por James Arroyo, por produzir artigos e atividades que melhoram o framer das pessoas.

Muitas entrevistas do podcast *The Economist*'s *Babbage* e do *Open Future* foram úteis para este livro, incluindo: Mustafa Suleyman da DeepMind, Patrick Collison da Stripe, Aaron Levie da Box, os empreendedores Elad Gil e Daniel Gross, Matt Ridley, Eric Topol, David Eagleman, Adam Grant, Howard Gardner, Daniel Levitin, Bill Janeway, Andrew McAfee, Roy Bahat, Zavain Dar, Nan Li, Benedict Evans, Azeem Azhar, David McCourt, James Field, Dan Levin, Steven Johnson, Bina Venkataraman, Sean McFate, e Shane Parrish (e elogios para os produtores do *Babbage*: Sandra Shmueli, Amica Nowlan, William Warren, Jason Hosken, Simon Jarvis, Ellie Clifford, e a nossa chefe Anne McElvoy).

Muitos outros enriqueceram meus pensamentos, notadamente Helen Green, Robert Young, Daniel Fung, Niko Waesche, Tim Höttges, Michael Kleeman, Matt Hindman, John Turner, e Katia Verresen.

De Viktor: Meu muito obrigado à Universidade de Oxford e à Keble College — ótimos lugares para novas ideias. Eu também gostaria de agradecer a muitas pessoas com quem conversei durantes os últimos anos sobre os grandes ou pequenos framers humanos, incluindo meus colegas do German Digital Council.

De Francis: Meu pensamento tem sido enriquecido por muitas discussões envolventes com os meus atuais e ex-colegas pesquisadores da European School of Management and Technology em Berlim. Sou particularmente grato a Matt Bothner, Tamer Boyaci, Gianluca Carnabuci, Linus Dahlander, Laura Guillén, Rajshri Jayaraman, Henry Sauermann, Martin Schweinsberg, e Luc Wathieu. A diversidade de suas formações e perspectivas intelectuais sobre uma variedade de problemas de pesquisa melhorou consideravelmente meu repertório de framers.

Sou muito grato a todos os meus ex-colegas da Duke University, dos departamentos de operações e ciências de decisão, por esses anos maravilhosos como novato. Trabalhar com Peng Sun, Miguel Lobo, Otis Jennings, e muitos outros me tornou um melhor framer. A sabedoria de Paul Zipkin e Bob Winkler continua até hoje me guiando. Também sou grato a Joel Podolny, Ed Kaplan, e o corpo docente da Escola de Administração de Yale, e em particular ao meu ex aluno de PhD Saed Alizamir, por compartilhar sua visão sobre o novo currículo.

Tenho me beneficiado imensamente com a excelência do corpo docente da INSEAD na França e Cingapura. Estou particularmente em dívida com Henrik Bresman, Steve Chick, Enrico Diecidue, Karan Girotra, Denis Gromb, Gilles Hilary, Serguei Netessine, Ioana Popescu, Ludo Van der Heyden, e Martin Gargiulo.

A colaboração humana permite a produção de coisas além de uma única mente, das quais somos beneficiários gratos com este livro (cuja ordem de autoria é alfabética).

Nosso agradecimento final vai para os nossos familiares, que estiveram conosco durante o processo de escrita: podemos ter estado distantes, mas vocês sempre estiveram em nosso framer.

— K.N.C., V.M.S., F.d.V.
Londres, Oxford/Zell am See, Berlim
Novembro de 2020

sobre os autores

KENNETH CUKIER é editor principal da *Economist* e apresentador do podcast semanal sobre tecnologia *Babbage*. Ele também é pesquisador associado da Saïd Business School, da Universidade de Oxford.

VIKTOR MAYER-SCHÖNBERGER é professor de governança e regulação da internet do Oxford Internet Institute, da Universidade de Oxford. Ele também é membro do corpo docente da Belfer Center of Science and International Affairs, da Universidade de Harvard.

FRANCIS DE VÉRICOURT é professor de ciência da gestão e diretor do Center for Decisions, Models, and Data da European School of Management and Technology (ESMT), em Berlim.

índice

S

T

U

V

W

X

Y

JORDAN B. PETERSON
ALÉM DA ORDEM
MAIS 12 REGRAS PARA A VIDA

Não Começou com Você
COMO O TRAUMA FAMILIAR HERDADO NOS DEFINE E COMO DAR UM FIM A ESSE CICLO
Mark Wolynn

O Poder dos Estranhos
Os benefícios do diálogo em um mundo desconfiado
Joe Keohane

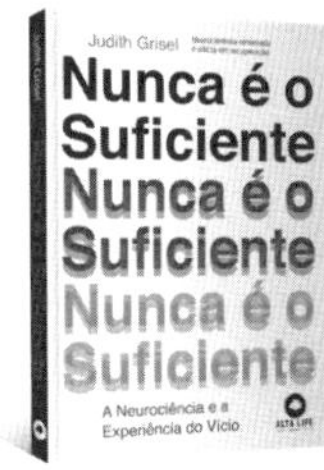

Judith Grisel
Nunca é o Suficiente
A Neurociência e a Experiência do Vício

conta pra mim,
MÃE

A VIDA MERECIDA
Esqueça o Arrependimento. Escolha a Realização
Marshall Goldsmith
e Mark Reiter

SOBREVIVA À NOITE
RILEY SAGER

Best-seller do New York Times
A Família
Naomi Krupitsky

Este livro foi impresso nas oficinas gráficas da Editora Vozes Ltda.,
Rua Frei Luís, 100 – Petrópolis, RJ.